2021年度教育部人文社会科学研究青年基金项目

项目名称：生态给养视域下农村儿童方言生活失衡的家校协同重构研究

基金号：21YJC740002

浙江树人学院专著出版基金资助出版

农村儿童的方言生活和教育研究

蔡 晨 沈 峰 著

上海交通大学出版社
SHANGHAI JIAO TONG UNIVERSITY PRESS

内容提要

在乡村文化振兴背景下,对农村儿童开展地方方言教学,将地方优秀传统文化融入方言教育,构建和谐的普—方双语生活,是完全符合国家中长期发展战略目标和地方社会经济文化发展需要。本书主要内容如下:语言本体研究。对吴语温岭话在语音、词汇和语法三个层面特点进行详细描写。语言生活研究。对当地儿童的方言能力、方言选择、方言态度和方言认同进行详细描写。语言社会化研究。对当地儿童在方言学习过程中的社会交际能力进行详细描写。家庭方言教育研究。对当地儿童的家庭语言规划、家庭教育环境和方言学习动机进行详细描写。学校方言教育研究。对方言教师的教学心理、方言创意教学和儿童的方言学习结果进行详细描写。研究结果有助于从语言规划角度为农村儿童方言生活的重构提供理论依据和实践指导。

图书在版编目(CIP)数据

农村儿童的方言生活和教育研究／蔡晨,沈峰著
. —上海: 上海交通大学出版社,2023.1
ISBN 978 - 7 - 313 - 27693 - 3

Ⅰ.①农… Ⅱ.①蔡… ②沈… Ⅲ.①吴语—方言研究—台州②农村—儿童教育—研究—台州 Ⅳ.①H173②G61

中国版本图书馆 CIP 数据核字(2022)第 203811 号

农村儿童的方言生活和教育研究
NONGCUN ERTONG DE FANGYAN SHENGHUO HE JIAOYU YANJIU

著　者:蔡　晨　沈　峰
出版发行:上海交通大学出版社　　　　地　　址:上海市番禺路 951 号
邮政编码:200030　　　　　　　　　　电　　话:021 - 64071208
印　　制:上海万卷印刷股份有限公司　经　　销:全国新华书店
开　　本:710 mm×1000 mm　1/16　　印　　张:13.5
字　　数:234 千字
版　　次:2023 年 1 月第 1 版　　　　　印　　次:2023 年 1 月第 1 次印刷
书　　号:ISBN 978 - 7 - 313 - 27693 - 3
定　　价:78.00 元

前　言

　　教育部和全国妇联于 2019 年联合颁布通知,要求"落实立德树人根本任务,广泛深入宣传家庭教育的科学理念和知识""增强家庭教育指导的有效性和针对性""形成家校协同育人机制,营造儿童健康成长良好环境"。儿童作为人生初始阶段,其思想行为能影响社会生活的变化并可作为有益借鉴来预测社会发展趋势。农村儿童是乡村繁荣的未来发展希望,也是乡村文化振兴的未来中坚力量。他们通过当地方言的习得,增进对当地社会生存现实的理解,获得对农村社会独有的生态秩序、心态秩序和文化秩序的认同。但当前农村的语言生态环境已发生根本性改变,儿童已不能像祖辈一样在自然环境中习得他们的母语。同时,"离农"和"为农"的教育取向争议也使农村的方言教育陷入两难境地。

　　地方方言作为地域文化的重要代表,是中华传统文化重要组成部分,既是增强地区文化软实力的源泉与动力,也是实现地区文化可持续发展的精神支撑。乡村文化振兴离不开农村优秀传统文化价值的发挥,离不开在保护传承基础上对农村优秀传统文化的创新性发展。乡村文化振兴的关键是要在文化向度上有正确的站位和定位,需要辩证地理解和处理传统文化与现代文化的关系。在此背景下,如何从文化资源角度重新审视地方方言在繁荣农村文化中的文化价值,如何从文化多样性角度来重新认识地方方言在农村社会中的社会价值,已然成为学界热烈讨论的重要话题。学界普遍意识到,保护地方方言对于传承地域文化,维护地区文化多样性,丰富中华传统文化的时代内涵具有重要现实价值,呼吁要通过"方言—普通话"和谐语言生态的建设来服务乡村文化振兴。在乡村文化振兴背景下,对农村儿童开展地方方言教学,将地方优秀传统文化融入方言教育,通过对他们方言生活的调试性重构来构建和谐的普—方双语生活,是完全符合国家中长期发展战略目标和地方社会经济文化发展需要。

　　本书主要关注农村儿童当下方言生活的失衡性表现和方言习得主要路径,目的在于通过优化家庭—学校环境中的给养供给来促进他们的语言社会化,进而服务乡村语言文化的可持续发展。除第一章节绪论和第九章节结论外,本书主体的七个章节可分为五个部分:语言本体研究;语言生活研究;语言社会化研究;家庭方言教育研究;学校方言教育研究。其中第二章为语言本体研究,第三章为语言生活研究,第四章为语言社会化研究,第五章和第六章为家庭方言教育研究,第七章和第八章为学校方言教育研究。

第二章关注吴语温岭话的语言本体特点。研究发现,吴语温岭话保留了较多中古汉语的语言要素,与汉语普通话表现出明显差异。相比较汉语普通话和北部吴语而言,温岭话的文白异读现象涉及范围较少,只集中在非组、日母等几类字上。相比较南部吴语而言,前变型的双字调变调模式并未在温岭话中占据主导地位,且其小称变音模式主要是变调型(升变调和降变调),但也保留了儿缀、鼻尾和鼻化三种变音模式。在词汇层面,吴语温岭话的派生构词和转换构词与汉语普通话差异明显,两个后缀"头"与"功"在吴语内部也比较有特色。就构词语素而言,吴语温岭话以单音节语素为主,且在语义上与汉语普通话存在名异实同、名同实异等情况。吴语温岭话与其所处的生态环境存在密切关联,通过对古语词、生态词和晋词的讨论分析,研究发现吴语温岭话是温岭地区自然环境和文化环境的产物,反映了温岭地区先民的特殊文化风貌。在句法层面,吴语温岭话的话题优先表现比汉语普通话更突出,宾语前置结构进一步句法化和泛化。就体貌标记和比较句式而言,吴语温岭话也与普通话明显不同,保留了许多近代汉语的句型结构。

第三章关注当地儿童的方言生活研究。研究发现,农村儿童在方言能力、方言使用和方言心理上表现出失衡性特点。就方言能力而言,绝大多数当地儿童都是普—方双语者,但他们的普通话能力要好于方言能力。虽然儿童的方言能力能满足他们基本日常生活交际所需,但那些与文化相关的语言知识在他们当中几乎完全流失了。就方言使用而言,当地儿童的方言使用主要局限在家庭领域,在邻里和学校等场合,他们开始转向使用普通话。虽然方言在当地还有一定使用空间,但伴随儿童心理认知发展和当地语言格局演变,方言的使用空间会进一步缩小,有可能会仅局限在家庭内部。就方言心理而言,当地儿童在方言的情感评价上较好,在地位评价和功能评价上不如人意。就文化认同而言,当地儿童主要表现为整合认同,但也存在同化、隔离和边缘化三种状态。就方言生活的影响因素而言,性别、家庭经济状况和家长教育程度在方言生活的各分项指标上存在不同特点。当地儿童在方言能力、方言使用和方言规划态度上表现出异质化特点,但在方言生活的心理情感上表现出同质化倾向。

第四章关注当地儿童的社会交往能力研究。研究发现,正向家庭教养、方言能力与他们的社会交往能力之间存在显著的正向关系。两者都能预测儿童的社会交往能力,但正向家庭教养要比方言能力对社会交往能力的预测作用更好。研究还发现,家庭教养方式和方言能力在社会交往能力上存在交互效应。不管是正向家庭教养方式还是负向家庭教养方式,方言能力好的儿童在社会交往能力上的表现要好于方言能力差的儿童。这表明家庭教养方式对儿童社会交往能力的养成需要以一定的方言能力为前提。

第五章关注当地儿童的家庭语言规划。研究发现,农村家庭的语言生活主要由普通话和方言组成,但英语也开始在其中扮演重要角色。在语言意识形态方面,家长对于普通话、方言和英语都比较看重。在语言管理方面,从高到低分别是普通话、英语和方言。在语言实践方面,从高到低分别是普通话、方言和英语。从家庭语言规划的配合度来看,普通话表现最好,英语和方言虽然表现次之,但各有自己优势。从家庭语言传承来看,普通话呈现强势的发展趋势,方言呈现由强到弱的趋势,英语呈现由弱到强的趋势。研究结果表明,家庭语言规划有其深层次的社会因素和文化因素,可以通过外部因素的适当干预来达成家庭语言规划的优化。

第六章关注农村儿童的家庭教育环境和方言学习动机。研究发现,儿童学习者对当前的家庭方言教育环境很不满意,在家庭教育投入、家庭经济地位和家庭学习方式等方面存在较大期待。他们的方言学习动机表现出一种动态复合体,在工具型和融入型两个方向上并行发展。研究还发现,家庭教育环境对方言学习动机存在积极的影响效度,家庭教育投入和家庭沟通方式是影响工具型动机的两个关键因素,家庭沟通方式和家庭学习方式则是影响融入型动机的两个关键因素。

第七章关注方言教师的社会心理问题。研究发现,方言教师在方言教学认知、方言身份认同和方言教学能动性都有独特认识。在方言教学认知上,他们认为针对儿童的方言教学很重要,但在实际操作过程中也存在教学任务重、教学目标不明确、教学资源缺乏和自我效能感缺失等问题。在方言教学的身份认同中,他们认为应该要扮演方言文化教育者、传承者、守护者和学习者的角色。在方言教学能动性上,他们呈现了被动顺从取向和主动创新取向两种类型,同时他们主要采取反应调节和认知改变两种策略来调节他们的教学情绪。

第八章关注方言创意教学与方言学习动机。研究发现,当地儿童对方言教师的创意教学行为整体比较认可,对于方言交际意愿和课程满意度整体也认可度较好。他们比较认可教师在教学过程中所营造的开放自由氛围,希望教师能为他们创造个性化的学习环境,能积极地对他们的学习表现进行及时反馈,进而进行多元化的动态评量。但是,儿童对于教学过程中的师生互动以及教师如何激发学生学习动机以及更好开展合作学习等方面的评价相对较低,同时他们也期望老师能够运用多种教学技术来帮助他们习得相关的知识和技能。研究还发现,方言教师的创意教学行为与儿童学习结果之间存在密切关联。创意教学行为的三个因子对方言交际意愿具有一定的预测作用,可以累计解释其41.0%的变异。其中,多元化评量的影响最大,个性化教学次之,鼓励性教学则不存在影响。创意教学行为的三个因子与课程满意度的回归模型也具有统计学意义,但该回归模型的预测性较弱,创意教学行为只解释课程满意度35.4%的变异。在该模型中,个性化教学影响最大,次之为多元化评量,鼓励性教学则不存在影响。

本书系浙江树人学院学术专著系列丛书之一。同时,本书获得了2021年度教育部课题"生态给养视域下农村儿童方言生活失衡的家校协同重构研究"(21YJC740002)的立项资助。在本书出版之际,我要向所有参与并帮助本课题的人员表示衷心感谢。温州大学的沈峰同学全程参与了本课题的项目设计、论证和实施,尤其承担了数据收集、转写和分析工作,付出了很大辛劳。本书中的第四章、第六章和第八章由笔者和沈峰共同完成。

浙江树人大学基础学院

2022 年 6 月

目　　录

第一章　绪论 …………………………………………………………… 1

第二章　吴语温岭话研究 ………………………………………… 24

第三章　儿童方言生活研究 ……………………………………… 78

第四章　儿童社会交往能力研究 ……………………………… 112

第五章　儿童家庭语言规划研究 ……………………………… 123

第六章　家庭教育环境与儿童方言学习动机研究 ………… 136

第七章　方言教师的教学心理研究 …………………………… 151

第八章　方言创意教学与方言学习结果研究 ……………… 165

第九章　结语 ………………………………………………………… 176

参考文献 ……………………………………………………………… 182

附录 …………………………………………………………………… 197

　　附录 1 ………………………………………………………… 197

　　附录 2 ………………………………………………………… 202

　　附录 3 ………………………………………………………… 203

　　附录 4 ………………………………………………………… 203

　　附录 5 ………………………………………………………… 204

　　附录 6 ………………………………………………………… 205

索引 …………………………………………………………………… 207

第一章 绪 论

一、研究背景

乡村文化建设作为乡村振兴战略的重要组成部分,是全面贯彻落实中共十九大关于建设美丽中国的具体行动,也是推进新型城镇化和社会主义新农村建设、生态文明建设的重要途径(马立群 2019)。语言是文化产生和发展的关键(周振鹤 游汝杰 2001)。无论是思想活动,还是道德活动,抑或是审美活动,都是人类以语言方式对人与世界关系的不同层面把握,人类的每一个有意义活动都是在语言中得以实现(邓伯军 2017)。此外,人类社会的生存与发展也需要多样性语言,和谐的语言生态环境对社会文化的永续发展起着重要作用(蔡晨 2018)。从一定意义上来说,语言生活本身的状态、发展以及族群双语生活的冲突和调试等,与社会现实、生活质量和人际关系等密切相关,语言和谐是社会和谐不可或缺的组成部分(王倩 张先亮 2015)。因而语言生活构成了人类文化活动的直接现实,和谐语言生态建设应该是乡村文化振兴的重要内容之一。

我国农村的语言生活总体上是比较和谐的,但在社会发展急剧变化的环境下,也产生了许多新的语言矛盾,影响了社会的稳定和发展(唐智芳 2013)。一方面,随着城乡一体化进程推进,农村地区的双语生活变化加剧,语言之间的接触和语言传播方式的多样化也对普通话和方言的应用提出了许多新要求。另一方面,伴随国家推普工作的推进和社会经济发展中语言共同化的需求,方言在农村地区的语言生态环境日趋恶化,其在使用中的开放性、灵活性和复杂性等问题日益凸显。但方言作为一种基于特殊地域环境与历史传承而形成的语言变种形式,承载着该地域的传统文化与民风民俗,维系着当地人民的语言交流和情感沟通,具有不可替代的社会和文化价值(夏先华 2019)。赵秀玲(2018)认为,乡村文化振兴的关键是要在文化向度上有正确的站位和定位,需要辩证地理解和处理传统文化与现代文化的关系。乡村文化振兴离不开农村优秀传统文化价值的发挥,离不开在保护传承基础上对农村优秀传统文化的创新性发展。在此背景下,如何从文化资源角度重新审视地方方言在繁荣农村文化中的文化价值,如何从文化多样性角度重新认识地方方言在农村社会中的社会价值,已然成为学界热烈讨论的重要话题。学界普遍意识到,保护地方方言对于传承地域文化,维护地区文化多样性,丰富中华传统文化的时代内涵具有重要现实价值,呼吁要通过"方言—普通话"和谐语言生态建设来服务乡村文化振兴(曹志耘2021)。

教育部和全国妇联于2019年联合颁布通知,要求"落实立德树人根本任务,广泛深入宣传家庭教育的科学理念和知识""增强家庭教育指导的有效性和针对性""形成家校协同育人机制,营造儿童健康成长良好环境"。儿童作为人生初始阶段,其思想行为能够影响社会生活变化并可作为有益借鉴来预测社会发展趋势(蔡晨2016)。农村儿童是乡村繁荣的未来发展希望,也是乡村文化振兴的未来中坚力量。他们通过当地方言的习得,增进对当地社会生存现实的理解,获得对农村社会独有的生态秩序、心态秩序和文化秩序的认同。但当前农村的语言生态环境已发生根本性改变,儿童已不能像祖辈一样在自然环境中习得他们的母语。同时,"离农"和"为农"的教育取向争议也使农村的方言教育陷入两难境地。针对农村儿童群体的方言生活危机,如何通过家庭领域或学校领域的方言教育来更好促进他们的语言社会化是一个亟待研究的重要议题。

本书研究以浙江省温岭市的若干农村为个案研究,通过将农村儿童置于生活世界中心,深入研究他们当下方言生活的失衡性表现和方言习得主要路径,突出解决方言教育对方言生活的影响机制问题,以期从理论上和实践上完善新时期农村儿童的语言生活研究,服务乡村语言文化的可持续发展。

二、研究理据

(一)乡村文化发展中的方言资源开发

目前我国农村秩序遭遇多重危机,农村文化呈现式微状态(肖正德 卢尚建 2019)。凡勇坤和邬志辉(2012)认为,针对农村文化的式微,需要在全面认识城乡差异的基础上发展农村文化自觉意识。文化自觉要求我们不仅要熟悉乡土文化的来历、形成过程、所具有的特色和发展的未来趋势,还要正视与暴露存在于其内部的局限性,积极进行文化创新,重构农村文化发展的多元道路。整体的乡村文化由三方面构成:一是乡村独有的自然生态景观;一是建立在这种生态上村民们的自然劳作与生存方式;一是相对稳定的在乡村生活之间不断孕育和发展的非物质文化遗产。乡村居民通过地方方言建构对客观世界的认识,通过地方方言在自然劳作与人际互动中感受乡村情怀,通过地方方言在民俗戏曲等文化传播活动中获得心智启蒙。在乡村文化的发展和传承过程中,地方方言无疑起到至关重要作用,因为乡村文化中的智慧精华往往通过当地方言才能够充分表达。

针对乡村文化发展中的方言资源开发,辛儒等(2008)曾做过具体论述,认为方言的作用和价值主要体现在如下三个方面:

(1) 方言是地域文化的鲜明标志。文化往往体现在公众符号中,而语言就是最典型的符号系统。方言不仅仅表现为语音、词汇和语法的不同,其形成有着悠久的自身动态历史,体现出浓郁的地方特色,起到传承与反映文化的作用。这种传承与反映是全方位的,既体现了一个地方特殊的地理位置,也反映了一个地方的历史变迁和风俗民情。通过对方言的了解,可以对当地社会演变、人民迁徙、地理阻隔、民族融合以及语言接触等有一个更为清晰和透彻的了解。另外,方言还从一个侧面反映了一个地区的开发历史、聚落方式、行政区划、交通状况、地区风物和习俗观念等方面。使用不同方言口音的人往往代表不同的地域文化,也给语言交际带来了不尽相同的文化心理感受。

(2) 方言是历史文化认同的直接载体。一个地区最突出、最直接的历史文化载体就是语言,语言是个体从属于某个社会群体的重要标志,是表现族群感情、体现族群认同、增强族群凝聚力的基本手段,是一个族群的历史记忆工具。它包含了现存社会群体对历代先辈相连的延续之感,是区分文化身份认同的重要因素。共同的方言使用可以使一个地区的民心更有凝聚力,热爱本土文化,以生于斯、长于斯而自豪。这种地域文化自信不仅建构了地域的文化形象,还建构了地域的地位功能,促进了方言文化资源的开发和传播。方言的历史文化认同是一个地区最大的魅力和吸引力所在,对保护人类文化多样性和创造力具有重要意义。

(3) 方言是滋育地域文化的沃土。方言可细分为地域方言和社会方言。地域方言是语言因地域差别而形成的变体,是语言发展不平衡在一定地域上的反映。社会方言则是同一地域人员因职业、阶层、年龄、性别以及教育程度等方面差异而形成不同的言语社区。地域方言和社会方言增强了词汇来源的多样性,丰富了方言的表现能力和感染能力。方言自古就具有滋养和传播地域文化的作用,地方戏曲、地方文艺和地方文学就带有许多方言痕迹。它汇聚了人们的日常生活经验、生产经验和交际经验,是对人们全部社会经验的总结,不仅真实展现了当地成员的整体内心世界,还为文化的传承注入了鲜明的地域特色,是当地文化的活化石。

受过去强势推行普通话的语言政策以及视多语言为问题的思维模式影响,学界在一段时间内对是否应该保护方言存在争议(曹志耘 2012)。后来随着语言问题观逐渐被语言资源观所替代,方言作为语言和文化资源的地位得到了明确肯定(李宇明 2018)。当前,学界普遍认为方言同汉语普通话一样也是一种有价值、可利用、高效益、多变化、能发展的特殊社会资源(陈章太 2009)。在乡村文化振兴的大背景下,如何认识地方方言的信息价值、经济价值、文化价值、教育价值和政治价值,如何发挥地方方言的文化功能来服务乡村人才培育、乡村生态文明教育、乡风文明建设、乡村社会治理和乡村语言生活重构,实现乡村语言文化的可持续发展是学界亟待讨论的重要议题。本书主要聚焦地方方言的文化价值和教育价值,认为应该要加强对农村儿童的方言教育以帮助他们更好地习得和认同当地文化。

(二)作为语言权的方言教育

语言权是人权的重要组成部分,其行为主体是语言使用者。语言权主要包含三方面内容,分别是语言的学习权、使用权和传播权(丁延龄 2010)。历史和现实表明,语言的同一化常常衍变为对异质文化和民族权益的干涉与威胁,不仅不能促进国家的稳定与安全,相反会引起民族关系恶化和国家动荡(范俊军 2006)。政府机关要通过保护公民语言权,在语言关系领域实现语言民主和语言平衡,让所有语言使用者都能发出声音,表达自身身份意义。

语言的学习权是受教育权的一个重要组成部分,语言的使用权和传播权涉及话语权、言论权、文化权和生存权。早期的语言权关注的是少数族群的语言问题,主要涉及濒危语言的衰退和保护,可称之为"群体语言权"。近阶段,语言权的研究对象扩大到了一般人群,开始关注个体的语言学习和语言使用权利,可称之为"个体语言权"。当前,个体语言权的研究已成为各国语言学者和法律工作者的关注焦点。学界普遍意识到,个体语言权不仅与国家语言政策直接相关,还是语言个体和语言族群的语言权基础,因为无论是群体语言权还是个体语言权,都可以通过保障个体的语言权来实现(Phillipson & Skutnabb-Kangs 1994)。

语言权的核心问题可归结为国家权力机构如何确定国家语言或官方语言,以及在公共领域中对弱势族群的语言地位和使用作何种安排。根据联合国教科文组织濒危语言问题专家组(2006)的总结,当前世界各国对多语社会中公民的语言权问题主要有 6 种态度:

（1）同等支持。国家把所有语言都视为财富,并且均受法律保护,政府通过实施明确的政令来鼓励保持所有语言。

（2）区别性支持。政府明确保护非强势语,但强势语和非强势语的使用场合有明显区别。比如政府鼓励少数族群使用自己的语言多指在私人场合,而不是公共场所。

（3）消极同化。决策机构和强势族群对弱势群体的语言使用情况漠不关心,强势族群语言是社会交际语。

（4）积极同化。政府向弱势族群提供使用强势语言教育,非强势语的使用均不鼓励。

（5）强迫性同化。政府颁布明确的语言政策,宣布强势族群语言为唯一官方语言,弱势族群语言丧失被承认及获得官方支持的机会。

（6）禁止使用。禁止在任何社会公共领域使用弱势族群语言。

若以此为分类,我国政府对普通话和方言的态度可归属为第 2 类,即区别性支持。《国家通用语言文字法》规定,"国家通用语言文字是普通话和规范汉字""公民有学习和使用国家通用语言文字的权利"。同时,该法规还明确了普通话的主要使用场合,即国家机关、学校及其他教育机构、对外汉语教学、广播电台、电视台等。上述条款落实了普通话在我国社会生活中的主体地位,保障了我国公民学习和使用国家通用语言的权利。但鉴于我国地域辽阔,方言复杂和少数民族语言的生存发展现状,《通用语言文字法》也做了一些弹性规定,例如第 16 条款就明确了方言的使用场合:

（1）国家机关的工作人员执行公务时确需使用。

（2）经国务院广播电视部门或省级广播电视部门批准的播音用语。

（3）戏曲、影视等艺术形式中需要使用的。

（4）出版、教学、研究中确需使用的。

这些规定,确认了方言的社会文化价值,保障了方言在一定范围使用的社会地位,与普通话的规定形成了有效互补。

综合上述规定来看,国家推广普通话的目的并非是为了消灭方言,而是为了消除方言间的隔阂,从而在语言的社会应用中实现语言主体性与多样性的和谐统一。针对方言濒危现象,李宇明(2012)提出如下建议:

（1）对于即将消亡的语言,当务之急是语言保存,应尽快进行全方位的语言实态调查,建立永久保存的数据库。

（2）对于濒危中的语言,要通过祖孙隔代传承,建立语言保护区,建设语言文字博物馆等措施,进行语言抢救。

（3）对于有衰落倾向的语言，主要是通过教育传承、鼓励应用等措施，增加其活力。

（4）对于具有活力的语言，主要是在政策、教育、使用等层面保持其活力。

针对方言的学习权问题，夏先华（2019）认为，语言文字管理部门要采取两种手段来进行保障。一方面要通过法治宣传、方言保护法治教育和法律咨询等方式提升社会群体整体的方言意识，让方言使用者正视自己的方言权，且不以歧视等方式侵犯其他人的方言权。另一方面要加强方言教育和方言文娱活动等公共社会服务供给，保障方言学习权与传播权的实现。上述观点为农村儿童的方言教育提供了充分理据，也与语言权的基本观点，即"母语的学习、使用和传播是语言权的一个最为重要部分"是相契合的。对于农村儿童而言，他们既有学习普通话的权利，可以通过普通话融入主流社会，也有学习方言的权利，可以通过方言传承地域文化。

三、研究对象

（一）吴语温岭话

吴语是中国官方定义的七大方言之一，又称江东话、江南话或吴越语，拥有国际语言代码 ISO/DIS 639－3：Wuu。它从周朝开始至今有 3 000 多年悠久历史，底蕴丰富，在中国主要分布于今浙江、江苏南部、上海、安徽南部、江西东北部、福建北一角，使用人口约一亿。从历史、文风、语言特性分析，吴语极近中古雅言，继承了中古汉语的整齐八声调和三十六字母框架体系。在语音上，现代吴语保留了全部浊音和平上去入的平仄音韵，同时具有更多古音因素，字音及语言要素与古代《切韵》《广韵》等韵书高度吻合。吴语的词汇也尤为独特。"渠"（第三人称单数），"角子"（硬币），"衣裳"（上衣）等 1 000 多个特有词汇是江南人思维方式和文化涵养的集中体现。其特殊句型，例如"定语后置"（鲜花个娇艳欲滴），"宾语前置"（明朝上海去）和"状语后置"（他来快了）等也与现代汉语普通话差异明显。

由于吴语内部差异明显，对于吴语的分区问题，学界一直没有定论，比较常见的有三种分类，即两分法、三分法以及六片的多分法。两分法指将吴语分成南北两区。太湖片吴语以南的其他吴语因互通度不高所以被笼统地称为南部吴语。南北吴语的两分法并非是语言学的概念，而是人们的一种习惯性称呼。三分法指将吴语分成南北西三区。北区指太湖片，主要分布在江苏省、上海市以及浙江省的杭州、绍兴、临安、宁波等地。南区吴语主要分布在浙江丽水、台州、东瓯、金华和江西、福建等相邻县市。西区吴语主要分布在安徽和福建的部分县市。六分法是对三分法的细化,主要指太湖片、台州片、瓯江片、婺州片、处衢片和宣州片。三者的根本分歧在于分区层次上的差异,相比较而言,六片的多分法更适合吴语的现状,但是在观念和术语的使用上,吴的南北对立并没有彻底消失,学者总是有意无意地将某一方言做一个"非南即北"的阵营划分(阮咏梅 2010)。

温岭话,即俗称的太平话,主要分布在温岭、路桥南部和玉环北部及乐清湖雾南部的部分地区。温岭市主要有两种语言,分别是汉语普通话和当地方言即温岭话。其中温岭话,属于南部吴语的台州片方言,以太平街道(温岭市政府所在地)为代表。温岭话内部存在细微差异。邻近黄岩区的泽国镇温岭话由于受到黄岩话影响,在某些词汇的发音上与太平温岭话有所差异,但这些差异并不影响两者沟通,且存在语音上的对应关系。例如太平话中的流摄开口一等侯韵母/ou/在端组,尼来母和精组声母前发成洪音/ɤ/,在帮组和见系声母前则发成细音/io/,而在泽国话中侯韵母/ou/则全部发成细音/io/(阮咏梅 2012)。

（二）语言生活

"语言生活"的概念最早由日本学者于 20 世纪 30 年代提出,主要关注语言的本体研究,后来也采取实证方法调查研究国语与国民语言生活(王建勤 2018)。中国自 20 世纪 90 年代引入相关概念,对语言生活重要性的认识经历了一个过程,围绕语言作为问题、语言作为权利和语言作为资源展开争论(王辉 2007)。在此过程中,国内逐渐形成了被称为"语言生活派"的学术团体,并形成了学派的主要学术观点,即"就语言生活为语言生活而研究语言和语言生活"(李宇明 2016)。

相比较日本的语言生活研究,国内的语言生活研究更强调语言的活动属性,并将其概念扩展到语言使用和应用等范畴。李宇明(1997)将语言生活定义为"运用、学习和研究语言文字、语言知识和语言技术的各种活动"。在此定义中,语言生活的研究对象是语言文字、语言知识和语言技术,语言生活的关注焦点是在社会情境下对上述三个对象的运用、学习和研究。两者通过交叉可得到如下九个研究范畴:

（1）语言运用。语言运用是最为普遍、最为重要的语言生活,过去人们几乎把语言运用作为语言生活的全部。人们的语言运用水平来自他们的语言能力,包括口语能力和书面语能力、单语能力和多语能力、一般交际能力和专业交际能力等。一般语言能力可以通过习得的方式获得,高级语言能力则必须借助语言教育。

（2）语言知识运用。社会上有一些特殊行业从业者,需要经常运用语言知识进行工作,如语言学家、术语学家、地名学家、语文课(语言课、语言学课)教师及教材编纂者、辞书编纂者、韵文作家、语言信息处理专家、键盘编码专家和语料库标注员等。其实一般人也运用语言知识,但往往是不自觉的,或是在特殊时候、特殊场合使用,比如语文考试、作文修改、诗歌欣赏和字谜游戏等。

(3)语言技术运用。在"人—机—人"间接交际模式渐为常态的当下,语言技术的应用也渐成公民的"语言素养",而一些不能够使用语言技术者,可能像昔日"文盲"那样失去重要的语言生活。不掌握语言技术,就失去了获取信息的许多重要途径,就会被信息边缘化,甚至影响到日常生活。"信息不公平"是"互联网 + "时代社会不公平的重要表现。

(4)语言学习。掌握母语、本地区的重要语言、世界的重要语言,形成"三语"能力,已成为当今许多国家对社会成员的要求,语言学习的意义在提升,内容在加重,时间在延长,成本在加大。如此一来,语言学习在语言生活中的分量也急剧增大,需要社会机构专门进行语言学习规划,甚至也需要家庭为子女的语言学习做出规划。

(5)语言知识学习。有语言学习,就有语言知识学习。在语言知识学习上,有些问题尚需注意或研究:① 语言知识是个较为宽广的概念,不仅是语言文字的结构知识,还应包括语言文字的应用知识、历史知识和语言国情;不仅是本民族的语言知识,还应包括外族、外国的语言知识。② 哪些语言知识应当成为公民常识,怎样把这些知识真正转化为公民常识,比如是通过义务教育阶段的语文教育,还是通过中型辞书、"公民语言常识手册"等。③ 语言知识与语言能力之间究竟是何关系,换言之,语言知识对于语言能力的提升究竟有无帮助,有哪些帮助?

(6)语言技术学习。语言技术发展迅速,不说日新月异,起码也是年年都有新变化,故而语言技术的学习也将成为常态。语言技术学习的当前状况是:多为业余学习、摸索学习,对语言技术的掌握不系统、不完善,语言设备的功能没能充分发挥。要做好已有语言技术的系统教育,做好新的语言技术的及时推广,特别要关注"边缘人群"的技术推广。

(7)语言研究。语言研究是专业人员的语言生活,随着对语言感兴趣的专业逐渐增多,语言研究逐渐成为更多专业领域人员的语言生活。当前的问题是,不同专业的语言研究者怎样相互分享研究旨趣、研究方法与研究成果;语言研究的核心专业要主动了解边缘、新兴、交叉专业的状况,从学科建设、学术交流等方面支持这些专业的发展。同时,为满足社会对于语言研究的兴趣,语言学界要注意与社会发生联系,及时向社会传播语言研究状况,及时与社会分享语言研究成果。

(8)语言知识研究。语言研究者是语言知识的创造者,同时也是语言知识的研究者,不梳理已有研究成果,便无法创造新知。除此之外,还有专门的语言知识研究者,如语言学史家,语言学、语文、外语的教材编纂者,需要对语言知识进行专门的梳理研究;辞书编纂者、术语整理者、地名学家等,在工作中都需要依傍语言知识。

(9)语言技术研究。语言技术迅猛发展,语言技术产品的广泛应用,使语言技术领域拥有越来越多的研究人员,并形成不同的研究团队和语言工程。语言技术是语言学与信息科学的交叉,它的迅速发展使语言学逐渐分化为语言科学与语言技术学,逐渐形成新的语言产业。语言学,一个传统的人文社会科学具有了工学的品格,与社会生产力发生了更为密切的关系。

本书重点关注农村儿童的方言生活,主要涉及其中的三个方面,即语言研究、语言运用和语言学习。

四、研究理论

(一) 双言制理论

双语或多语现象在世界上是一种普遍现象,因为世界上的绝大多数国家都拥有不止一种语言(Fasold 1984)。在一个多语言国家里,其国家成员往往可以使用两种或多种语言,又或者使用民族共同语或者其地域变体(方言)进行交际。同时,这些语言有不同的使用功能和使用情境。美国语言学家 Ferguson(1959)将其称为"双言制"(diaglossia)。

Ferguson(1959)最早将"双言制"这一概念引入英美社会语言学界。Ferguson(1959)认为,"双言制"是"一种相对稳定的语言状态。除了一种语言的主要方言之外(可能包括一种标准语或数种地区标准语外),还存在一种异质、高度规范化的高级变体(通常语法更为复杂)。该变体是大量源于古代或另一个言语社团的、受社会尊重的文学典籍的载体,用于大多数书面及正式演讲等场合,主要通过正规的学校教育习得,社团中没有任何人用它来进行日常会话"。Ferguson 将那种"高级变体"称之为 H 体,与之相对的"主要方言"则称之为 L 体。在 Ferguson 的定义中,我们发现,H 体和 L 体存在语言学上的同源关系,即两者该同属于一种语言(linguistic relateness)。Ferguson 根据这一定义,探讨了四个国家的双言制现象。特概括如下:

表 1.1　Ferguson 有关双言制国家的调查

	高变体语言	低变体语言
阿拉伯	Koran(Classic Arab)	Colloquial forms
古希腊	Puristic	Demotic
瑞　士	German	Various Swiss German dialects
海　地	French	Haitian Creole

Ferguson(1959)认为 H 体主要用在正式的、谨慎的情境,而 L 体则主要用在非正式的、家庭的或者轻松的情境。为此,他特意概括了两种语体在典型情境中的使用情况。

表 1.2　双言制中 H 体和 L 体的典型使用情境

交　际　情　境	H 体	L 体
教堂或清真寺里的布道语言	✓	
与仆人、职员或店员的交际语言		✓
个人书信	✓	
大学演讲	✓	
国会演说	✓	
家庭成员、朋友或同事的交际语言		✓
新闻广播语言	✓	
广播肥皂剧语言		✓
报纸社论、新闻故事和图片说明语言	✓	
政治漫画的说明语言		✓
诗歌	✓	
民间文学		✓

在双言制中,两种语言变体的使用有着严格界限,不可逾越,有时候甚至导致严重的后果。Wardhaugh(2000)提及,William Tyndale 因为把圣经从

拉丁语(H体)翻译成英语(L体)而遭遇饿毙焚尸,而希腊人也因为用Demotic(L体)出版书籍而招致数百人被处死。

　　在 Ferguson(1959)的基础之上,Fishman(1967)又对此进行了扩展式论述。首先,他对 Ferguson 有关"双言制"的表述进行了扩展。Fishman(1967)认为,双言制中所提及的 H 体和 L 体并不仅仅局限在两种语言,实际上可以存在多种语言,但彼此在使用情境中存在高低变体之分。同时,他也不同意 Ferguson 所谓的 H 体和 L 体需要语言学上的亲缘关系,认为 H 体和 L 体最主要的区别在于使用情境,因此可以是完全不同的语言。

　　Fishman 的另一贡献是他区分了双语(Bilingualism)和双言(Diaglossia)。双语是一种个人的语言现象,即个体可以使用两种语言来进行交际的能力,属于心理学家和心理语言学家的研究焦点。双言则关注多种语言在某一社会团体中因交际情境的不同而表现出不同的语言选择,属于社会学家和社会语言学家的研究焦点。在此区分的基础之上,Fishman(1967)探讨了言语社团中双语和双言存在的四种情况。

表 1.3　双语和双言的关系

		双言(Diglossia)	
		+	—
双语 Bilingualism	+	双言双语并存	双语却非双言
	—	双言却非双语	既非双言也非双语

　　在双言双语并存的社团中,Fishman 所举的国家为巴拉圭(Praguay)。在那里,几乎人人都会说西班牙语和瓜拉尼语(Guarani),前者作为 H 体存在,而后者则是 L 体。巴拉圭的这个个案进一步验证了 Fishman 理论的合理性,因为西班牙语是一门典型的印欧语系语言,而瓜拉尼语(Guarani)则是北美的印第安语言,两者不存在任何语言发生学上的关系。在双言却非双语的社团中,Fishman 所举的例子为第一次世界大战前的沙皇俄国。那时,贵族们只会使用法语,而下层农民们则只会说俄语。双语却非双言,Fishman 所举的例子为比利时(Belgium)。那里的人们能熟练使用法语和德语,但是这两种语言在社会交际中却没有任何限制,人们可以根据自己喜好在任何情境下使用任一语言。至于最后一种"既非双言也非双语",则仅仅是一种可能状况,在实际中则很难找到这样的个案,因此 Fishman 并没有给

出相关例子。

值得注意的是,双言制的形成、发展和消亡与社会文化发展密切相关。Eckert(1980)指出双言制不是凭空产生的,而是从上至下以行政形式强制执行的结果。就其政治和经济地位而言,高级语言成为获得权力和升迁的必要条件。Hamers & Blanc(2000)认为,一个多语社团中的各种语码功能往往是互补的,它们依据说话对象、领域、话题和角色的不同而不同,选择何种语码涉及说话者的身份认同。如果语言社团中不同的变体或语言共存并且每一种都具一系列鲜明、互补的社会功能,那么双言制就形成了。Carranza(1982)指出语言享有的声望主要由两个因素决定:社会结构和文化价值观。社会结构是社会成员如何看待一种语言的重要决定因素,而文化价值观在维持一种语言的地位时尤其重要,它必须与说这种语言的人所认同的正面价值观密切相关。

在前人基础上,Schiffman(2001)系统概括了"双言制"特点:

(1)功能。双言制中 H 体和 L 体的差别体现在它们的功能差异上,即它们分别被应用于不同社会领域。

(2)声誉。绝大多数言语集团对 H 体的评价要高于 L 体。在多数有关双言制的社会调查中,人们认为 H 体是一种语言,而 L 体则往往被人们所忽视,或者认为 L 体是蹩脚、粗俗和低下的语言,只有地位低下的人才使用它们。

(3)文学传统。H 体是文学、宗教典籍、古典诗歌、公共演说及盛大场合的用语。L 体不被用作书面语言,即使是在文学作品中出现,也往往表示剧中人物粗俗、滑稽和缺乏教养。

(4)习得。L 体作为母语和家庭语言,先于 H 体被习得,而 H 体则往往通过学校的正规教育才能获得。

(5)标准化。H 体具有严格的标准,并有由本族语语法学家撰写的语法、词典和教材读物,L 体则主要以口头的形式存在。

(6)稳定性。双言制很稳定,能存在数百年甚至数千年。但 H 体和 L 体也会存在竞争,某些特殊的因素会导致彼此互相取代。

(7)语法。H 体的时态、性别、一致等系统都要比 L 体复杂。

(8)词汇。H 体和 L 体共享大多数词汇,但也存在不一致。H 体往往包含很多新兴的新词和专业词汇,而 L 体则包含很多地方性词汇。

(9)语音。H 体和 L 体共享大多数的音位,但 H 体要比 L 体的语音体系更复杂,同时,L 体也会从 H 体中借用某些音位。

中国语言众多,除了汉语普通话以外,还有七大方言区和为数众多的少数民族语言。同时,随着国际交往的进一步加深,越来越多的国人开始掌握英语、日语和法语等外国语言。因此,中国的语言格局表现出一定复杂性,需要根据具体的言语社区做出各自不同的概括。陈恩泉(1996)从语言地理角度将中国的语言格局类型分为如下 5 类,特概括如下:

(1)汉语普通话—少数民族语。此类型主要分布在少数民族聚居区域,例如内蒙古、新疆、西藏、云南、贵州和广西等。少数民族除能说自己的母语外,大部分也会说汉语普通话。部分汉族人士也能使用当地的少数民族语言。(汉语普通话是 H 体,少数民族语是 L 体)

(2)汉语普通话—外国语。此一类型并没有形成地区性的双语双言现象,但是在某些领域,例如教育界、科技界、经贸界及外交界则广泛存在。某些社会人士已经熟练地掌握了汉语普通话和某一门或几门外语,这种类型有进一步扩大趋势。(外国语是 H 体,汉语普通话是 L 体)

(3)少数民族语—外国语。此类型主要分布在中国边境与外国接壤的少数民族地区,如内蒙古、新疆、西藏、云南、广西和辽宁等。随着中国边境口岸的增设和开通,外加边民之间的传统关系,此类双语的使用也会越来越频繁。(外国语是 H 体,少数民族语是 L 体)

(4)普通话—方言。此一类型主要分布在汉语方言区。所谓的七大方言区往往都属于这一类型。在该地区,广大具有初中以上文化程度者都会熟练使用汉语普通话和地区方言。随着普通话的推广和使用,该类型在汉语方言区还会进一步扩大。(普通话是 H 体,方言是 L 体)

(5)少数民族语—方言。此类型主要分布在汉语同少数民族毗邻或杂居地区,如内蒙古、青海、宁夏、新疆、海南和云南等地。这些地区的少数民族除了会说本民族语言外,还会说一些当地方言,如新疆、青海、宁夏和内蒙古的少数民族会说西北官话,云南、贵州和四川等地的少数民族会说西南官话。(少数民族语言是 H 体,方言是 L 体)①

当然,陈恩全(1996)的分类也只是一种大致的、理想的分类,实际上,在很多地区也存在不止 2 种语言的情况。就本书的吴语温岭话和汉语普通话而言,毫无疑问应该是归入第 4 类,即普通话是高变体语言,方言是低变体语言。这一基本认识是本书的基本出发点,也是基本落脚点。

(二)语言生态理论

语言生态的概念最早由美国学者 Haugen(1972)所提出,其概念已经超

---

① 此类区域的少数民族往往有自己的文字,并可用少数民族文字进行教学、新闻广播、出版等,而在该类型中使用的方言往往是某一强势方言的地域性变体,例如土语,因此作者将少数民族语言认定为 H 体,方言认定为 L 体。

出了隐喻含义,衍化为一种语言观。语言进化论者往往把语言当作一种生物现象,因为语言的起源、发展、衰退和濒危与生物的生老病死极为相近。但是生物的生老病死是一种自然现象,语言的兴衰则是一种社会现象,而且语言的死亡也不能简单等同于人的死亡,因而这一种观点的错误在于忽视了语言作为社会现象的特殊性。其后,也有学者把语言当做一种结构,或把语言当做一种工具,但 Haugen 认为,以上所有的观点都不能很好揭示语言的本质,对于语言的观察需要采取一种生态的隐喻视角。他认为,语言研究不应该仅仅局限在语言的语音、词汇和语法描写上,还应该要重视语言赖以生存的环境,要重点关注语言研究中语言使用者的因素,因此他将语言生态定义为"语言及其环境之间的互动",并呼吁对语言的研究要从语言与语言的关系,语言与人的关系等角度展开。基于此,Haugen(1972)认为,生态语言学的研究议题与社会语言学、心理语言学和人类语言学等存在重叠,并将其分解为四个层面,分别是语言学、(自然)环境学,社会学和心理学。

在 Haugen 有关语言生态的定义中,主要包含了 3 个要素,分别是"语言""语言使用者"和"环境"。语言作为一种客体,本身并没有主观能动性,它与环境的互动需要语言使用者(人)才能发挥效应,因而在语言生态研究中,语言本体和语言使用者的互动处于中心和基础地位。外部环境指的是语言使用者基于对客观现实的主观感受来形成经验现实,又可细分为群体的生存环境和话语行为的情境语境。前者指的是语言的自然环境,关注的是语言的符号功能,即语言使用者如何通过创造语言符号来认知客观世界。后者指的是语言的社会环境,关注的是语言的交际功能,即语言使用者如何通过语言来施行话语行为进而满足交际需要。内部环境指的是语言的心理环境,即语言使用者基于语言在现实中的使用来形成对于语言的现实评价。它更多关注的是语言的评价功能,又可细分为语言的现实评价和群体文化的心理评价。

针对"语言生态"的类型划分主要有三种视角,分别是曹志耘(2001)提出的语言演化视角、联合国教科文组织濒危语言专家组(2006)提出的语言活力视角和 Lewis & Simons(2001)提出的语言可持续使用视角。

(1)语言演化视角。曹志耘(2001)从语言演化视角提出了汉语方言的两种类型:突变型和渐变型。就突变型而言,弱势方言在强势方言的强大冲击之下,最终彻底放弃弱势方言,改用强势方言。突变型的具体表现为老年人只用弱势方言,中年人以弱势方言为主,青年人以强势方言为主,儿童基本只用强势方言。突变型方言的变化消亡往往需要几代人才能完成,中间一般还需要经过一个强势方言和弱势方言并存并用的双方言阶段。就渐变型而言,弱势方言在强势语言的影响和冲击下,逐渐磨损丢失自己原有的一些特殊成分,同时不断吸收强势方言的成分,使自己的语言系统朝着强势方言的方向发展。曹志耘(2001)认为所谓的濒危方言主要指突变型方言,但是渐变型方言也有可能变成濒危方言,只是过程很漫长,不易被观察到。

事实上,汉语方言的两种生态类型关注的就是语言生态的两个不同方面,突变型关注的是因社会文化因素导致的语言转用,渐变型则关注的是因语言接触导致的语言变化。但是语言转用的过程当中必然也伴随语言的接触变化,同时在渐变型方言的讨论中,曹志耘也没有提及如何区分因语言接触导致的正常语言变化和濒危语言变化。

(2)语言活力视角。语言的濒危程度与其自身语言活力密切相关。针对语言活力的判定,学者们开展了广泛的有益尝试,并取得了一些共识。首先,单独使用任何单一指标都无法评估某一语言的活力,因此对于语言活力的判断需要多种指标的综合考量。其次,在众多指标中,某一些指标处于核心地位,例如语言使用人口,语言使用范围和程度,有无文字等(徐世璇 廖乔婧 2003)。联合国教科文组织濒危语言专家组(2001)曾就濒危语言的语言活力判定制定了详细指标,为濒危语言生态类型的划分提供了新视角。

在该指标体系中,语言活力主要涉及 6 项指标:① 代际传承者;② 语言使用者的绝对人数;③ 语言使用者占总人口比例;④ 现存语言使用域的走向;⑤ 对新语域和媒体的反应;⑥ 语言教育材料与读写材料。每个指标下又按照其濒危程度划分连续等级。这里以语言代际传承为例,做一简单介绍。

表 1.4 语言代际传承活力判别

濒危程度	级次	使 用 人 口
安　全	5	该语言被所有年龄的人们使用,从孩子及以上。
不安全	4	该语言被一些孩子在各种领域使用;该语言被所有孩子在局部领域使用。
肯定濒危	3	该语言主要被父母辈级以上年龄的人们使用。
严重濒危	2	该语言主要被祖父母辈及以上辈分的人们使用。
极度濒危	1	该语言主要被极少数的人,或曾祖父母辈使用。
已消失	0	没有该语言使用者存活。

语言的代际传承是判别语言活力的重要指标。表 1.4 提供了有关语言代际传承的详细说明,并根据说明将语言的濒危程度划分为"安全"到"已消失"六个连续等级,简单明了,易于操作。同时,多指标的评价体系也符合生态语言学的"整体性"观点,为语言生态类型的区分提供了很好视角。张永斌(2011)在调查黔西北民族杂居地区的双语或多语现象时,就参考该指标体系,将语言生态分为三种类型:母语强势型、汉语强势型和母语濒危型。

徐世璇和廖乔婧(2003)认为,语言的生命力在于它变化的广度和适应新环境的速度。一方面语言吸收其他语言的成分,以丰富自身的词汇系统、充实自身的语义范畴,从而不断扩展和深化语言内涵,增强语言表现力。另一方面,语言又在吸收外来成分的同时,按照语言自身的特点对外来成分进行改造,使之符合自身系统。濒危语言的语言结构往往停止生长,失去改造外来成分的能动性。因而,语言的结构因素也应该是判定语言活力的重要指标,但在该指标体系中并没有被体现。

(3)语言可持续使用视角。Lewis & Simons(2015)从可持续使用角度(Sustainable use)提出了另一语言生态模型。现将其概括如下:

表 1.5 可持续使用视角下的语言生态类型

类 型	说 明
可持续的读写 (Sustainable Literacy)	该语言不仅在口头上被广泛使用,且该语言的文字被广泛应用在日常书写中。 该语言得到制度上的可持续支持。
可持续的口语 (Sustainable Orality)	言语社区成员对该语言有根深蒂固的认同。 该言语社区不同世代成员在日常生活的口语交际中广泛使用该语言。 在家庭或当地社区中,该语言也被广泛使用。
可持续的认同 (Sustainable Identity)	言语社区成员的语言使用不流利。 言语社区成员将语言与身份认同关联。 该语言不在日常交际中被使用,仅被使用于宗教或庆典场合。
可持续的历史 (Sustainable History)	言语社区成员不再使用该语言。 言语社区成员不再将该语言与身份认同关联。 对于该语言及其历史被完整记录并永久性保存。

Lewis & Simons(2011)的体系比较完善,将语言的历史、语言使用者的心理情感、语言的使用和语言文字等纳入一个统一的框架中且针对每一类型都做了详细说明,更具有操作性。同时,他们所强调的"可持续"观点也正是生态语言学的核心精神所在。但遗憾的是,在该体系中,对于人口因素则

没有涉及,对于语言的结构问题也没有讨论。

语言生态理论为本书农村儿童的方言生活研究提供了理论指导,即要将个体的方言生活置于一定的社会文化环境中进行讨论,要通过分析语言使用者、语言生活及其学习环境的互动关系来探讨儿童语言发展的影响机制。

（三）生态给养理论

社会文化理论是在苏联心理学家和教育家维果斯基开创的文化历史心理学的基础上发展起来的,研究重点是社会关系和文化制品在人类特有思维中的核心角色(林明东 2020)。该理论认为,语言符号具有社会属性,语言学习就是认知过程和社会活动联系在一起的社会文化现象。生态给养理论是社会文化理论的一个重要分支,主要关注人与环境之间整体和动态的关系。

给养一词最早由美国心理学家 Gibson(1979)年提出,并将其定义为"环境为动物所给予、提供和配置的,也许是积极的,也许是消极的"。Gibson 认为,给养是环境中所蕴存的潜在的行为可能性,该可能性的存在与环境中的认知和行动能力密切相关,但又独立于行动者的感知能力而存在。换言之,给养既不是环境的固有属性,也不是个体的固有属性,而是在两者的互动中"涌现"(emerge)出来的(黄景等 2018)。章登科和喻衍红(2010)系统回顾了给养的特性,其要点可概括如下:

（1）环境提供的给养是那些环境所呈现的东西、提供的信息以及它所邀请你做的事情。

（2）环境中事物的意义和价值能够被直接感知,事物的价值和意义是显而易见的。

（3）给养和动物本身相关,给养只能用生态学来衡量,而不能用物理学来衡量。

（4）环境提供的给养是不变的。

（5）给养具有整体性,当人们看到物体时感知的是物体的给养而非尺寸大小。

（6）给养是行为者和环境的相互作用,既不是主观性也不是客观性,是一种系统的观点。

生态给养理论由宏观和微观两部分组成。宏观的给养理论包含三个要素:语言使用者、环境和语言。给养的产生是三者共同作用的结果,不同语言学习者在同一个环境中,或同一个学习者在不同环境中,给养转化情况都是不同的(Aronin & Singleton 2011)。微观上,给养由感知、解读和行动三者之间的持续互动作用形成一个循环。语言使用者感知环境所提供的学习资源和互动学习机会,对其进行解读,进而采取相应的学习行动,将其转化成给养。同时,环境中也存在没有被学习者识别的给养,而没有被学习者识别的给养仍作为意义潜势存在于环境中。因而,给养是从具体的活动中浮现出来的,可以从学习者参与学习活动过程中所包含的学习资源、互动学习机会和行动上调查转化给养的状况(Van Lier 2000)。

生态给养理论为本书农村儿童的方言生活研究提供了一个全新的解释框架,即要通过分析学习环境中的各种因素是否给养了作为预定目标的能力发展来优化学习环境。本书有关儿童方言习得所涉及的给养因素有家庭语言规划、家庭教养方式、教师教学心理和教师创意教学等,所涉及的能力有方言能力和社会交往能力。

(四) 语言规划理论

语言规划(language planning)实践开始于"二战"后的民族独立运动,其根本动机来源于人们对于语言现状的不满(Haugen 1966)。因此,语言规划作为一门理论性和实践性都很强的学科,其根本目的在于改变现有的语言生态现状。胡壮麟(1993)综合了前人有关语言规划的定义,认为其核心内涵应该要包含如下要点:

(1) 语言规划是有意识的组织活动。

(2) 它涉及私人的和官方的努力,但政府在其中起到更大的优势作用。

(3) 语言规划旨在发现和解决交际问题,这些问题既是语言学的,也有非语言学的。

(4) 语言规划要解决的是全国性的问题,需要较长时间来评估并在一定社会中解决这些问题。

(5) 语言规划需要一定的理论框架指导。

Kross(1969)最早提出了语言规划的两个内容,分别是语言本体规划(corpus planning)和语言地位规划(status planning)。在此基础之上,Haugen(1966)提出了语言规划的2×2矩阵框架,首次对纷繁复杂的语言规划进行了梳理和规范。Haugen(1983)又对该框架进行了修正和补充,并对其中的一些理念进行了更全面的进一步阐述。

表 1.6　Haugen 语言规划的修正框架

	形式(政策规划)	功能(语言培育)
社会(地位规划)	选择(决策过程) A. 问题的确认 B. 规范的分配	实施(教育推广) A. 改正 B. 评估配

续表

	形式（政策规划）	功能（语言培育）
语言（本体规划）	符号化（标准化过程） A. 文字系统 B. 语法系统 C. 词汇系统	精细化（功能发展） A. 术语的现代化 B. 文体的发展

从表 1.6 可以发现，Haugen 的矩阵框架将语言的语言学属性和社会学属性同语言规划的形式和功能有机结合起来，对语言规划所涉及的主要方面进行了高度概括。Haugen(1983)指出，语言规划具有普遍性，但他的框架并非适用于所有语言规划实践。不可否认的是，此后学者们对于语言规划的理论研究和实践考察，无一例外地都是在这一框架中进行的，这为众多的研究者理清了思路并提供了共同的学术语言，从这个意义说，它奠定了一个新兴学科发展的理论基础(赵守辉 2008)。

Harmann(1990)认为以往的语言规划都是单向的，只关注语言规划的制定方，而忽视了语言规划的接受方，而一个成功的语言规划应该是双向的，需要把两者结合起来。因此，他认为语言规划必须要回答两方面问题：

(1) 出于何种原因，谁在为谁制定何种语言的规划？(Who is engaged in planning what language for whom and why?)

(2) 在何种情况下，谁接受谁制定的语言规划？(Who accepts what planning provisions from whom and under what conditions?)

鉴于此，Harmann(2011)提出语言规划除了语言本体规划(corpus planning)和语言地位规划(status planning)外，还应该增加语言声望规划(prestige planning)，而后者是决定语言规划成败的重要因素。潜在的个体使用者要对所规划的语言结构和功能有正面的积极评价，这样所制定的标准才能赢得公众的真心支持(Harmann 2011)。语言本体规划(corpus planning)关注语言内因素，语言地位规划(status planning)关注语言外因素，而语言声望规划则关注被规划方的社会心理。

Harmann 的另一个重要贡献在于他提出了语言规划者的多样性，并强调了彼此间的声望差异。Harmann(2011)的规划者主要包含四个层次，即官方的(政府层次)，机构的(授权组织)，团体的(群体行为)和个人的(个体行为)。这四个层次的规划作用是递减的，但他们对不同目标和不同对象的影响则各有所长。Harmann(2011)也十分强调理论对语言规划的指导作用，他认为生态语言学的思想对语言规划有重要借鉴意义，并尝试将语言生态研究与语言规划结合起来。Harmann(2011)认为,语言规划和语言生态都关注某一地理范围内的语言现象,都涉及语言的本体研究,语言的社会文化地位以及语言使用者的社会心理,因此语言规划和语言生态存在着密切的联系。

语言规划理论为本书农村儿童的方言生活研究提供了操作路径,即要充分发挥不同语言规划者(如语言研究者、家庭教育和学校教育)的协同优势,从方言的语言本体、语言地位和语言声望等途径入手,激发语言活力,促使方言可持续发展。

五、研究思路

本书从城乡二元文明共生和乡村文化振兴角度审视农村的方言衰退现象,并将儿童的方言生活视为一种群体"惯习",认为家庭和学校作为儿童语言社会化的主要场景对此具备一定的调试转化能力。据此,本研究从生态语境观出发,尝试从整体关联和互动协同角度将"方言生活—方言人—方言环境"纳入一个统一的分析框架,认为儿童方言生活的调试性重构需要整合语言研究者、家庭方言教育和学校方言教育的协同优势,践行儿童方言生活重构服务乡村语言文化可持续发展的应由之路。主要研究思路如下:

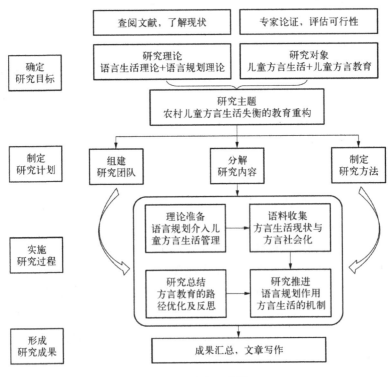

图 1.1　研究思路图

六、结构安排

除第一章节绪论和第九章节结论外,本书主体的七个章节可分为五个部分:语言本体研究;语言生活研究;语言社会化研究;家庭方言教育研究;学校方言教育研究。

第二章为语言本体研究,关注吴语温岭话在语音、词汇和语法三个层面的典型特点。语言的本体规划是对语言本身的规划,是连接语言规范标准和语言使用者之间的重要桥梁。通过对吴语温岭话的语言本体进行详细描写,既可为方言材料保存和方言辞典编撰提供依据,也可为方言文化教育和方言文化传承提供素材。

第三章为方言生活研究,关注儿童在日常生活中有关方言能力、方言行为和方言心理这三个层面的典型特点。语言生活是社会生活的重要组成部分,既是社会和谐的重要表现,也是促进社会和谐的重要因素。和谐语言社会需要主体化与多样性的和谐统一,既要肯定普通话作为国家通用语的主体地位,也要包容少数民族语言和地方方言的多样性发展。通过对当地儿童的方言生活进行研究,既可在理论上以理性眼光去审视方言的发展变化,也可在实践中尽可能减弱方言消亡带来的负面影响。

第四章为方言社会化研究,关注儿童在方言学习过程中的社会能力发展。社会交往能力包含了“自我”与“他人”两个面向维度,是评价个体人际社会化水平的重要指标。社会交往能力发展良好的儿童,较能与他人建立良好人际关系,并表现出自信及合作友好的态度。通过对儿童的社会交往能力进行研究,能揭示当前农村儿童方言社会化的基本现状,有助于加强农村儿童家庭教育的针对性和有效性,营造儿童健康成长的良好家庭环境。

第五章至第六章为家庭方言教育研究。其中第五章关注儿童的家庭语言规划(方言、普通话和英语),第六章关注儿童家庭教育环境与方言学习动机的关系。家庭语言规划指家庭成员对家庭语言使用和启蒙文化教育读写实践所做的明确公开的规划。它的形成受家庭成员语言意识形态或信念的影响,关注的核心则是多语家庭在日常生活中的语言选择问题。方言学习是一个复杂的过程,它除了受到学习者自身因素影响外,还受到家庭教育环境影响。家庭教育环境的好坏与学习氛围的浓厚程度必然会对儿童的方言学习动机和方言学习效果存在影响。通过对农村儿童的家庭语言规划和家庭教育环境进行研究,既可为家庭内亲子间的多语互动研究和儿童语言发展等提供理论基础,也可通过反映家庭教育环境建设来揭示更广阔的社会语境对家庭语言教育的态度和意识。

第七章至第八章为学校方言教育研究。第七章关注方言教师的教学心理,第八章则关注方言教师的创意教学行为和儿童方言学习结果的关系。教师是教学过程中的重要参与者,他们的行为、思想、情感以及信念等都会直接影响语言课堂教学的质量以及学习者语言学习的成效。教师的积极心理和职业幸福感也是教师进行有效教学的基础,心理健康的教师更容易让自己的课程变得有创意、有挑战性且有成效。方言文化教育已从学校语言教育中分化出来成为一个重要的教育实践领域,但受师资水平和教育模式等因素影响,其在教学内容选择和教学活动组织等方面还存在较大问题。"创意教学"指教师运用创造性思维使教学措施与活动变得活泼、多样化,其教学目的是要透过创意的教学方法来达成教学目标。通过对一线方言教师的教学心理和创意教学进行研究,有助于有针对性地给予他们最好的教育支持,降低他们的职业焦虑和教学压力,进而推动方言文化教育课程改革,为儿童的方言文化学习提供良好的外部支持环境。

本书整体的内容架构如下图所示:

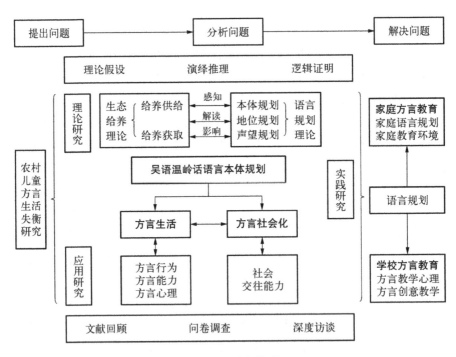

图 1.2　研究架构图

七、研究意义

（一）完善语言生活研究中微观领域语言规划的理论探索

西方的语言规划研究自 20 世纪中期以来一直沿袭关注大环境的传统,

对家庭、学校和工作场所等微观领域的语言生活关注不够。本书将农村儿童置于生活世界中心,通过对他们当前的方言生活、家庭方言规划和学校方言规划进行详细描写,探索方言生活和方言规划的互动机制问题,不仅能深度理解农村儿童当前方言生活现状和潜在演化趋势,也有助于从中国语境出发,在比较与借鉴中完善西方的相关理论建构。

（二）从儿童方言生活角度拓展社会文化理论的研究内涵

生态给养理论作为社会文化学派的重要理论在我国已有介绍和应用,但相关研究主要集中在外语教育领域,在方言教育领域则鲜有涉及。本书将该理论的主要观点和视角引入儿童的方言生活研究,以家庭环境和学校环境的方言教育双轨路径为主轴,通过分析其实际特点和存在问题,有助于更好理解当前农村儿童方言习得的主要路径和特点,也能丰富该理论的研究内容,从母语习得角度为该理论的拓展和修正提供启示和借鉴。

（三）为家校协同育人中方言供给路径的优化提供实践指导

学界对如何开展有效的方言教育还存在很大争议。本书采取"自下而上"视角对农村儿童在家庭环境和学校环境中所能获得的方言给养进行调查,可为家校协同育人中有效语言规划手段的应用提供一条优化路径,更好促进他们的语言社会化。当前,台湾、上海、江苏和福建等地区已开展了多样化的方言教育尝试和探索,而浙江作为一个方言资源较为丰富的省份,使得本书的研究成果具有一定的普适性与推广价值。

第二章　吴语温岭话研究

一、引言

语言本体规划是对语言本身的规划,主要包括拼写法的创新、发音、语言结构中的变化、词汇量的扩展、简化、风格和语言材料的准备等内容(Baldouf 1989)。它是语言规范标准的重要载体,是在语言规范标准和语言使用者之间架起的桥梁(晁继周 2005)。通过对某一方言的语言本体进行详细描写,既可为方言材料保存和方言辞典编撰提供依据,也可为方言文化教育和方言文化传承提供素材。从教育给养角度来看,对方言的基本特征进行详细描写,对于儿童的方言习得具有重要意义。一方面,儿童可以以此为依据,开展普通话和方言的对比分析,加深对它们的认识。另一方面,教师也可以以此为依据,开展方言的偏误分析,提高学生的学习效果。本章节主要由三个部分组成,包含吴语温岭话的语音、词汇和语法三个部分。在对这三个部分进行详细描写的基础上,研究者将其与普通话进行比较,以求揭示吴语温岭话的语言本体特征。

二、吴语温岭话的语音

(一) 吴语温岭话的音系

对于温岭话的声韵调,文献上主要有 5 个版本,分别是林超夏(1938)的《温岭话新文字草案》版,杭州大学中文系(1959)的《温岭方言》版,李荣(1966)版,温岭县志编委会(1992)的《温岭县志》版和阮咏梅(2012)版。各个版本之间的声母、韵母和声调彼此存在差别。具体见表 2.1。

在本书中,研究者主要采取阮咏梅(2012)的音系表述,因其研究时间最近,同时她在概括音系时不仅仅依照研究者自身的主观听觉,更结合了实验语音学的相关数据,在声调的类别和调值的划分上更有说服力。但是针对田野调查的实际,作者也对阮咏梅版也做了适当修订。主要涉及两个方面:

表 2.1 温岭方言语音比较表①

	草案版	杭大版	李荣版	县志版	阮咏梅版
声母总数	26	32	34	29	34
韵母总数	51	50	54	48	51
声调总数		7+2	8+2	8+2	7+2

（1）边音和鼻音声母[m-n-ŋ-ɳ-l]在温岭话中主要有两套发音方法,分别是紧喉和浊流。阮咏梅标示了紧喉,但未表示浊流,作者这里进行添加。

（2）齐齿呼元音/iou/,阮咏梅标示为/iɯ/。作者参考李荣和《温岭县志》,同时根据听觉,采用前者的标音。

（二）声母简介

温岭话共有 34 个声母(不包括零声母),特列表如下。表中一个例字表示中古的一个声母。

表 2.2 温岭话声母表

p	班	t	东	ts	早猪斩	tç	煎张臻	k	国
ph	攀	th	铁	tsh	醋耻厕	tçh	枪畅创	kh	区
b	白肥	d	头	dz	查茶	dʑ	钱缠镯	g	跪
ʔm	马晚	ʔn	囡拟			ʔɳ	女染语	ʔŋ	我
ɦm	麻袜	ɦn	南轮疑			ɦɳ	年日尧	ɦŋ	芽
		ʔl	老						
		ɦl	兰						
f	风丰辅			s	丝山舍	ç	小渗烧	h	靴
v	佛			z	锄柴是	ʑ	情斜床	ɦ	毫炎油
								ʔ	旱晚远

① 表 1 中《草案版》和《杭大版》的数据引用自阮咏梅(2012)。《草案版》中未涉及声调,因此空白。李荣对于温岭声调的表述在时期上并不一致,例如李荣(1966)在《温岭方言语音分析》中提及温岭话有 9 个单字调,分别是 7 个本调和 2 个变调。但是,在李荣(1978)的《温岭话的变声中》和李荣(1992)的《温岭方言的轻声》中则表述为 8 个本调和 2 个变调。这里作者以李荣先生的最近表述为主,采取"8+2"的说法。

说明：

（1）鼻音和边音声母[m-n-ŋ-ȵ-l]存在[ʔm-ʔn-ʔŋ-ʔȵ-ʔl]和[ɦm-ɦn-ɦŋ-ɦȵ-ɦl]的对立，前者主要拼阴调，后者主要拼阳调。

（2）古见系细音字的声母[k-kh-g-h]的实际发音部位靠前。

（3）舌面前音[tɕ-tɕh-dʑ-ɕ-ʑ]发音时，舌面与硬腭的接触面积比普通话接触面积要略多些。

（三）韵母简介

温岭话共有 51 个韵母，作者根据四呼将其分成四类，具体见下表。表中的例子表示中古的一个韵摄。

表 2.3　温岭话韵母表

开　口　呼		齐　齿　呼		合　口　呼		撮　口　呼	
ɿ	猪狮	i	制被	u	波布多	y	雨桂龟
a	拜外	ia	茄写	ua	化快		
ɛ	兰旦	iɛ	甘看	uɛ	关		
e	在悲	ie	尖面				
ɔ	饱	iɔ	小				
o	爬瓦						
ø	搬			uø	灰官	yø	闩远
ɤ	走	iɤ	后				
ɯ	哥	iou	油				
ã	冷	iã	想腔	uã	横		
ɔ̃	方棒			uɔ̃	光	yɔ̃	往窗
øn	寸						
ən	门	in	心人孕正	uən	温	yn	军
ɤŋ	跟			uŋ	翁	yuŋ	兄中
aʔ	百刻佛色	iaʔ	阅脚	uaʔ	划		
əʔ	喝八佛	iəʔ	甲立蜜七	uəʔ	活		

续表

开 口 呼		齐 齿 呼		合 口 呼		撮 口 呼	
ɤʔ	黑						
oʔ	乐学			uoʔ	骨镬国哭	yoʔ	肉
øʔ	粒夺卒诺					yøʔ	月橘
m̩	亩	n̩	儿	ŋ̍	思耳		

说明:

(1)/ɤ/实际发音在/ɤ/和/ɯ/。

(2)/o/实际发音时舌位偏前、偏低,开口度较小。

(3)/u/发音时前有/ə/的过渡。

(4)/yn/发音时中间有/ə/的过渡音。

(5)[aʔ-iaʔ-uaʔ]中的/a/实际更接近/ɐ/。

(6)/yøʔ/中的主要元音开口度偏小,实际在/y/和/ø/之间。

(7)[m-n-ŋ]可以充当韵母,但只能和[ʔ-h-ɦ]相拼。

(四)声调

温岭话中有9个单字调,其中7个为本调,两个位变音。其调类和调值见表2.4。

表 2.4　温岭话声调表

调 类	调 值	例 字	调 类	调 值	例 子
阴平	[33]	东天刚初	阳平	[31]	田平近道
阴上	[42]	懂米草女			
阴去	[55]	冻线教唱	阳去	[13]	洞路助共
阴入	[5]	督百笔吃	阳入	[2]	月白合泽
升变音	[15]	花萧鹅瓶	降变音	[51]	棒照路谷

说明:

(1)阳平和阳上在温岭话中其调值都是[31],因此这里将其合并。但是阳平来自古平声浊声母字,阳上来自古上声全浊声母字,同时阳平在各个调类前都要变调,但阳上只在阳平前变调。

(2)温岭方言中的两个变音不受语音环境的制约。本调是平声的,变音变成升变音,如"花"(hua^{33}——hua^{15})等,本调是仄声的,变音变成降变音,如"柿"(zʅ^{31}——zʅ^{51})。

针对温岭话的连读变调,李荣(1979)和阮咏梅(2012)曾进行过探讨。就两字组的变调模型而言,两者也存在差异。这里作者主要参考阮咏梅(2012)的变调模型,引述如下。表 2.5 的竖栏为前字声调,横栏为后字声调,表中黑体数字表示变调后的调值,其他为原调。

表 2.5　温岭话二字组连读变调表

	阴平 33	阳平 31	阴上 42	阳上 31	阴去 55	阳去 13	阴入 5	阳入 2	升变音 15	降变音 51
阴平 33	**55 31**	**35 51**	33 **31**	33 31	**35 55**	**35 55**	33 5	33 2	33 **15**	33 **51**
阳平 31	**35 31**	**24 51**	**13 31**	13 31	**13** 55	**13 55**	**13** 5	**13** 2	**13 15**	**13 51**
阴上 42	42 33	**55 51**	42 **31**	42 31	42 55	42 13	42 5	42 2	42 **15**	42 **51**
阳上 31	31 33	**55 51**	31 **31**	31 31	31 55	31 **13**	31 5	31 2	31 **15**	31 **51**
阴去 55	**33 33**	**33 31**	**33 31**	**33 31**	35 55	**35 55**	**33** 5	**33** 2	**33 15**	**33 51**
阳去 13	13 33	13 31	13 **31**	13 31	13 55	**35 55**	13 5	13 2	**13 15**	13 **51**
阴入 5	3 33	5 51	3 **31**	3 31	3 55	3 13	3 5	3 2	3 15	3 51
阳入 2	2 33	2 **51**	2 **31**	2 31	2 55	2 13	2 5	2 2	2 **15**	2 **51**

需要指出的是,上表中的二字组变调模式仅仅也是一种一般趋势,实际上还存在很多例外。例如阴平字在阴去后不变调,但是在某些组合中则变成 31 调,例如"戒方_{戒尺}"(kA^{33}fɔ^{33}——kA^{33}fɔ^{31})。同时,某些语法结构也会影响变调模式出现例外,例如在"V 记 V 记"得结构中,"V"永远只念本调。至于三种字组变调、四字组变调和五字组变调则更加复杂,其模型更不容易概括,这里不做讨论。

(五)吴语温岭话的语音特点

针对吴语的语音特点,前人曾做过一些讨论(赵元任 1956;邢公畹 1982;颜逸明 1994)。但是吴语内部差异明显,因此所谓的吴语语音特点,往往都能在某一方言找到例外。温岭话,作为南部吴语台州片方言之一,在语音上既表现出与其他吴语共性的一面,也有其独特的地方。基于前人的讨论,本部分拟从声韵调数量、音系特点、声韵拼合、变音和文白异读五个方面对温岭话的语音特征进行探讨。

1. 声韵调数量

按照吴语六分法,可将吴语分成太湖片、台州片、瓯江片、婺州片、处衢片和宣州片。作者从各片选取一代表方言,将其与温岭话的声韵调个数做一比较,列表如下。太湖片的代表方言为苏州话,台州片代表方言为临海话,瓯江片代表方言为温州话,婺州片代表方言为金华话,处衢片代表方言为丽水话。宣州片代表方言为玉山话。相关语音的音系材料转引自颜逸明(1994)。

表 2.6　温岭话和六片吴语代表方言声韵调数量比较

	苏州话	临海话	温州话	婺州话	丽水话	玉山话	温岭话
声母	27	29	28	27	29	28	34
韵母	48	44	31	46	46	51	51
声调	7	7	8	7	7	8	7

从表 2.6,我们发现,吴语各片代表方言的调类以 7 个为主,这符合傅国通(2007)的判断,即吴语的调类系统有简化的趋势,以 7 个调类为主,少数 6 个或者 5 个。因此,在调类的数量上,温岭话与其他主流的吴语是持平的。在声母的个数上,温岭话好像高于其他所有语言,超过了 30 个,但实际上温岭话的 34 个声母包含了[ʔm-ʔn-ʔŋ-ʔȵ-ʔl]和[ɦm-ɦn-ɦŋ-ɦȵ-ɦl]两组互补的音位,若去除互补的一组鼻音和边音,则为 29 个,基本上也与其他主流吴语持平。在韵母的个数上,温岭话则明显高于其他的代表方言,只和宣州片的玉山话持平。因此,从声韵调的数量而言,温岭话的声母和声调数量与其他片代表方言基本持平,但韵母数量则明显偏高。在去除鼻辅音韵母的 48 个韵母中,开、齐、合、撮四呼所占的比例分别为 39.6%—22.9%—22.9%—14.6%。汪平(2003)比较了中国 47 个汉语方言点,总结其四呼所含韵母的平均数为 38%—30%—23%—9%。因此,在温岭话中,开、合两呼的比例比较均衡,齐齿呼略低于平均水平,撮口呼则略高于平均水平。

2. 音系特点

在温岭话的辅音中,“帮滂并”三分,古“并”母字仍读浊音,即塞音声母除有送气与非送气的对立外,还有清浊的区别。例如"布"(pu),"破"(phu)和"步"(bu)。赵元任(1966)认为塞音声母三分法是把吴语划为一个方言所必需的唯一条件,可以依据这个标准,将吴语的各种地方话从其他地方话中区分出来。同时,温岭话中没有翘舌音,因此古"知"组字在温岭话中一般念成[tɕ-tɕh-ɕ],如"张"(tɕia³³)和"周"(tɕiu³³)。

在韵母中,温岭话缺乏常见的复韵母/-ai/,/-ei/,/-au/和/-ou/。同时,温岭话中很多字保留了古音。"鸟"字念/t/声母,"打"字念/ã/韵母。"傲"字念/ŋ/声母。"怪"和"快"不带/i/韵尾,念成/kua⁵⁵/和/khua⁵⁵/。"三"和"丹"不收鼻韵尾,念成/sɛ³³/和/tɛ³³/,即古"咸"和"山"摄字韵尾脱落,读开尾韵或鼻化韵。"金""斤"和"京"韵尾相同,都用/n/,即古"深"摄、"臻"摄和"梗"摄同韵尾。

就温岭话声调来说,入声随声母清浊分阴入和阳入两类,阴入调值高于阳入,前者为5,后者为2。曹志耘(2002)认为南部吴语的变调模式主要是前变型,但就温岭话来说,则有四种情况,分别是前变型(19组)、后变型(8组)、共变型(9组)和不变型(28组),前变型在变调模式中未占主要地位。

3. 声韵拼合

温岭话的声韵拼合关系比较复杂,阮咏梅(2012)曾对其进行了总结。总体来说温岭话的声韵拼合有两个特色。就声母来说,舌根音声母[k-kh-g-h]和韵母的拼合关系是温岭方言语音最大特色。[k-kh-g-h]和[tɕ-tɕh-dʑ-ɕ-ʑ]都不能和/ɿ/相拼,两者在开口、合口和齐齿单韵母/i/上呈互补分布,前者只能拼读洪音([ø-øn-øʔ]除外),不能拼读/i/,而后者只能拼读细音。在拼合撮口呼和非/i/齐齿呼韵母上,两者成对立关系,即两者都可和[ie-iəʔ-y-yø-yn-yøʔ]相拼,但意义却不相同。例如"去 khie⁵⁵ ≠ 欠 tɕhie⁵⁵""甲 kiəʔ⁵ ≠ 节 tɕiəʔ⁵"。就韵母来说,四呼韵母所拼的声母数是温岭方言声韵拼合的另一特色。温岭话四呼总共可拼612个声母,平均每个韵母拼合12.8个韵母。其中开口呼15.2个,齐齿呼14.6个,撮口呼10个,合口呼8.4个。汪平(2003:15)总结了中国47个方言点四呼所拼的声母数,其高低次序为开口呼—齐齿呼—合口呼—撮口呼。就温岭方言而言,两者的差距在于撮口呼和合口呼。阮咏梅(2016:12)认为,造成温岭方言这种特色的原因在于其很多撮口呼不但能与舌面声母相拼,还能与舌根声母相拼,保留了中古见组声母拼合口三四等韵时不腭化的特点。

4. 变音

变音,又称"小称变音",在许多方言都存在。对于浙江方言的小称变音,学界有比较系统、透彻的研究。曹志耘(2001)对南部吴语的小称从横向的情况出发,推演了纵向的发展过程:儿缀型→鼻尾型→鼻化型→变调型。温岭话的变音有两个,分别是升变音 15 和降变音 51,因此就其发展阶段来说,属于变音发展的第四个阶段。但是在其发展过程中,也保留了其他三个阶段的痕迹。儿缀型的一个重要特征是"儿"自成音节,是个独立的构词语素,直接加在一些有生命的名词后面,表示小动物或者小孩子等实在意义,同时又有"细小、喜爱、可爱"等义。在温岭话中,相关例子有"鸡儿""鸭儿""猫儿""小手儿""小脚儿"等,"儿"一律读为升变音 15。鼻尾型变音是处于词尾位置上的儿尾与前面的音节发生了合音,成为本音节的鼻音韵尾,而鼻化型则是鼻音韵尾合并、消失,鼻尾韵转化为鼻化韵。在温岭话中,相关例子有隔壁/piŋ⁵¹/和大伯/pã¹⁵/等。因此综上所述,温岭话小称变音的儿缀型能产性不高,鼻尾型和鼻化型虽然存在,但总数较少,变调则大行其道,成为温岭话小称变音的主要形式。

5. 文白异读

文白异读也是汉语方言中的常见现象。方言中的文读音是隋唐时代实行科举制度以后逐渐形成,白读音代表较早的历史层次,文读音代表较晚的历史层次(游汝杰 1992)。在吴语中,文白异读字约有 200—300 个,占常用字的 5%—7%(游汝杰 1992)。阮咏梅(2012)认为温岭话比北部吴语更加保守,受官话影响较少,因此文白异读现象涉及范围小。她曾对温岭话的文白异读现象进行总结,发现声母的文白异读主要集中在非组和日母,韵母的文白异读主要存在遇合三鱼韵、咸开一等韵和止蟹合三见系,声韵兼顾的文白异读则集中在止开三日母上。相关例子如表 2.7 所示。

表 2.7　吴语温岭话的文白异读

非　组	肥	白读为/bi³¹/,如肥猪肉,肥桶,文读为/vi³¹/,如肥胖。
	孵	白读为/bu¹³/,如癫孵鸡,文读为/fu³³/,如孵小鸡。
	问	白读为/fimən¹³/,如我问你,文读为/vən¹³/,如问题
日　母	忍	白读为/ʔŋin⁴²/,如忍气,文读为/zin³¹/,如容忍。
	任	白读为/fiŋin¹³/,如人名的姓氏,文读为/zin¹³/,如任务。
	让	白读为/ŋia¹³/,如让我,文读为/ziã¹³/,如退让。
遇合三鱼韵	梳	白读为/sɿ³³/,如梳头,文读为/su³³/,如梳妆打扮。
	锄	白读为/zɿ¹³/,如锄头,文读为/zu¹³/,如锄禾。

咸开一覃韵	男	白读为/nøn³¹/，如男人，文读为/nɛ³¹/，如男女老少。
	簪	白读为/tsøn³³/，如妇女挽发的簪子，文读为/tsɛ³³/，如碧玉簪。
止蟹合三见系	辉	白读为/hy³³/，如光辉，文读为/huø³³/，如人的名字。
	伟	白读为/ʔy⁴²/，如伟大，文读为/ʔuø⁴²/，如人的名字。
止开三日母	而	白读为/fin³¹/，如而且，文读为/zʅ³¹/，如反而。
	耳	白读为/ʔʊ⁴²/，如耳朵，文读为/zʅ³¹/，如木耳。

任何方言都是历史上多来源、多层次形成的，在形成的过程中，可根据其整合力的强弱和内部结构的差异划分为单纯型方言和驳杂型方言（李如龙 2002）。温岭话声韵调的音类和中古音的对应比较齐整，文白异读较少，是一种典型的单纯型方言。

三、吴语温岭话的词汇

（一）构词法

吴方言与普通话同出一源，两者在构词法上存在很多相同之处，但是也不尽相同。一般而言，"词根+词根"复合而成的合成词，两者差别很小，"词根+词缀"复合而成的合成词以及合成词差别较大（方松熹 1998）。同时，吴语所特有的通过小称变调的手段来构成新词也是普通话所缺乏的，因此，吴语比普通话要更有特色。本章以吴语温岭话的构词手段为切入点，主要涉及派生、复合、重叠和转换四种。

1. 派生法

派生法主要通过词缀和词根的组合来构成新词。根据词缀的前后位置又可细分为前缀和后缀。这里我们主要讨论温岭话中四个常见的词缀，分别是前缀"阿""老"和后缀"功""头"。至于吴语中另一个常见后缀"儿"在温岭话中除了几个词，例如"手儿""猫儿""狗儿""脚儿"等外，基本不用。

1.1　前缀"阿"

前缀"阿 aʔ⁵"主要用作名词的前缀。在浙江的宁波、舟山、温岭、温州等地使用较广，但在金华、衢州等地区则很少见到。它主要有两种常见用法：

"阿"+亲属称谓："阿"可添加在亲属称谓前表示亲昵的意思。例如：

阿爸（父亲）　　　阿伯（aʔ⁵pə ʔ⁵）（父亲）　　　阿姆（母亲）

阿娘(母亲)　　　阿姨($a^{15}ɦi^{31}$)(母亲)　　阿伯($aʔ^{5}poʔ^{13}$)(伯父)

阿婶(小婶子)　　阿姨($aʔ^{5}ɦi^{13}$)(小姨子)　阿哥(哥哥)

阿弟(弟弟)　　　阿姐(姐姐)　　　　　　阿妹(妹妹)

阿公(老公公)　　阿婆(老婆婆)　　　　　阿嫂(舅妈)

"阿"+人名:"阿"后可添加人的名字,也表示亲昵之意。所添加的人名一般为名字的最后一个音节。例如:

林　巧——阿　巧　　王　刚——阿　刚　　戴　磊——阿　磊

陈　艳——阿　艳　　赵　敏——阿　敏　　冯　瑛——阿　瑛

商利忠——阿　忠　　钟官友——阿　友　　李卫民——阿　民

在此种情况下,前缀"阿"也可以用另一前缀"小"来替换。例如"阿巧"可以被称为"小巧""阿刚"被称为"小刚"。具体的称呼和个人的习惯有关,但一般来说,平辈之间较多用"阿"缀,长辈对晚辈会使用"小"缀。

方松熹(1998)曾提及,在吴语的某些方言中,前缀"阿"还可以与动物名词组合,例如"阿狗""阿猫""阿乡"表示辱骂等贬义的含义,但是在温岭话中,此种表述并不常见。据笔者调查,在温岭话中只有"阿木灵"一词,表示"容易上当受骗的人"。

1.2　前缀"老"

相比较前缀"小"而言,前缀"老"($ʔlɔ^{42}$)的使用更为普遍。它主要有三种用法:

（1）与数词组合,表示排行。例如:

老大(大儿子)　　　　老二(二儿子)　　　　老三(三儿子)

（2）用在男性姓氏前,表示尊称。例如:

林　巧——老　林　　王　刚——老　王　　戴　磊——老　戴

商利忠——老　商　　钟官友——老　钟　　李卫民——老　李

（3）用在名词前,形成某些惯用法。例如:

老财(财主)　　　　老板　　　　　　　　老板娘

老酒　　　　　　　　老师　　　　　　　　老大(船长)

老太婆(老婆婆)　　老先生(有文化的老人)　　老鸭(有年份的鸭子)

1.3　后缀"功"

后缀"功"(kuŋ³³)也是温岭话中一个比较有特色的后缀。在汉语普通话中,有"唱功"这样的词汇,但就词汇的能产性来说,远远比不上温岭话中的后缀"功"(kuŋ³³)。"功"(kuŋ³³)一般添加在单音节动词后,使之变为名词,表示某一方面的性质、特色、能力和功能等。由于其能产性强,因此对其意义需要结合具体的词来解读。

tsh$\tilde{ɔ}^{55}$ + kuŋ³³　gie³¹　tsh$\tilde{ɔ}^{33}$kuŋ³³　ʔmɛ³³　hɔ⁴²
唱　　功　　他　　唱功　　蛮　　好(他歌唱得很好)

tɕhoʔ5 + kuŋ³³　kəʔ5　vɛ³¹tie³³　tɕhoʔ3　kuŋ³³　ʔmɛ³³　　　hɔ⁴²
吃　　功　　这　　饭店　　吃功　　蛮　　好(这个饭店菜很好吃)

ɕi³³ + kuŋ³³　kəʔ5　di¹³fã³³　ɦim³¹kɔ³³　ɕi⁵⁵kuŋ³¹
嬉　　功　　这　　地方　　没什么　　嬉功　(这个地方不好玩)

ɕiɔ³³ + kuŋ³³　gie³¹　kəʔ2　ɦiouʔ2　ɕiɔ⁵⁵kuŋ³¹　hɔ⁴²
烧　　功　　她　　的　　锅　　烧功　　好(她的锅容易烧饭)

dzɛ³¹ + kuŋ³³　kəʔ5　z̩³⁵kiɛ³¹　dzɛ³⁵kuŋ⁵¹　ve⁵¹　hɔ⁴²
赚　　功　　这　　时候　　赚钱功　　毋　　好(这个时候钱难赚)

1.4　后缀"头"

在汉语普通话中,也存在个别以"头"为后缀的词语,例如"看头",表示"值得看的东西"。但是,"头"后缀在温岭话中则比较发达,一般认为在现代温岭话中,"头"用的最多,"子"很少用,"儿"根本不用(曹广衢 1959:78)。后缀"头"在温岭话中主要有四种用法:

(1) 与不同名词组合,表示事物、方位和时间的范围。例如:

鼻头(鼻子)　　　　　因儿头(女孩)　　　　细佬头(男孩)

纸头(纸张)　　　　　喉咙头(喉咙)　　　　气力头(力气)

水井头(水井边)　　　树头(大树顶部)　　　门床头(床头边)

胡梯头(楼梯边)　　　戏棚头(戏台边)　　　河牵头(河堤边)

上头(上面)　　　　　下头(下面)　　　　　里头(里面)

早介头(上午)　　　　日昼头(中午)　　　　晏界头(下午)

在以上的语料中,第一栏和第二栏中"名词+头"表示的是具体的事物。第三,第四和第五栏中"名词+头"表示具体的方位。最后一栏的"时间名词+头"则表示的是时间范围。这里要指出的是,后缀"头"与时间名词组合时,与单纯的时间名词在表意上是有区别的。阮咏梅(2012:123)指出,能带"头"的一般是能分成一段一段的具体时间的名词,例如上午(早介头),中午(日昼头),上个月(晏界头),清晨(枯星头)等。

(2) 与形容词组合,使其名词化。例如:

长头(长度)　　　　高头(高度)　　　　深头(深度)
宽头(宽度)　　　　熟头(熟人)　　　　滑头(狡猾的人)
寿头(笨人)　　　　独头(不合群的人)　甜头(好处)

从以上语料,我们可以发现,"形容词+头"主要有两种用法。一种是用来表示度量,例如"长度""高度"等。一种则是表普通的名词,例如"熟头"表示熟悉的人。

(3) 与量词或者数量短语组合,表示度量或者度量的情状,例如:

斤头(斤两)　　　　尺头(尺寸)　　　　块头(体型)
一脚头(整整一脚)　一角头(整整一角钱)　七间头(整整七间房)
一手头(满满一手)　一肚头(满满一肚)

量词与后缀"头"组合,在温岭话中并不常见。相反"一+量+头"的组合,在温岭话中则为常见表达,往往有"充满,整体"的含义。

2. 复合法

复合构词法主要由"词根+词根"的方式构成新词,温岭话和普通话在这一点上并无多大区别,主要包含联合、偏正、主谓、动宾和述补五种结构。相关例子如下:

联合　休息,亲眷(亲戚),周全,人马,门窗,开关,早晏(早晚)尺寸,捉
　　　拾(收拾)
偏正　沙龙头(流氓头子),斋厨(橱柜),打渔船(渔船),上间(堂屋)
　　　晒台(阳台),小人腔(幼稚)
主谓　地动(地震),心痛(心疼),日出
动宾　送物事(行贿),走人家头(串门),关店门(打烊),起屋(盖

　　　　　　　房子)
　　述补　吊死(上吊),讲明(讲清楚),嬉高兴(玩开心),吃饱

　　3. 重叠法
　　重叠式广泛存在于汉语各方言当中,且各方言在名词、动词、形容词、量词和副词、象声词等词类上都同时运用,空缺的情况非常少(刘丹青 1986)。重叠又分两种,分别是窄式重叠和广式重叠,前者是语言成分的单纯重叠,后者则是重叠和附加的套用。这里我们主要讨论名词、动词和形容词的重叠问题。

　　3.1　名词的重叠
　　温岭话中的名词主要是窄式重叠,其形式为 AA 式,共有四种用法:

　　亲属称谓　　爷爷,奶奶,爸爸,叔叔,哥哥,弟弟,妹妹
　　逐指遍称　　人人,日日,夜夜,处处
　　幼儿用语　　鞋鞋,花花,草草
　　小名爱称　　莉莉,伟伟,平平

　　3.2　动词的重叠
　　窄式重叠和广式重叠在温岭话中动词都有出现。窄式重叠主要是 AA 式,例如"看看""讲讲""嬉嬉"等。相比较而言,广式重叠在温岭话中更有特色。
　　(1) AA+形容词
　　在此结构中,形容词所表示的意义往往是动作结果,因为可以将此结构理解成述补结构。相关例子如下:

　　坐坐+好(坐坐端正)　　　　摆摆+齐(摆放摆放整齐)
　　吹吹+燥(吹吹干燥)　　　　讲讲+明(讲讲清楚)

　　(2) AA+名词
　　在此结构中,名词所表示的意义往往是动作对象,因此可以将此结构理解为动宾结构。在交际中,此种结构往往有建议或者征求对方意见的含义。相关例子如下:

　　唱唱+歌(唱歌)　　　　　　打打+球(打球)

写写+字(写字)　　　　　　　吃吃+饭(吃饭)

（3）AA+相($\varsigma i\tilde{a}^{55}$)

在此结构中，后缀"相($\varsigma i\tilde{a}^{55}$)"是尝试体标记，因此此结构相当于普通话里的"AA+看"。相关例子如下：

吃吃+相(吃吃看)　　　　　　打打相(打打看)
讲讲相(讲讲看)　　　　　　　戴戴相(戴戴看)

（4）AA+奥($f i o^{13}$)

在此结构中，后缀"奥($f i o^{13}$)"带有祈使或命令的意义，因此是祈使句的标记。相关例句如下：

tso ^{42} phio ^{55} 　tie ^{42} tie ^{31} 　　fio ^{13}
钞票　　　　点点　　　　奥

去把钱点清楚。

pə? ^{5} 　　çio ^{42} ņin ^{15} 　çi ^{42} çi ^{31} 　fio ^{13}
把　　　　小孩子　　　洗洗　　奥

去给小孩子洗个澡。

（5）A+上+A

在此结构中，中缀"上"表示动作的重复，因此此结构相当于普通话中"一直A"的意思。相关例子如下：

看($f i m\tilde{o}^{13}$)——看上看(一直看)　　想(tsun ^{42})——想上想(一直思考)
走(tçɤ ^{42})——走上走(一直走路)　　追(tçy ^{33})——追上追(一直追赶)
寻(ʑin ^{31})——寻上寻(一直寻找)　　拜(pa ^{55})——拜上拜(一直跪拜)

（6）A+记+A记

在此结构中，单音节动词A后添加后缀"记"再重叠，表示动作的往复，同时兼有对状态的模拟，给人生动形象之感。

摆(pa ^{31})——摆记摆记(维持一瘸一拐的状态)

笑(ςio^{55})——笑记笑记(维持笑的状态)

想(tshun^{42})——想记想记(维持思考的状态)

乌(ʔu^{33})——乌记乌记(火维持将灭未灭的状态)

动(duŋ^{31})——动记动记(维持动的状态)

跷(tςio^{42})——跷记跷记(维持跷的状态)

3.3 形容词的重叠

吴语温岭话中形容词重叠主要有两种,分别是"ABB"和"AA+个"。前面两种为窄式重叠,最后一种为广式重叠。

(1)AAB

这种重叠在温岭话中很常见,其意义大致可表示色彩、感觉和情貌三类。

色彩:黑黝黝,红彤彤,绿油油,白粉粉

感觉:亮晶晶,热烘烘,冷丝丝,硬邦邦

情貌:慢吞吞,懒洋洋,直挺挺,圆卵卵

值得一提的是,在北部吴语中还存在"AAB"的结构,表示程度或者意义的加深,例如"生生青""喷喷香"。但是此种结构在温岭话中,并没有发现。

(2)AA+个(kie^{55})

在此结构中,单音节形容词A通过重叠后再添加后缀"个",使得原本表示性质的形容词"A"带有了状态意义。例如"薄薄+个""大大+个"等。值得一提的是,后缀"个"在此结构中有两个声调,分别是"kie^{55}"和"kie^{51}"。前者是本调,后者是变调。见下面的例子。

薄——薄薄个(kie^{55})——薄薄个(kie^{51})

"薄"本身是个形容词,表示一种性质,例如"一本薄书"。"薄薄个(kie^{55})"则带有了表状态的含义,例如"本书薄薄个(kie^{55})"[①]。"薄薄个(kie^{51})"则有强调的含义,"本书薄薄个(kie^{51})"强调了这本书的页码

---

① 在吴语温岭话中,量词可转化为指称代词,例如"支笔不好写(这支笔不好写)""张桌子太满了(这张桌子太满了)"。

不厚。

4. 转换法

南部吴语是小称类型最丰富、功能最发达的方言之一（曹志耘 2001：33）。在温岭话中，这种小称类型称之为变音。汉语的语流音变大多不是单纯的多音节连音变调，而是和词的构成方式、词的意义以及词在句中的语法地位紧密相关（李如龙 2002）。在温岭话中，变音也被当做一种常见手段来构成新词。李荣（1955）认为，温岭话变音的语法实质就是名词化。它主要体现在两个方面：一是通过改变词的语法结构来改变词义；二是通过改变词性来改变词义。

（1）改变词的语法结构来改变词义

在温岭话中，某些词可以通过变音的手段来改变内部结构，从而其意义发生变化或者直接改变词义。相关例子如下：

树头　"树头"本义为"树的顶部"，是个偏正式的方位名词，其发音为"$\text{ʑy}^{13}\text{dɤ}^{31}$"。但变音后，其发音为"$\text{ʑy}^{13}\text{dɤ}^{15}$"，成为一个单纯词，意为"呆头"。

花草　"花草"是个联合式的名词，其本音为"$\text{hua}^{33}\text{tshɔ}^{42}$"，泛指一切花花草草。但变音后，其发音为"$\text{hua}^{33}\text{tshɔ}^{15}$"，成为一个单纯词，特指一种农田里的草本植物。

后生　"后生"本为偏正式合成词，发音为"$\text{ʔiɤ}^{42}\text{sã}^{33}$"，意为"后来出生的"。变音后，其发音为"$\text{ʔiɤ}^{42}\text{sã}^{15}$"，成为一个单纯词，意为"年轻人"。

小人　"小人"本为一个单纯词，其发音为"$\text{çiɔ}^{42}\text{n̪in}^{31}$"，意为"品德不正的人"。变音后，成为一个偏正式的合成词，发音为"$\text{çiɔ}^{42}\text{n̪in}^{15}$"，意为"小孩子"。

老倌　"老倌"本为单纯词，其发音为"$\text{ʔlɔ}^{42}\text{kuø}^{33}$"，意为"丈夫"。变音后，成为一个偏正式合成词，发音为"$\text{ʔlɔ}^{42}\text{kuø}^{15}$"，意为"年岁大的人"。

（2）通过改变词性来改变词义

在温岭话中，某些单音词可以通过变音来改变词性，从而改变词义。相关例子如下：

黄　"黄"本音为"ɦuɔ^{31}"，是个颜色词，意指一种颜色。变音后，其发音为"fiuɔ̃^{15}",意为"蛋黄"。

拖　"拖"本音为"thu^{33}",是个动词。变音后,其发音为"thu^{15}",成为名词,意为"拖鞋"。

癫　"癫"本音为"tie^{33}",是个形容词,意为"疯癫"。变音后,其发音为"tie^{15}",成为名词,意为"疯子"。

钳　"钳"本音为"dʑie^{31}",是个动词。变音后,其发音为"dʑie^{15}",成为名词,意为"钳子"。

錾　"錾"本音为"zøn^{31}",是个动词。变音后,其发音为"zøn^{15}",成为名词,意为"錾子"。

盖　"盖"本音为"kie^{33}",是个动词。变音后,其发音为"kie^{51}",成为名词,意为"盖子"。

值得一提的是,如果该词汇是入声词,那么除了要变音以外,还要改变其韵母。相关例子如下:

熟　"熟"本音为"ʐyoʔ^{2}",是个动词,意为"东西经过蒸煮可以食用"。变音后,其发音为"ʐyuŋ^{15}",意为"成熟,可以收获"。

凿　"凿"本音为"zoʔ^{2}",是个动词。变音后,其发音为"zɔ̃^{51}",成为名词,意为"凿子"。

挖　"挖"本音为"ʔuəʔ^{5}",是个动词。变音后,成为名词,其发音为"ʔuɛ^{51}",意为"挖耳勺"。

夹　"夹"本音为"kiəʔ^{5}",是个动词。变音后,成为名词,其发音为"kiɛ^{51}",意为"头发夹或者衣服夹"。

白　"白"本音为"bəʔ^{5}",是个颜色词。变音后,其发音为"bā^{15}",意为"(鸡蛋)蛋白"。

接力　"接力"本音为"tɕiəʔ^{33}ʔliəʔ^{31}",意为"一个接着一个"。变音后,成为一个单纯词,发音为"tɕiəʔ^{33}ʔlinʔ^{15}",意为"饭后点心"。

(二) 文化词

1. 古语词

所谓的古语词在现代汉语里已经不再使用,但是却还保留在方言中,成为各个方言的文化特征词。温岭话中保存了大量古语词。本部分主要收集整理温岭话中还保存的古语词,并记录其语音和词义。相关语料见表2.8。

表 2.8 吴语温岭话古语词

本 字	语 音	词 性	释 义
蜺	çø⁵⁵	名词	天上彩虹。
囡	ʔnɛ¹⁵	名词	女儿。
鷂	ɦiɔ¹³	名词	风筝。
鑊	ʔɦuo²	名词	烧饭的锅。
窠	khu¹³	名词	窝。指动物的窝或人的床。
涴	ʔe⁵⁵	名词	粪便。
箸	dzʅ¹³	名词	筷子。
塕	bɤŋ¹³	名词	尘土。
赚	dzɛ³³	名词	错误。
棑	bA¹³	名词	竹筏。
困	khuən⁵⁵	动词	睡觉。
潽	bu³¹	动词	容器内液体沸腾溢出来。
掇	toʔ⁵	动词	用双手端物体。
扣	kho⁵⁵	动词	捕捉或者握住某物,如扣鱼,扣笔。
汏	dA³³	动词	洗涤(衣物)。
掗	ŋa³³	动词	强买强卖。
落	ɦlA¹³	动词	私下克扣财物。
乌	ʔu³³	动词	熄灭。
过	ku⁵⁵	动词	传染。
调	diɔ¹³	动词	换。
嬉	çi³³	动词	玩耍
佗	doʔ²	动词	去拿东西过来。
解	kA⁵⁵	动词	用锯子锯。

本 字	语 音	词 性	释　义
滗	bi^{55}	动词	固液分离。
揳	tɕhəʔ^5	动词	提,拿。
鹽	ɦie^{13}	动词	腌制。
搝	ʔuɜŋ^{42}	动词	抓住某物以便倚靠。
儌	diɔ^{55}	动词	以物易物。
欶	zuən^5	动词	吮吸。
囥	khɔ̃^{55}	动词	藏起来或者安置。
脈	phu^{33}	动词	使物体分开两瓣。
燂	the^{33}	动词	用开水去除禽畜体表的毛。
晾	ɦilɔ̃^{13}	动词	把衣服放在太阳底下或风中风干。
煠	zəʔ^2	动词	把食物防水中煮。
渧	ti^{33}	动词	液体往下掉。
煬	ɦiã^{13}	动词	融化、熔化。
趒	dɔ̃^{13}	动词	闲逛。
攎	tsʌ^{33}	动词	抓取。
皲	tshəʔ^2	动词	皮肤因受冻而干裂。
揳	tɕhəʔ^5	动词	提,拿。
阔	khuoʔ^5	形容词	宽。
狭	ɦiəʔ^2	形容词	窄。
薄	boʔ^2	形容词	稀。
厚	dʑiu^{31}	形容词	稠。
长	dzɑ̃^{13}	形容词	高。

续表

本　字	语　音	词　性	释　义
木	ʔmoʔ²	形容词	反应慢,不灵活。
抲	kho⁵⁵	量词	相当于"把",一手所握的事物体积。
忒	ti⁵⁵	副词	否定副词,相当于"太"。

2. 生态词

各个人类族群生活在特定自然环境中,需要不断认识、适应、利用和改造不断变化的自然环境,以使族群在社会历史进程中得到更好发展。从某种意义上来说,语言的产生、发展与演变和它们所处的自然地理环境之间存在密不可分的关系。一方面,自然环境的差异性给人类语言打上了地理环境的烙印,另一方面语言也以语音、词汇和习语等形式为自然环境披上了文化外衣。在各个语言当中,我们能轻易找到许多有关语言与自然环境的证据。例如在沿海地区往往缺少与山林相关的词汇系统,在内陆地区则往往缺少与海洋相关的词汇系统,游牧民族往往没有鱼类名词系统,而海洋民族也往往没有牲畜类名词系统。正如生态语言学的先驱 Sapire(1912)所说的"语言的词汇才能最清楚地反应讲话者的自然和社会环境"。研究者将那些直接反映自然环境的词语称之为生态词,并探讨温岭话中的生态词是如何反映其所处的自然生态。在本部分,重点探讨两类词,分别是地理名词和动植物名词。

2.1　地理名词

地理名词是一个文化景观中最为丰富的一个部分,不仅反映当前地理空间的分布格局,还能反映一个地区的历史文化变迁。温岭所处的地理位置三面临海,一面靠内陆,素有"四山一水五分田"之称。温岭先民在对自然地理环境的感知中,往往会依据地缘形貌的特征来根据想象和联想而给予一定的地名。在温岭话的地理名词中,往往可以根据其后缀来推测其所处的自然环境,例如靠近山区的地方,往往有"山前""山后""山脚"和"山岙"这些地名,河网比较密集的地方则往往有"浦""漊""滨""泾"这些后缀。这里我们主要讨论三个比较有特色的后缀,分别是"屿""塘"和"溪"。

(1) 屿(zʅ³¹)

"屿"在《广韵》中释义为"海中洲也"。由于温岭市所辖地区包含海疆,因此境内有许多以"屿"命名的小岛屿。这些小岛屿大多是由岩石组成的小

岛,符合《广韵》中的释义。例如:

熨斗屿	瓦屿	大鳖屿
小鳖屿	蜡烛顶屿	龟屿
摩轴心屿	龙担屿	竹屿
蛤蟆屿	后屿	前屿
癞头屿	花罗屿	砍下屿
小龟屿	鸡冠头屿	洛屿
山人屿	甘草屿	老鼠屿
斜偷屿	和尚屿	饭箅屿
老公头屿	北头屿	蟹屿
小蚊虫屿	乌屿	梅花屿
蚊虫滨屿	棺材屿	半边屿
门头屿	横屿	深竹屿
小扁屿	大扁屿	稻草庭屿
小红屿	小屿	担屿

在温岭地名中,还有很多也带"屿"字,但是却并非"海上之洲"。例如:

瓦屿	关屿	鹭屿
夹屿	牧屿	长屿
油屿	前瓦屿	后瓦屿
石屿	扁屿	茶屿
屿头	小屿詹	螺屿
青屿	麻车屿	捕屿

此类地名往往是因境内有小山坡而得名。因温岭地区地势较平,境内常有突起的小山,类似海中的小岛,故用隐喻的手法对此进行命名。因此,温岭话中"屿"兼有"海上之洲"和"陆上之洲"两个含义,恰好反映了其临海靠山的自然现实。

(2) 塘(dā13)

由于温岭地区三面临海,每到夏秋台风季节,风高浪急,容易发生海水倒溢情况。历朝历代政府对于海防建设十分重视,发动民众修建了许多海塘,在温岭地名中很多是以"塘"命名的,相关例子如下:

南塘	东片农场塘	沙山塘
隔屿塘	八一塘	青江塘
国庆塘	东浦新塘	观岙塘
淋松塘	团结塘	石塘
塘里	长新塘	横屿塘
小坑塘	瞿屿塘	茶屿塘
南湾塘	乌沙门塘	苍门山外塘
西沙塘	弹糊岙塘	三角塘
塘礁塘	南岗塘	北港塘
长新塘	神祉塘	黄湾塘
上箬塘	田咀头塘	东风塘
群力塘	七一塘	革新塘

此类地名在温岭地区主要存在于沿海地区,靠近内陆则不常见。与"塘"相对应的是另一地名后缀"闸"。因温岭境内有许多水库,因此河流入海沿线有许多以"闸"命名的地名,同时"闸"地名主要存在于靠近内陆的地区,例如"永安闸""鲸山闸"和"九眼闸"等。"塘"和"闸"地名都是人类对自然环境改造的结果。

（3）溪（tɕhi^{55}）

温岭境内溪河众多,大多起源于西部和西南部的丘陵山区。境内河流按照地形和流向可划分成金清水系和江夏港、横坑溪、横山溪和大雷溪四个独立小水系。据《温岭县志》（1983）介绍,全县河流总长 1 477.443 千米,流域面积 833.24 平方公里。因此,在温岭境内有很多是以"溪"命名的地名。例如:

前溪	桐山溪	梅溪
横坑溪	浦岙溪	大溪
大溪岙溪	太湖溪	桃夏溪
沙案溪	肖溪	兰公岙溪
横山溪	大间溪	黄西岙溪
林岙溪	小溪	石林溪
江家溪	白箬溪	新街溪

与"溪"相对应的地名,在温岭话中还有另一后缀,为"泾",例如"横泾"

"楼下泾"和"竖石泾"等。但"泾"字地名主要存在于靠近内陆的泽国镇内，相比较而言，"溪"字命名在温岭地区更有普遍性。

2.2 动植物名词

温岭地区属于亚热带低丘森林植被区系。历史上森林植被丰富，但是由于历史性人为因素以及现代城市的发展扩张，绝大多数自然植被都被人工林或者经济林所取代，残留的一些自然植被仅存在于山沟湿润的厚土地带（温岭县志 1983）。同时，植被破坏，林种单一，也导致了物种生态的破坏。因此，温岭地区的动物群落简单，种类和数量相对稀少。就某些常见动植物的命名，温岭话较普通话有很大不同。以动物的性别为例，普通话往往使用前缀"公"或者"母"，例如"公鸡""母鸡"。但是，在温岭话中，则可使用前缀"雄""草"或后缀"公""娘"表示性别。例如，"公鸡"在温岭话中可被称为"雄鸡"或"鸡公"，而"母鸡"则可被称为"草鸡"或"鸡娘"。现将温岭话中常见动植物名词和普通话表达较不一样的整理如下，横线前为温岭话表达，后者为普通话表达。

植物名词：

凉柳——杨柳	绒毛轰——松针	红榉——榉树
毛刺栎——栎树	桑乌树——桑树	桑乌——桑葚
苦楝树——楝树	玉爱花——栀子花	树秧——树苗
树脑头——树梢	洋荷花——水葫芦	太阳佛花——向日葵
怕痒草——含羞草	花草——紫云英	草子——苜蓿
葫芦宝——葫芦	白木耳——银耳	稻头——穗
包心菜——卷心菜	葱橦头——葱白	刺瓜——黄瓜
老菱——菱角	香瓜——甜瓜	圈圆——龙眼

动物名词：

鲤鳅头——鲤鱼	面鱼——银鱼	乌狼——河豚
鲜梅皮——比目鱼	鳌鱼——海蜇	田蟹——大闸蟹
白蟹——梭子蟹	寅——青蟹	蛎肉——牡蛎
蚌壳——蚌	鲑鲊——鱿鱼	娃娃鱼——鲵
洋幽——蝙蝠	喔谟——青蛙	螺丝——田螺
炊皮——晒干虾米	门虫——蚊子	蛏——蛏子

比较有意思的是,在温岭话中,很多动植物名词(尤其是水生动物名词)往往有言外之意。温岭人通过隐喻手段,使得这些原本客观的词语带上了特殊的文化含义。例如:

鲳鱼嘴　　因鲳鱼的嘴巴比较细小,因此形容一个人嘴巴小,往往说他"鲳鱼嘴"。但此词有贬义的含义。形容一个人嘴巴大,则往往说他"鲇鱼嘴"。

鸬鹚头颈　鸬鹚的脖子比较长,因此形容一个人脖子长,往往说他是"鸬鹚头颈"。

红头君　　红头君是一种海生生物,往往用来形容一个人喝醉酒后的样子。

乌皮鲤鳅　乌皮鲤鳅全身漆黑,因此形容一个人"乌皮鲤鳅"往往是说他皮肤黝黑。

庎橱猫　　"庎橱"是放食物的地方,"庎橱"下的猫容易偷食,因此"庎橱猫"往往形容一个人贪食,偷吃。

茅坑苍蝇　苍蝇爱围着茅坑转,因此"茅坑苍蝇"形容一个人特别难缠,爱生事。

同时,在温岭话中还存许多与动植物名词相关的成语或者歇后语,例如:

狗皮倒灶——吝啬而使人讨厌

牛皮凿洞——愚顽不开窍,有时用作顽固不化

鱼虾呐喊——众人鼓噪

老乌龟背石板——硬碰硬

猪杀倒板油——比喻要看真货色

磨得鸭嘴尖,鸡嘴勿值钱——形容一个人时运比较背

螺蛳壳里做道场——形容地方狭小

水浇鸭背脊——形容一个人不接受批评,屡教不改

赤卵鸡,代鸭愁——比喻当愁不愁,相当于普通话中的"杞人忧天"

3. 詈词

詈词或者詈语是人们在咒骂他人时所使用的一种词语,是构成骂詈话语的最常见、最重要单位(曹炜 2003)。詈词所否定的往往是人们心目中最

敏感、最看重的东西,因此可以从中看出使用该语言族群的价值观、人生观、幸福观和审美观。

3.1　詈词的种类

在温岭话中,詈词所否定或攻击的着眼点可分成以下几个类别:

(1) 通过否定别人的血统或身份来否定别人本身。相关的詈词如:杂种、野种、狗生、畜生、婊子养个(母亲是婊子)、贼种、贼胚、婊子儿、婊子囡、绝后代(绝户)、捡来的杂种等。

(2) 通过否定别人或者别人配偶的生活作风问题来否定别人。相关的詈词如:婊子、骚货、野鸡、十三点、嫖柱(嫖客)、活乌龟(戴绿帽子的男人)、破鞋、烂鞋、千人骑、见不得太阳(指某人一直在夜晚从事不正当男女关系)等。

(3) 通过否定别人的生命来否定别人。相关的詈词如:眼乌珠带眼眶烂完、眼乌珠藻黏住、死货、高炮鬼(该枪毙的人)、老牌位、作死、死尸、杀胚、短命鬼等。

(4) 通过强调别人的职业来否定别人。相关的詈词如:绿壳(强盗)、沙龙头(流氓头子)、旋人大王(骗子)、泱沟鸭(男妓)等。

(5) 通过强调别人的外形来否定别人。相关的詈词如:瘦绷(瘦人)、噎哼(体弱多病的人)、畸手利瓦(左撇子)、半雌雄(分辨不清男女的人)等。

(6) 通过否定别人的品德或性格来否定别人。相关的詈词如:困虫(爱睡觉的人)、贪吃鬼(贪吃的人)、庎橱猫(贪吃的人)、哭巴(爱哭的人)、憨死藤球(精神萎顿的人)、倒阴人(运气不好的人)、败子(败家的人)、跌力风(冒失的人)、摸虱虫(慢性子的人)、踏羊鸟(有气无力的人)、大水蟹(随波逐流的人)、烂根蛇(品行不端的人)等。

3.2　詈词的等级和功能

从詈词的咒骂功能来看,它的内部是分等级的。人们在咒骂别人时,往往会通过不同层级詈词的选择来彰显自己的态度,表明自己的不快或者特殊情感。一般来讲,詈词根据其功能可细分为詈骂和戏谑两类。因此温岭话中的詈词根据其功能和等级可做如下描述:

第一类:詈骂功能。此类詈词被用来发泄说话者心中的愤怒与仇恨,具有很强攻击性,一般人很难做到心情愉快地接受。此一类詈词又可分成两个小级。第一级往往是与血统或者性关系有关。例如温岭话詈词分类中的 A 和 B 两类。像"贼种""绝后代""千人骑""见不得太阳"这些詈词在双方吵架时,使用频率很高,往往能拉高冲突层级,遭受詈骂的一方往往为了捍卫自己的清白而采取不理性行为。第二级往往与生命或职业相关。例如温岭话詈词分类中的 C 和 D 两类。像"眼乌珠带眼眶烂完""眼乌珠藻黏住""高炮鬼""沙龙头"等，也是使用较频繁的詈词。但比较而言，职业类詈词的杀伤力不如生命类詈词，且职业类詈词往往是背称，很少当面指责他人。

第二类：詈骂带戏谑功能。此类詈词具有咒骂含义，但同时又具有戏谑含义，往往是同乡间或者好友间使用较频繁。温岭话詈词分类中的 E 类属于此类。但是"半雌雄"一词则较少戏谑的含义。

第三类：戏谑功能。此类詈词主要是被人们用来插科打诨、打情骂俏。它们往往被用在夫妻之间、情人之间、朋友伙伴之间或者乡亲邻里之间，主要功能在于活跃气氛、调节感情。温岭话詈词分类中的 F 类主要属于此类。像"困虫""贪吃鬼""厣橱猫""跌力风"这些詈词往往是长辈用来批评晚辈，虽有詈骂的含义在，但却充满溺爱意味。"败子"有贬义的含义，但其中也包含了恨铁不成钢的含义或者"明贬实扬"的含义。例如儿子给母亲买了条新围巾，母亲骂他"你个败子"，表面意思是责怪儿子乱花钱，实际则内心很开心。至于"倒阴人"和"烂根蛇"则是偏詈骂为主。

第四类：零功能。一些詈词本身既不具备咒骂功能，也不具备戏谑功能，仅仅是说话者的一种口头禅。例如比较常见的"鬼杜见"（见鬼）、"要死"、"神经"等。这些詈词并不针对任何个体，有时候是针对说话者自身，是说话者一种下意识的语言行为，仅仅宣泄说一种情感，因此可归类于零功能。

（三）吴语温岭话词汇特点分析

从词义和词性方面来看，吴语温岭话和普通话的词汇存在着如下几个方面差异：

1. 吴语温岭话以单音节词为主，普通话则以双音节为主。相关例子如下，横线前为温岭话词汇，横线后则为普通话词汇。

箱——箱子	镜——镜子	袜——袜子
燥——干燥	湿——潮湿	峻——陡峭
巧——便宜	横——蛮横	狭——狭窄
过——传染	朗——稀疏	炮——颠簸
健——健康	谷——稻谷	折——折迭

2. 吴语温岭话和普通话词义相同，但词形完全不同，即所谓"名异实同"。横线前为温岭话词汇，横线后则为普通话词汇。

阔——宽	狭——窄	困——睡
纸鹞——风筝	头颈——脖子	面桶——脸盆
辰光——时候	日头——太阳	南货——干果
晏界——下午	暖天——夏天	岛地——院子
镬蒙——锅盖	泆沟——污水渠	移过屋——搬家

3. 吴语温岭话和普通话词义相同,但构词语素部分不同。相关例子如下,横线前为温岭话词汇,横线后则为普通话词汇。

冰起——冰镇	细盐——精盐	鱼羹——鱼干
信壳——信封	翼膀——翅膀	用场——用途
长远——长久	糖霜——白糖	事干——事件
衣裳——衣服	馅头——馅儿	山粉——淀粉
望头——盼头	腌起——腌制	千里镜——望远镜

4. 吴语温岭话和普通话词义相同,词素也相同,但排列顺序不同。相关例子如下,横线前为温岭话词汇,横线后则为普通话词汇。

热闹——闹热	人客——客人	欢喜——喜欢
魂灵——灵魂	花菜——菜花	棒冰——棒冰
齐整——整齐	袖套——套袖	

相比较而言,此类情况在温岭话和普通话中并不常见。

5. 吴语温岭话和普通话构词语素相同,但词义完全不同或部分不同,即所谓的"名同实异"。相关例子如下:

笑星　在普通话中,"笑星"意为"喜剧明星",在温岭话中则为"开心的人"。

老太　在普通话中,"老太"意为"年纪大的妇人",在温岭话中则还有"妻子"的意思。

气候　在普通话中,"气候"意为"天气状况",在温岭话中还有"气量"的意思。

调皮　在普通话中,"调皮"意为"顽皮",在温岭话中则为"凶恶"的意思。

啰嗦　在普通话中，"啰嗦"意为"话多"，在温岭话中还有"难弄，事多"
　　　或者"麻烦"的意思。

爬起　在普通话中，"爬起"是"从地上起来"的意思，在温岭话中，则还
　　　有"起床"的含义。

坐起　在普通话中，"坐起"是"坐在椅子上"的意思，在温岭话中，则还
　　　有"开始吃饭（尤其是酒店里）"的意思。

死去　在普通话中，"死去"是"死亡"的意思，在温岭话中，则还有"滚
　　　开"的意思。

好用　在普通话中，"好用"是"方便使用"的意思，在温岭话中则还有
　　　"有出息"的意思。

长　　在普通话中，"长"主要指"长度"，在温岭话中则还有"高度"的
　　　意思。例如"哥哥比弟弟高"可以说成"哥哥比弟弟长"。

鲜　　在普通话中，"鲜"主要指食物鲜美，在温岭话中，则还可形容一
　　　个人容易骄傲自满。

退　　在普通话中，"退"是一个动词，在温岭话中，则可用作量词，例如
　　　"三退九明堂"。

四、吴语温岭话的语法

（一）基本句型

吴语温岭话，作为南部吴语台州片方言的一个次级方言，与以上海话为代表的北部吴语既表现出一致的地方，也表现出特殊性。本部分主要探讨吴语温岭话的 SVO 句型与 SOV 句型的基本情况。

1. 吴语温岭话 VO 句型

吴语温岭话的 VO 结构主要存在于三种结构，分别是静态动宾结构句，SVOC 句和动宾结构充当谓语以外的成分。

1.1　静态动宾句

所谓的静态动宾句，就是动词不带体标记（进行体除外），宾语名词不带指称成分（刘丹青 2001）。此类结构往往表示习惯性行为、将来事件或假设性条件的句子中。例如：

（1）gie^{31}　tsɔ^{24}ka^{55}　mɔ̃^{13}　çy^{33}，　ʔɛ^{35}ka^{55}　çia^{42}　zʅ^{13}
　　　他　　上午　　看　书　　下午　　写　字
　　　他上午看书，下午写字。

（2） gie³¹ tɕhyø³³ ɧile³¹ ɧilə² mɔ̃¹³ çy³³
　　他 　　正在 　　　看 　书

　　他正在看书。

在例（1）中，动词"看（mɔ̃¹³）"不带任何体标记，在例（2）中，副词"正在（tɕhyø³³ ɧile³¹ ɧilə²）"是进行体的标记，因此此类句子需要采用 VO 结构。同时，此类 VO 类型句子很难改写成 OV 句型，若将 O 提到 V 的前面，如"他正在书看"，则意味着句子的不合法。

1.2 SVOC 句型

在吴语温岭话的这一结构里，V、O 和 C 都需受到一些限制。就 V 来说，一般都是由及物动词来担当，但是某些不及物动词也可以被接受。而 O 在绝大多数情况下都是由代词充当，某些具体名词也可充当 O，但比较少见。见下面的例子：

（3） çiɔ̃⁴² ɧuã¹³ tɕi⁴² ɧɲin⁵¹ ʔiəʔ⁵ tã⁴2 ʔŋo⁴² sʅ⁴²
　　小王 　　今天 　要 　打 　我 　死

　　小王今天要打死我。

（4） doʔ² gie³¹ sʅ⁴²， da¹³kɔ³⁵ɲin⁵¹ tu³³ khua³³ɧuəʔ²
　　毒 他 死， 　　大家 　都 快活

　　毒死他，大家都高兴。

（5） gie³¹ pha⁵⁵ çiɔ̃⁴² ɧuã¹³ tɕhyøʔ⁵ʔle³¹
　　他 派 小王 　出来

　　他派小王出来。

例（3）和例（5）中，动词"打（tã⁴²）"和"派（pha⁵⁵）"是及物动词，例（4）中的"毒（doʔ²）"则是不及物动词。在例（3）和例（4）中，动词后的宾语都是人称代词，而例（5）则由具体人名"小王"充当。值得一提的是，在 SVOC 得结构中，O 还可由"C+N"结构的量词短语充当，例如"个人""只鸡""头牛"等充当。这里的"C+N"不具体指某人或者某物，而是一种虚指。例如：

（6） çie³³ bã³¹ tɕiəʔ⁵tɕi³³ ʔloʔ²kieʔ⁵⁵， thε³³ thε³¹ʔlu³¹
　　先 扔 只鸡 　落 去 探探路

　　先扔下去一只鸡，探探路。

（7）$\text{?n}^{15}\text{he}^{55}$　tçhyø^5　$\text{kie}^{33}\text{fiŋin}^{31}$　$\text{pɔ̃}^{13}\text{fimɔ̃}^{31}$
　　　你们　　　出　　　个人　　　帮忙

　　　你们出来一个人帮忙。

　　在此结构中，补语 C 也受到一些限制，一般可充当补语的是动词、形容词或者数量短语。动词一般是不及物动词，例如以上例句中的"出来""下去"等，表示一种结果。假如补语是表结果的形容词，那么中间的 O 则必须是代词，例如例（4）中像"毒小王死"这样的表达式是不可接受的。至于数量短语充当补语，则和普通话很相近，例如"看他两眼""骂他两声"等。

　　该结构的否定式有两种，一种是否定补语，否定词"弗（fə?^5）"添加在补语 C 前面，还有一种是否定动词，否定词"弗（fə?^5）"添加在动词前。相关例子如下：

（8）$\text{çiɔ̃}^{42}\text{fiuã}^{13}$　tã^{42}　?ŋo^{42}　fə?^5　sʅ^{42}
　　　小王　　　　打　　我　　弗　　死

　　　小王打不死我。

（9）$\text{çiɔ̃}^{42}\text{fiuã}^{13}$　fə?^5　tã^{42}　?ŋo^{42}　sʅ^{42}
　　　小王　　　　弗　　打　　我　　死

　　　小王不打死我。

　　吴福祥（2003）论述了中国南方方言中 3 种带宾"得"字结构，认为"VO 不 C"这一结构起源于唐宋。例（8）正是温岭话从历史方言中继承下来的固有格式。

1.3　VO 充当谓语以外的结构

　　在温岭话中，动宾短语整体嵌入小句中，充当主语或者话题，或者宾语等结构，也表现为 VO 语序。见下面的例子：

（10）?ŋo^{42}　$\text{dʑiə?}^2\text{?lə?}^2$　tçhyø?^2　$\text{tshʅ}^{35}\text{ko}^{15}$
　　　　我　　希望　　　　吃　　　黄瓜

　　　　我希望吃黄瓜。

（11）tçhyø?^2　$\text{tshʅ}^{35}\text{ko}^{15}$　$\text{huo?}^2\text{tçia}^{13}$　tçhyø?^2　$\text{çia}^{33}\text{ko}^{15}$　?ŋo^{42}
　　　　吃　　　黄瓜　　　　或者　　　　　吃　　　香瓜　　我

du^{33} dʑiəʔ^{2}ʔləʔ^2
都　　喜欢

吃黄瓜或者吃香瓜我都不介意。

在例(10)中,动宾短语"吃黄瓜"充当动词"喜欢"的宾语。在例(11)中,"吃黄瓜或者吃香瓜"被移到句首充当了句子的话题 T。在这两个例句中,VO 结构"吃黄瓜"或者"吃香瓜"中的 O 不可提到 V 前面,像"黄瓜吃我喜欢"或者"我喜欢黄瓜吃"这样的表达都是不合法的。

2. 温岭话中的 TV 句型

刘丹青(2001)认为浙江吴语,特别是绍兴话、宁波话、台州话、温州话等沿海浙江吴语比上海话更强地体现话题优先特征,TV 结构进一步句法化和泛化。温岭话,作为台州话的次级方言,其话题优先特征也是十分明显的,本部分主要讨论温岭话中与话题优先相关的句法特征。主要涉及四个方面,分别是一般性宾语提前、信息强调性宾语提前、动词体貌宾语提前和特殊句式宾语提前。

2.1　一般性宾语提前

一般性宾语提前做话题,在温岭话中是最常见一种语序。在此种情况下,宾语可提前做主话题,也可提前做次话题。见下面的例句:

(12)　ʔŋo^{42}　dzo^{31}　ʔiəʔ^{5}dʑy^5　tɕhyøʔ^2　ʔiəʔ^{3}pe^{13}
　　　我　茶　一顿　吃　一杯
　　　我每顿饭喝一杯茶。

(13)　dzo^{31}　ʔŋo^{42}　ʔiəʔ^{5}dʑy^5　tɕhyøʔ^2　ʔiəʔ^{3}pe^{13}
　　　茶　我　一顿　吃　一杯
　　　我每顿饭喝一杯茶。

在例(12)中,宾语"茶"提到主语"我"的后面,充当句子次话题。在例(13)中,宾语"茶"则直接提到主语"我"的前面,充当句子的主话题。值得一提的是,像例(14)这样的句子实际上也可以被接受,只是在口语中用得比较少,且较多用于年轻人当中。

(14)　ʔŋo^{42}　ʔiəʔ^{5}dʑy^5　tɕhyøʔ^2　ʔiəʔ^{3}pe^{13}　dzo^{31}
　　　我　一顿　吃　一杯　茶
　　　我每顿饭喝一杯茶。

2.2　信息强调性宾语提前

在某些情况下,为了强调某些特殊信息,宾语也可提前。在此种情况下,宾语一般充当主话题。见例(15)和例(16):

（15）kəʔ⁵　ʔi¹³zɔ̃¹³　ʔŋo⁴²　zie¹³ɲie³¹　ʔma⁴²　kəʔ²
　　　 这　 衣服　　 我　　 去年　　 买　　 的
　　　 我去年买的这件衣服。

（16）bən⁵¹　çy³³　ʔŋo⁴²　ʔmɛ⁴²dɤ¹⁵　be¹³ʔiəʔ²　ʔma¹³ʔle³¹
　　　 本　 书　 我　　 晚上　　　 一定　　 买来
　　　 我晚上一定要买到这本书。

2.3　动词体貌相关宾语提前

在某些体貌句中,宾语也需要提前,主要涉及完成体、经历体、起始体和尝试貌。相关例句如下:

（17）ʔŋo⁴²　vɛ¹³　tɕhyøʔ²　ɦɔ¹³
　　　 我　 饭　 吃　　 了
　　　 我吃了饭了。

（18）ʔŋo⁴²　pu¹³du¹³sɛ³³　ʔly⁴²ɦiou¹³　ku⁵⁵
　　　 我　 普陀山　　　 旅游　　　 过
　　　 我去普陀山旅游过。

（19）ʔŋo¹⁵he⁵⁵　tshe⁵⁵　çie³³　tɕhyoʔ⁵
　　　 我们　　 菜　 先　 吃
　　　 我们先吃菜。

（20）ʔ　ŋo⁴²　kəʔ⁵　tshe⁵⁵　tɕhyoʔ⁵　tɕhyoʔ⁵çiã⁵⁵
　　　 我 这　 菜　 吃　　 吃　　 相
　　　 我吃吃这个菜看。

例(17)有完成体标记"了(ɦɔ¹³)",例(18)有经历体标记"过(ku⁵⁵)",例(19)有起使体标记"先(çie³³)"。例(20)则有尝试貌标记"相(çiã⁵⁵)"。在此类有体貌标记的句子中,温岭话中的宾语一般也要提前做主话题或者次话题。

2.4　特殊句式相关的宾语提前

在温岭话一些特殊句式中,宾语也可提前充当主话题或者次话题。相关句型主要涉及是非问句、反复问句和双宾句。相关例子如下：

(21) ʔn⁴² vɛ¹³ tɕʰyø ʔ² ɦiɔ¹³ ve¹³?
你　　饭　　吃　　了　　吗
你吃饭了吗？

(22) ʔn⁴² ɕiɔ⁴²dʑiɔ³³tsho¹⁵ ʔiou¹³ɦim³¹?
你　　　小轿车　　　　有无？
你有没有小轿车？

(23) ʔŋo⁴² ʔiəʔ²dʑie³¹ zɿ³³tɕie³³ dʑiou³¹ ʔn⁴²
我　　一件　　　事情　　　求　　你
我求你一件事情。

比较有意思的是，在温岭话中很少使用把字句。刘丹青（2001）认为吴语的受事性 TV 结构，特别是 STV 结构的发达，不但造成了 VO 结构的萎缩，也侵蚀了把字句的地盘。这个结论也在温岭话中得到验证。在温岭话中，绝大多数情况下，把字句一般都用 TV 句表达。见下面的例子：

*(24) ʔn⁴² pəʔ² tɕi³³khɯ¹⁵ tɕie⁴²ɦiɔ³¹
你　　把　　鸡窝　　　遮盖好
你把鸡窝遮盖好。

(25) tɕi³³khɯ¹⁵ ʔn⁴² tɕie⁴²ɦiɔ³¹
鸡窝　　　你　　遮盖好
你把鸡窝遮盖好。

*(26) ʔn⁴² tɕie⁴²ɦiɔ³¹ tɕi³³khɯ¹⁵
你　　遮盖好　　　鸡窝
你把鸡窝遮盖好。

在以上 3 种表达中，只有例（25）才是温岭话的常见表达，例（24）勉强也可接受，一些年轻人受普通话的影响，有时会使用此种表达。例（26）则很往往不被接受。

3. 吴语温岭话语序特点概括

有关吴语温岭话 SOV 和 STV 语序的基本情况可概括如下：

表 2.9 吴语温岭话语序特点

SVO	STV
1. 静态动宾句 2. SVOC 句型 3. VO 充当谓语以外的结构	1. 一般性宾语提前 2. 信息强调性宾语提前 3. 动词体貌相关宾语提前 4. 特殊句式相关的宾语提前

从以上分析来看,吴语温岭话和汉语普通话一样,属于不典型的 SVO 句型和典型的话题优先句型。相比较汉语普通话而言,吴语温岭话离 SVO 句型更远,STV 结构更明显,因为其受事成为在句子中做话题的现象更频繁,也更有规律。刘丹青(2001)认为调查方言汉语语法,不能单纯以普通话语法体系为框架,而应当同时参照在大范围跨语言研究基础上获得的语言类型学成果。本节对于吴语温岭话语序的研究,希望能对正确认识汉语的语序问题有所帮助。

(二)体貌系统

1. 完成体

完成体表示动作或变化已经实现。在温岭话中,可充当完成体的标记主要有"勒($filə\mathsf{?}^2$)""爻(fio^{13})""靠($khɔ\mathsf{?}^{42}$)"和"好($hɔ^{31}$)"。相关例句如下:

(27) $\mathsf{?}\eta o^{42}$ $fini^{13}tçiou^{33}ve^{33}$ $tçhyø\mathsf{?}^5$ $filə\mathsf{?}^2$ $\mathsf{?}iə\mathsf{?}^3tçiə\mathsf{?}^3tçi^{15}$
　　我　　中午饭　　　吃　　勒　　　一只鸡
　　我中午饭吃了一只鸡。

(28) $çiã^{55}\mathsf{?}ie^{31}$ $tçhyø\mathsf{?}^5$ fio^{13} tse^{55} $tsɤ^{42}$
　　香烟　　吃　　爻　再　走
　　抽完了香烟再走。

(29) $\mathsf{?}\eta o^{42}$ $pə\mathsf{?}^5$ $çiɔ^{42}fiɳin^{15}$ $su\eta^{55}$ $fio\mathsf{?}^2dɔ̃^{13}\mathsf{?}$ $khɔ\mathsf{?}^{42}$
　　我　把　　小人　　送　　学堂　　靠
　　我把小孩子送去上学了。

(30) $tsɔ\mathsf{?}^3\eta iə\mathsf{?}^5$ $çia^{42}$ $hɔ^{31}$ tse^{55} $çi^{33}$
　　作业　　写　好　再　嬉
　　写完了作业再出去玩。

温岭话的完成体具有两个语法意义:(1)事件在某一参照时间之前已

成为现实。在例(27)中,主语"我"讲这个话的时候,"吃鸡"这个动作已经完成。在例(29)中,主语"我"讲这个话的时候,"送孩子上学"这个动作已经完成。(2)事件在某一参照时间已经发生某种结果。在例(28)中,"走"这个动作发生时,"抽烟"这个动作需要已经发生。在例(30)中,"嬉"这个动作发生时,"写作业"这个动作也需要已经完成。在这一范畴下,句子中的两个动词构成相应的参照点,即后一个动作发生时,前一个动作的结果已经形成。相比较而言,温岭话完成体的前一种语法意义强调动作的完成,而不考虑动作完成的后果,而后一种语法意义则强调动作结果的产生,不考虑该动作是否完成。

阮咏梅(2012)认为,温岭话完成体标记"勒(fɪlə$ʔ^2$)"和"爻(fiɔ^{13})"分别对应普通话中的"了1"和"了2"。"勒(fɪlə$ʔ^2$)"一般用于句中,紧跟在动词的后面,同时其所跟的动词往往是单音节动词。见下面的例子:

(31) ʔŋo^{42} po$ʔ^2$tɕin^{33} diɔ^{13} fɪlə$ʔ^2$ sɛ^{31}da^{33}
  我 北京 去 了 三趟
  我去了三趟北京。

(32) gie^{31} tɕiã^{33} ʔuo$ʔ^3$fɪli^{15} çyo$ʔ^2$ fɪlə$ʔ^2$ ʔiə$ʔ^2$kə^{13} fiɲyø$ʔ^3$dɤ^{15}
  他 呆 家里 住 了 一个 月头
  他在家里住了一个月。

"爻(fiɔ^{13})"用于句中或者句末都可以。同时,在某些情况下,"勒(fɪlə$ʔ^2$)"的使用要受到限制,需要转变成"爻(fiɔ^{13})"。见下面的例子:

(33a) ʔŋo^{42} tɕhyø$ʔ^5$ fɪlə$ʔ^2$ vɛ^{31}
   我 吃 勒 饭
   我吃了饭。

(33b) ʔŋo^{42} vɛ^{31} tɕhyø$ʔ^5$ fiɔ^{13}
   我 饭 吃 爻
   我饭吃了。

在(33a)句中,宾语"饭"没有数量短语修饰,当将后面的宾语"饭"移到动词"吃"前面充当次话题,即(33b)时,体标记"勒(fɪlə$ʔ^2$)"需变成"爻(fiɔ^{13})"。同时,当句子中的两个动词有时间先后顺序,好比普通话中的"V1+了+V2"时,完成体标记只能是"爻(fiɔ^{13})",不能是"勒(fɪlə$ʔ^2$)"。相关例子如上文的例 28。最后,当与"好(hɔ³¹)"或者"靠(khɔʔ⁴²)"体标记组合时,只能使用"爻(ɦɔ¹³)",相关例句如下:

(34) gie¹³he⁵⁵ çiã³⁵ɦiliã⁵¹ hɔ⁴² ɦɔ¹³
  他们 商量 好 爻
  他们商量好了。

2. 进行体

进行体表示动作或变化正在进行。温岭话中的进行体标记主要是"来(ɦile³¹)"。相关例句如下:

(35) gie³¹ ɦile³¹ khuoʔ⁵
  他 来 哭
  他在哭。

(36) ʔŋo⁴² ɦile³¹ tçhyøʔ⁵ çiã⁵⁵ʔie³¹
  我 来 吃 香烟
  我在抽烟。

为了表示强调含义,"来(ɦile³¹)"之前可以添一个程度副词"正(tçhyø³³)"。

(37) gie³¹ tçhyø³³ ɦile³¹ bo³⁵so³¹
  他 正 来 爬沙
  他正在敲竹杠。

温岭话中的进行体标记"来(ɦile³¹)"之后还可添加处所名词,构成"来(ɦile³¹)+处所+VP"表示进行的含义,例如:

(38) ʔŋo⁴² ɦile³¹ ɦiu¹³thi³⁵dɤ⁵¹ çiou⁴²ɦiɔ³¹ɦiɔ³¹
  我 来 胡梯头 手摇摇
  我在楼梯口摆手。

值得一提的是,在温岭话中,还有几个特别的处所词,用来指称"这里"或者"那里",例如"底(ti³¹)"(这地方),"这里(kəʔ³da²⁴)"和"那里

（ka¹³da²⁴）"。刘丹青（2001）认为,现代汉语进行体中的处所词"这里/那里"因为语义虚指而不断弱化,直至在句法成分上形成羡余而脱落。但是,在温岭话的进行体中,还保留了近代汉语的这种格式。相关例句如下：

（39）gie³¹   tɕhyø³³   file³¹   kɯ³⁵da⁵⁵   thuŋ³³fuŋ³³pɔ³⁵ɕin⁵⁵
　　　他　　　正　　　来　　　这里　　　　通风报信
　　　他正在这里通风报信。

（40）gie³¹   tɕhyø³³   file³¹   ti³¹   thuŋ³³fuŋ³³pɔ³⁵ɕin⁵⁵
　　　他　　　正　　　来　　　底　　　通风报信
　　　他正在这里通风报信。

3. 持续体

持续体表示动作或变化发生之后在某一时间内保持不变。温岭话中表达持续体主要有两种手段,一种是使用助词,主要有"得（təʔ⁵）""着（dʑiəʔ³¹）"和"牢（filɔ³¹）",另一种则是动词的重叠。

3.1　持续体标记"得""着"和"牢"

当使用助词表示持续体含义时,助词所接的动词一般为静态动词,例如"放""坐""拿"等。相关例句如下：

（41）ʔn̩iou⁴²   phoʔ⁵   təʔ⁵   tɕhyøʔ³tshɔ³¹
　　　牛　　　趴　　　得　　　吃草
　　　牛趴着吃草。

（42）tɕyøʔ³filəʔ²   khõ³³   dʑiəʔ³¹   ʔiəʔ³pən³¹ɕy³³
　　　桌上　　　放　　　着　　　一本书
　　　桌子上放着一本书。

（43）ʔn̩⁴¹   zoʔ³¹   filɔ³¹   ɕiɔ¹⁵   duŋ³¹
　　　你　　　坐　　　牢　　　别　　　动
　　　你坐着不要动。

罗自群（2006）提到,在非官话区的持续体标记中,两个并存的情况比较常见,三个并存的情况也不少。温岭话该属于 3 个持续体标记的情况。这三个体标记中的前两个在大多数情况下可以互换。同时,"得"可以与"来"进行组合,表示持续进行含义,而"着"也可以与"得"进行组合。相关例句如下：

（44）thi³³dɤ³⁵tie⁵⁵ ɦmən³¹ khie³³ ɦle¹³tə?²
　　　剃头店　　　门　　开　　来得
　　　理发店门开着。

（45）tɕin⁴²dʑiã³¹ɦɲin⁵¹ kə?² zi¹³ bã³¹ dʑiə?³¹tə?² fə?⁵ ɕia⁴²
　　　一整天　　　的　字　扔　着得　　弗　写
　　　一整天的作业扔着不写。

　　　至于"牢（ɦlɔ³¹）"则相对复杂，它除了表示动作持续的意义，还可以做补语标记，例如"记牢""捉牢"等。它不能与其他助词组合表示持续含义，但是表补语的"牢"和表持续体标记的"牢"可组合在一起，例如"坐牢牢"。前一个"牢"是持续体标记，后一个"牢"则是结果补语，意思为"坐着不要掉下来"。杨永龙（2005）在提及稳紧义形容词到持续体标记的语法化过程时，提及汉语方言中"定""实""牢"和"稳"表持续的标记义该是从其形容词的补语义而来。因为此类形容词有行为实现后相对稳定的意义，用得多了就使人产生标记的感觉。温岭话中"牢"的演化也应该如此。

　　3.2　动作重叠表持续

　　　动词重叠表持续意义的现象，在长江以南地区比较常见。在温岭话中主要有两种形式，分别是"VVVV"和"V 记 V 记"。

　　　在吴语中，与 VVVV 相对的还有 VV 和 VVV。此类动词一般都是单音节动词，重叠越多，表示持续的时间越长。但是在温岭话中，只有四次重叠，没有两次和三次重叠。相关例句如下：

（46）hɔ⁴²hɔ⁴²kie³¹ ɕiɔ⁵⁵ɕiɔ⁵⁵ɕiɔ⁵⁵ɕiɔ⁵⁵，　ɕiɔ⁵⁵ sɿ⁴² ɦɔ³¹
　　　好好个　　　笑笑笑笑　　　　笑　死　爻
　　　好好的笑笑笑笑，笑死了。（一直笑，最后笑死了。）

　　　"V 记 V 记"表示动作或者状态的反复，但由于单词动作或状态间间隔时间很短，可以当做持续体的一种，相当于普通话的"V 阿 V"。同时，此种格式中的 V 一般也是单音节动词。相关例句如下：

（47）gie³¹ tə?² ?ŋo⁴² ɕiɔ⁵⁵tɕi⁵⁵ɕiɔ⁵⁵tɕi⁵⁵，　fə?⁵ɕiɔ¹³tə?² ɦiã¹³ɦm³l
　　　她　对　我　　笑记笑记　　　　不晓得　　　什么
　　　?i⁵⁵si³³
　　　意思

她对我笑记笑记,不知道什么意思。(她一直对我笑,不知道什么意思。)

4. 经历体

经历体表示曾经历过某个事情。阮咏梅(2012)曾将经历体纳入完成体中进行探讨,但完成体侧重于"从说话时看动作、行为已经实现",而经历体则"着眼于现在,表示过去曾经发生的事情,或者发生的某种变化、存在某种情况,或是已有的某种经验"(高永奇 2001),因此这里作者将经历体从完成体中独立出来讨论。

温岭话中的经历体标记主要由助词"过(ku^{55})"担当,附着在动词的后面。相关例子如下:

(48) $kə?^5$ $die^{13}fiin^{31}$ $?ŋo^{42}$ $fimɔ̃^{13}$ ku^{55}
　　 这　　 电影　　　 我　　 望　　 过
　　 我看过这部电影。

同时在动词和助词"过"之间还可添加另一助词"着($dʑiə?^2$)",表示强调,确实如此的意思。相关例子如下:

(49) $kə?^5$ $die^{13}fiin^{31}$ $?ŋo^{42}$ $fimɔ̃^{13}$ $dʑiə?^2$ ku^{55}
　　 这　　 电影　　　 我　　 望　　 着　　 过
　　 这电影我的确看过。

"V 过"后也可添加数量短语,对动词 V 进行补充说明。相关例子如下:

(50) $kə?^5$ $die^{13}fiin^{31}$ $?ŋo^{42}$ $fimɔ̃^{13}$ ku^{55} $sɛ^{35}pie^{55}$
　　 这　　 电影　　　 我　　 望　　 过　　 三遍
　　 这部电影我看过三遍。

此格式中的数量短语也可移位到动词 V 和助词"过"之间,例如例 50 的句子可转写成"这部电影我看三遍过",不影响语义。

5. 起始体

起始体表示动作开始或事件发生。温岭话中的起始体标记主要有两个,分别是"来($file^{31}$)"和"起($tɕhi^{42}$)"。相关例子如下:

（51）ʔn⁴² khua³⁵din⁵⁵ tsɤ⁴² file³¹
　　 你　 快点　　 走　 来
　　 你快点走来。

（52）thie³⁵ko⁵⁵ hɔ⁴² tɕhi⁴²
　　 天气　 好　 起
　　 天气(慢慢)变好。

阮咏梅（2012）认为，"V 起"与"V 过"的主要差别在于，"V 起"中的 V一般由非自主动词和形容词充当，"V 过"的 V 一般由自主性动词充当。比较有意思的是，在新派温岭话中，"起(tɕhi⁴²)"和"来(file³¹)"这两个标记可以合起来使用，例如：

（53）dʑyuŋ¹³ko³⁵fin̩in⁵¹ tshɔ̃⁵⁵ tɕhi⁴²file¹³
　　 一家人　　　　 唱　　 起来
　　 一家人唱起来。

"起来(tɕhi⁴²file¹³)"可以和自主性动词组合，例如"笑起来""吃起来"，也可以和形容词组合，例如"痛起来""肿起来"。但是，它却不能和非自主动词组合，例如"病起来""懂事起来""长起来"都是不可接受。

6. 结果体

结果体表示动作产生的结果。完成体虽然也强调动作结果的产生，但完成体不考虑该动作是否完成，而结果体的动作则必须是完成的。温岭话中的结果体标记主要有两个，分别是"着(dʑiəʔ²)"和"牢(filɔ³¹)"。相关例句如下：

（54）gie³¹ ko⁵⁵ dʑiəʔ² ʔiəʔ³kie⁵⁵ ʐyø¹³fin̩in³³da³³fiuã³¹
　　 她　 嫁　 着　 一个　　　　 吹牛大王
　　 她嫁了一个爱吹牛的人。

（55）gie³¹ kho³³ filɔ³¹ ʔiəʔ³tɕiəʔ³tɕi¹⁵
　　 他　 抓　 牢　 一只鸡
　　 他抓住了一只鸡。

持续体的标记"牢"，主要强调动作状态的持续，而结果体中的"牢"则强调动作的结果。在一定意义上，结果体中的"着"和"牢"都有强调含义。

7. 尝试貌

尝试貌表示把某种有可能实现的动作进行尝试,一般动作持续时间比较短。在温岭话中,尝试貌的语法形式为"VV 相",相当于普通话中的"VV 看"。同时,有时候重叠动词"VV"和其后助词"相"之间可插入宾语。相关例子如下:

(56) kəʔ⁵　dʑie³¹　ʔi³⁵zɔ̃⁵¹　tɕiəʔ³tɕiəʔ⁵　çiã⁵⁵
　　　这　件　　衣服　　穿穿　　相
　　　这件衣服穿穿看。

(57) ʔn⁴²　tɕiəʔ³tɕiəʔ⁵　kəʔ⁵　dʑie³¹　ʔi³⁵zɔ̃⁵¹　çiã⁵⁵
　　　你　穿穿　　　这　件　衣服　相
　　　你穿穿这件衣服看。

另外,在温岭话中,尝试貌还可以用"V+数量值+相"表示,相关例句如下:

(58) ʔn⁴²　thiəʔ⁵　ʔiəʔ³tɕi⁵⁵　çiã⁵⁵
　　　你　踢　　一记　　相
　　　你踢一下看。

8. 反复貌

反复貌表示动作的反复进行。其动作往往带随意性,动作的频率和量也不尽相同并且有一定的持续时间。持续体强调动作的持续,而反复貌则强调动作主体对动作的感受。相比较而言,反复貌动作之间的间隔时间要更久。在温岭话中,反复貌主要有 4 种形式,分别是"V 记 V 记""V 上 V""V 来 V 去"和"V 东 V 西"。相关例子如下:

(59) gie³¹　çiou⁴²　ze³¹　tɤ¹³fili³¹　du³¹tɕi⁵⁵du³¹tɕi⁵⁵
　　　她　手　在　兜里　　动记动记
　　　她的手在兜里一直掏。

(60) gie³¹　kã¹³zɔ̃¹³kã³¹
　　　她　讲上讲
　　　她一直讲。

(61) gie³¹　tsɤ⁴²file¹³tsɤ⁴²khie³³
　　　她　走来走去
　　　她来回走。

（36）gie³¹ kã⁴²tuŋ³³kã⁴²çi³³
她 讲东讲西
她讲东讲西。

9. 短时貌

短时貌表示动作持续时间比较短。在温岭话中，短时貌主要有"V 一V"和"ABAB"两种形式，其语义相当于汉语中的"V 一下"。相关例句如下：

（62）çy³³ fiɛ¹³ khɔ⁴²，fin⁴² ʑin¹³ʔiəʔ⁵ʑin³¹ ze³¹ fiɛ¹³fiuã³¹
书 哪 去 你 寻 一 寻 在 哪里
书不见了，你找一下在哪里。

（63）fiȵã¹³ ʔŋo⁴² tçie³³çiəʔ⁵tçie³³çiəʔ⁵ gie³¹ kəʔ² fili¹³fiie³¹
让 我 见识见识 他 的 厉害
让我见识见识他的厉害。

短时貌和尝试貌实际不好区分，往往都是放在一起讨论，因为两者动作的持续时间都比较短。但从语义来看，尝试貌强调对动作进行尝试，而短时貌则强调动作持续时间的短暂，因此还是有必要对两者进行区分。

10. 吴语温岭话体貌特点概括

通过上述描写可以发现，温岭话动词的"体"主要通过相关的助词来实现，而"貌"则更多表现为一种词汇手段。现将其语法表现形式和普通话做一比较，概括如下①：

表 2.10 吴语温岭话和普通话体貌比较

体 貌	温岭话语法形式	普通话语法形式
完成体	"勒（filəʔ²）""爻（fiɔ¹³）""靠（khɔʔ⁴²）"和"好（hɔ³¹）"	"了""完"
进行体	"来（file³¹）""来得（file³¹ təʔ⁵）""来底（file³¹ ti³¹）""来这里（file³¹ kəʔ³ da²⁴）"和"来那里（file³¹ka¹³da²⁴）"	"正""正在""在""在这里/那里"

① 有关普通话"体貌"语法表现形式主要参考：陈前瑞.汉语四层级的体貌系统［A］.汉语时体系统国际研讨会论文集［C］.上海：百家出版社，2003.

续表

体　貌	温岭话语法形式	普通话语法形式
持续体	"得（tə$ʔ^5$）""着（dʑiə$ʔ^{31}$）"和"牢（filɔ^{31}）"和"VVVV""V记V记"	"着""了""下去"和"VVV""V阿V阿"
经历体	"过（ku^{55}）"	"过"
起始体	"来（file^{31}）"和"起（tɕhi^{42}）"	"开始+V""V+起来"
结果体	"着（dʑiə$ʔ^2$）"和"牢（filɔ^{31}）"	"好""着""到""得"
尝试貌	"VV相"	"VV看"
反复貌	"V记V记""V上V""V来V去"和"V东V西"	"V上V下""V来V去"和"V东V西"
短时貌	"V—V"和"ABAB"	"V一下"

（三）比较句式

1. 平比句

平比句又叫等比句,用来比较事物的异同,表示相比的事物在某一方面一致。在吴语温岭话中,平比句主要有三个比较词,分别是"跟（də$ʔ^5$）""有（ʔiou^{42}）"和"要（ʔiɔ^5）",从而构成了3个典型句式,分别是"A+跟+B+同（个）样子""A+有+B+W"和"A+要+B+得"。

1.1 A+（跟）+B+同（个）样子

在此句式中,"跟（də$ʔ^5$）"是比较词,"同（个）样子"是比较的结果。见如下的例句。

(64) ʔlɔ^{42}fili^{31}　də$ʔ^5$　gie^{31}　fin^2　dʑyuŋ^{33}（kɤ$ʔ^5$）　vɛ^{13}tsɿ^{31}
　　　老李　　跟　他　儿子　同　（个）　样子
　　　老李跟他儿子一样。

在此句式中,比较结果"同（个）样子"可以缩略为"同样子",也可以用"样样个",或者"差不多些"替换,有委婉的含义在里面。同时,比较主体A和比较基准B可以用复数短语替换。见如下的例子:

(65) ʔlɔ^{42}fili^{31}　gie^{31}　fin^2　fiiã^{13}fiiã^{13}kie^{42}
　　　老李　　他　儿子　样样个

老李跟他儿子一样。

(66) gie³¹　ʔn̠iã⁴²khie³¹　tsho³³fəʔ²du⁵⁵çie³¹
　　　他　　两个　　　　差不多些
　　　他们两个一样。

在温岭话中,第三人称单数"他"或者"她"(gie)的复数形式为"gie¹³he⁵⁵",但是在例(66)的句子中,当代词和数量短语组合表示复数的集合概念时,则是直接在单数的代词"他(gie³¹)"后加上相关的数量短语。其他的第一人称"我(ʔŋo⁴²)"和第二人称"你(ʔn⁴²)"也存在相似的情况。同时,在温岭话的比较句中,比较点 P 往往在上下文中出现,因此常省略,若需要添加时可加在比较项 A 或者 B 的后面,不影响语义,试比较例(67)和例(68)。值得一提的是,在此句式中,比较值 W 则不可出现,见例(69)。

(67) ʔlɔ⁴²fili³¹　dəʔ⁵　gie³¹　fin²　bi¹³tçi⁵⁵　dʑyuŋ³³(kɣʔ⁵)
　　　老李　　　跟　　他　儿子　脾气　　同(个)
　　　vɛ¹³tsɿ³¹
　　　样子
　　　老李和他儿子脾气一样。

(68) ʔlɔ⁴²fili³¹　bi¹³tçi⁵⁵　təʔ⁵　gie³¹　fin²　dʑyuŋ³³(kɣʔ⁵)
　　　老李　　　脾气　　　跟　　他　儿子　同(个)
　　　vɛ¹³tsɿ³¹
　　　样子
　　　老李脾气和他儿子一样。

(69) ʔlɔ⁴²fili³¹　təʔ⁵　gie³¹　fin²　dʑyuŋ³³(kɣʔ⁵)　vɛ¹³tsɿ³¹　thɣŋ³³
　　　老李　　　跟　　他　儿子　同(个)　　　　样子　　差
　　　老李和他儿子一样差。

若想在此句式中出现比较值 W,则需将比较结果"同样子""样样个"或者"差不多些"的最后一个字替换成 W。

(70) ʔlɔ⁴²fili³¹　təʔ⁵　gie³¹　fin²　fiiã¹³fiiã¹³　thɣŋ¹³
　　　老　李　跟　他　　儿子　样样差
　　　老王和他儿子一样差。

（71）ʔlɔ⁴²ɦili³¹　　təʔ⁵　gie³¹　ɦin²　dʑyuŋ¹³ɦiã³³　thɤŋ³³
　　　　老李　　　　　跟　　他　儿子　　同样　　　　差
　　　　老李和他儿子同样差。

1.2　A+有+B+W

在此句式中，比较词变成了"有（ʔiou⁴²）"，因此比较值 W 作为比较结果一定要出现，同时比较项"A 有 B"不可用复数名词替换。至于比较点在句法中的表现同句式 1.1 一样。

（72）ʔlɔ⁴²ɦili³¹　　ʔiou⁴²　　gie³¹　　ɦin²　　thɤŋ³³
　　　　老李　　　　　有　　　他　　儿子　　差
　　　　老李和他儿子一样差。

1.3　A+要+B+得。

在此句式中，比较词变成了"要（ʔiɔ⁵）"，比较结果"得（təʔ⁵）"意为"比得上"或者"够得上"。比较点 P 或比较值 W 一般不会出现。见如下的例子。

（73）ʔlɔ⁴²ɦili³¹　　ʔiɔ⁵⁵　　gie³¹　　ɦin²　（bi¹³tɕi⁵⁵　thɤŋ³³）　　təʔ⁵
　　　　老李　　　　　要　　他　儿子　（脾气　　　差）　　得
　　　　老李和他儿子（脾气）一样（差）。

2. 差比句

差比句主要关注两种不同事物在某一点上（如性质，状态，行为，态度和数量等）的程度不同值，因此是用来比较事物差异的句式。它可细分为极比句、递比句和一般差比句。

2.1　极比句

极比句表示某一事物在某种性状上胜过或不及同类的其他事物，是一种特殊的差比句。它跟一般差比的不同在于比较的范围：一般差比的求比或者被比对像是特指的，而极比的求比或被比对象对象往往是任指的。在吴语温岭话中，极比句主要有三个比较词，分别是"比（pi⁴²）""最（tse⁵⁵）""要（ʔiɔ⁵）"，从而构成了 3 种基本句型："A+比+B（任指）+都+W""A+最+W"和"要+A+这么+W+没奥"。同时，吴语温岭话还存在两个特殊的极比句式，分别是"A+W+弗过+B（任指）"和"A（人称代词）+W"。

2.1.1　A+比+B(任指)+都+W

在此句式中,求比项 A 和被比项 B 都需要出现,但是 A 必须是特指,而 B 则需要任指,同时强调词"都(tu³³)"往往需要添加。比较结果 W 则一定要出现。见如下例子。

(74) ʔlɔ⁴²ɦili³¹ pi⁴² fəʔ²kui¹³ɦiɛ³¹ɦini³³ tu³³ thɤŋ³³
　　　老李　比　　不管是谁　　都　　差
　　　老李比其他所有人都差。

2.1.2　A+最+W

在此句式中,只出现特指的求比项 A,被比项 B 不可出现。因为比较词"最(tse⁵⁵)"的出现,比较结果 W 不可省略。见如下例子。

(75) ʔlɔ⁴²ɦili³¹ tse⁵⁵ thɤŋ³³
　　　老李　最　差
　　　老李最差。

2.1.3　要+A+这么+W+没奥

在此句式中,被比项 B 不可出现,"要(ʔio⁵)"充当比较词,W 充当比较结果。程度副词"这么(ti⁵⁵ ʔnɤ³¹)"修饰 W,一般不可省略。"没奥(ɦim³¹ɦɔ¹³)"是一种有否定意义的强调标记,与前面命题形成一个构式,意为"A 最 W"。见下面例句。

(76) ʔio⁵ ʔlɔ⁴²ɦili³¹ ti⁵⁵ʔnɤ³¹ thɤŋ³³ ɦim³¹ɦɔ¹³
　　　要　老李　　这么　　差　　没奥
　　　再没有人像老李这么差了。

2.1.4　A+要+B+(W)+弗得

此句式是平比句式 3 的否定表达,在比较结果"得(təʔ⁵)"前添加了否定词"弗(fəʔ⁵)"。与极比句式 1 相同的是,比较项 A 为特指,被比项 B 则为泛指,比较词"要(ʔio⁵)"和比较结果"弗得(fəʔ³ təʔ⁵)"不能省略,比较值 W 一般要出现,但前文若有提及则可省略。见如下例子。

(77) ʔlɔ⁴²ɦili³¹ ʔio⁵ ɦitɕhi¹³thA³³ɦiin³¹ (hɔ⁴²) fəʔ³təʔ⁵
　　　老李　　要　其他人　　　(好)　弗得

老李比不上其他人好。

在此句式中,比较值 W 一般为积极的形容词,例如"高大(dʑiã¹³du⁵⁵)""宽敞(dʑiã¹³khuəʔ⁵)""漂亮(phiɔ³³ɦiliã³¹)"等。同时此一句式还存在一个变式"A+要弗得+B+W"。

(78) ʔlɔ⁴²ɦili³¹ ʔiɔ³fəʔ³təʔ⁵ ɦitɕhi¹³thA³³ɦin³¹ hɔ⁴²
     老李   要弗得   其他人   好
     老李比不上其他人好。

在此变式中,比较结果"弗得(fəʔ³təʔ⁵)"从句末的位置移到了比较词"要(ʔiɔ⁵)"的后面,从而使得比较值 W 不能省略。

在吴语温岭话中,极比句还有两个不出现比较词的句型,即"A+W+弗过+B"和"A(人称代词)+W"。

2.1.5 A+W+弗过+B

此句式与句式 4 有相同之处。在此句式中,比较结果"弗得(fəʔ³təʔ⁵)"被替换成"弗过(fəʔ³ku³³)",同时"弗过(fəʔ³ku³³)"既可以在 W 之后,也可以在被比项 B 之后。与句式 4 不同的是,在此句式中,没有任何比较词,同时比较值 W 不可省略,且其在句法中的位置在求比项 A 和被比项 B 之间。见如下例子。

(79) ʔlɔ⁴²ɦili³¹ hɔ⁴² fəʔ³ku³³ ɦitɕhi¹³thA³³ɦin³¹
     老李   好   弗过   其他人
     老李比其他人都差。

(80) ʔlɔ⁴²ɦili³¹ hɔ⁴² ɦitɕhi¹³thA³³ɦin³¹ fəʔ³ku³³
     老李   好   其他人   弗过
     老李比其他人都差。

2.1.6 A(人称代词)+(P)+W

此句式是吴语温岭话中最有特色的句型。在此句式中,被比项 B(任指)和比较词 M 都不可出现,比较点 P 可出现也可不出现,比较项 A 只能由人称代词及其短语来充当,并通过改变人称代词的声调来表示比较含义。同时,见如下的例句。

（81a）ʔŋo⁴²　（bi¹³tɕi⁵⁵）　hɔ⁴²　　　　（81b）ʔŋo¹⁵　（bi¹³tɕi⁵⁵）　hɔ⁴²
　　　　我　　（脾气）　好　　　　　　　　　我　　（脾气）　好
　　　　我脾气好。　　　　　　　　　　　　　我比其他人都脾气好。

　　在例（81a）中，第一人称代词“我”为 42 调，句子主要陈述一个客观的事实，即“我是一个好脾气的人”。在例（81b）中，其调值变为了 15 调，句子则暗含了比较的含义，意为“相比较村子里其他人而言，自己脾气最好”。相关的一些例子如下。

（82a）ʔŋo⁴²he⁵⁵　bi¹³tɕi⁵⁵　hɔ⁴²　　　（82b）ʔŋo¹⁵he⁵⁵　bi¹³tɕi⁵⁵　hɔ⁴²
　　　　我们　　脾气　　好　　　　　　　　　我们　　脾气　　好
　　　　我们脾气好。　　　　　　　　　　　　我们比其他人都脾气好。

（83a）ʔŋo⁴²　ko¹³ɦiɳin³¹　bi¹³tɕi⁵⁵　hɔ⁴²
　　　　我家　　家人　　脾气　　好
　　　　我的家人脾气好。

（83b）ʔŋo¹⁵　ko¹³ɦiɳin³¹　bi¹³tɕi⁵⁵　hɔ⁴²
　　　　我家　　家人　　脾气　　好
　　　　我的家人脾气比其他人都好。

（84a）ʔn⁴²　ko¹³ɦiɳin³¹　bi¹³tɕi⁵⁵　hɔ⁴²
　　　　你　　家人　　脾气　　好
　　　　你家的人脾气好。

（84b）ʔn¹⁵　ko¹³ɦiɳin³¹　bi¹³tɕi⁵⁵　hɔ⁴²
　　　　你　　家人　　脾气　　好
　　　　你家人的脾气比其他人都好。

2.2　递比句

递比句表示程度逐次增加或递减的比较句，又称渐进比较句。递比是一种特殊的差比，表示多个事物的逐次比较，而程度逐次加深或减轻。吴语温岭话中的递比句中三个基本比较词，分别是“比（pi⁴²）”“如（ʑy³¹）”和“越……越（ɦiyoʔ⁵…ɦiyoʔ⁵）”，从而构成了 3 个基本句型，“一+量+比+一+量+W”“一+量+W+（如）+一+量”，和“越……越”。

2.2.1　“一+量+比+一+量+W”和“一+量+W+（如）+一+量”

从形式上看，前两种句型的求比项 A 和被比项 B 都是“一+量”短语，它们形式相同，前后呼应。相关例句如下：

(85) ʔlɔ⁴²fili³¹   bi¹³tɕi⁵⁵   iəʔ⁵fiɲiəʔ²   pi⁴²   iəʔ⁵fiɲiəʔ²   thɤŋ³³
　　老李　　　脾气　　　一日　　　比　　　一日　　　差
　　老李脾气一天比一天差。

(86) ʔlɔ⁴²fili³¹   bi¹³tɕi⁵⁵   iəʔ⁵fiɲiəʔ²   thɤŋ³³   ʑy³¹   iəʔ⁵fiɲiəʔ²
　　老李　　　脾气　　　一日　　　差　　　如　　　一日
　　老李脾气一天比一天差。

但是,这两个句型彼此又有不同。首先,"一+量+比+一+量+W"的句型是新派用法,其比较词"比"不能省略。而"一+量+W+(如)+一+量"的句型是老派用法,比较词"如(ʑy³¹)"可以省略。其次,在"一+量+比+一+量+W"句型中,比较值 W 既可以是单音节也可以是双音节词,但是在"一+量+W+(如)+一+量"的句型中,W 则受到限制。假如比较词"如"在句中出现,W 只能是单音节词,反之,W 既可以是单音节词也可以是双音节词。最后,在吴语温岭话中,"一+量+W+(如)+一+量"的句型使用更广泛。同时,"一+量+比+一+量+W"的句型往往用于肯定表达,相关的否定表达只能通过相反的比较值 W 表示(例句87),而"一+量+W+如+一+量"的句型还有否定表达式,需要将 W 删除,并在"如"前加否定词"弗"(例88)。

(87) ʔlɔ⁴²fili³¹   bi¹³tɕi⁵⁵   iəʔ⁵fiɲiəʔ²   pi⁴²   iəʔ⁵fiɲiəʔ²   hɔ⁴²
　　老李　　　脾气　　　一日　　　比　　　一日　　　好
　　老李脾气一天比一天好。

(88) ʔlɔ⁴²fili³¹   bi¹³tɕi⁵⁵   iəʔ⁵fiɲiəʔ²   fəʔ²ʑy³³   iəʔ⁵fiɲiəʔ²
　　老李　　　脾气　　　一日　　　弗如　　　一日
　　老李脾气一天比不上一天。

2.2.2　越……越

"越……越"也是吴语温岭话中比较普遍的递比句型。此句型主要有两种变式,分别为"越来越+W"和"越+V1+越+V2"。相关例句如下:

(89) ʔlɔ⁴²fili³¹   bi¹³tɕi⁵⁵   fiyoʔ²file¹³fiyoʔ²   hɔ⁴²
　　老李　　　脾气　　　越来越　　　好
　　老李脾气越来越好。

(90) ʔlɔ⁴²fili³¹   bi¹³tɕi⁵⁵   fiyoʔ²   khø³³   fiyoʔ²   tsɔ²¹
　　老李　　　脾气　　　越　　　劝　　　越　　　燥

老李脾气越劝越暴躁。

在例(89)中,"越来越"意为程度的逐渐加深,与后面的 W 构成了一个表示递进的比较构式。在例(90)中,"V_1"和"V_2"在时间上存在先后关系,同时在语义上存在因果关系。"V_1"往往先发生,是因,"V_2"紧随其后,是果(相当于 W),相关的表达还有"越帮越忙""越吃越穷"等。

2.3　一般差比句

一般差比句表示事物的高下。在吴语温岭话中共有三个常见比较词,分别是"比(pi^{42})""如(zy^{31})""要弗得($?io^3 fə?^3 tə?^5$)",从而构成了三个基本句型:"A+比 B+W""A+W+如+B"和"A+要弗得+B+W"。前面两个句型主要用于肯定表达,后一个句型主要用于否定表达。在一般差比句中,求比项 A 和被比项 B 都是特指。同时,在温岭话中,还存在一个特殊的差比句型"A+W+不过+B"。

2.3.1　A+比+B+W

该句型是吴语温岭话中的常见句型。在此一句型中,比较词"比(pi^{42})"前面还可以出现"确实"或者"弗见得"等表示肯定或者猜测的语气副词,同时比较值 W 前也可出现"还"或者"更"等程度副词。例如:

(91)　$?lo^{42}fili^{31}$　　$fə?^5tçie^{33}tə?^2$　　pi^{42}　　gie^{31}　　fin^2　　ho^{42}
　　　　老李　　　　弗见得　　　　比　　他　　儿子　　好
　　　　老李不一定比他儿子好。

此一句型还存在一个变式,即"A+比+B+W+Z"。Z 作为一种量化值,可以是确指,也可以是泛指。

(92)　$?lo^{42}fili^{31}$　　pi^{42}　　gie^{31}　　fin^2　　ho^{42}　　$vu^{13}su^{31}$
　　　　老李　　　　比　　他　　儿子　　好　　许多
　　　　老李比他儿子好许多。

(93)　$?lo^{42}fili^{31}$　　pi^{42}　　gie^{31}　　fin^2　　$tçyõ^{55}$　　$?ŋ^{13}tçin^{42}$
　　　　老李　　　　比　　他　　儿子　　胖　　五斤
　　　　老李比他儿子胖五斤。

2.3.2　A+W+如+B

该句式也是吴语温岭话中的特色句式。在此句式中,比较值 W 往往是单音节形容词。见下面例句。

(94)　Ɂlɔ⁴²ɦili³¹　　ɦin²　　du⁵⁵　　ʑy³¹　　gie³¹　pa⁴²
　　　　老李　　　儿子　大　　如　　他　爸
　　　　老李儿子比老李大。

值得一提的是,在此句式中,当比较项 A 在实际中不如 B,同时比较值 W 又有违常理时,句子往往有言外的含义,常含贬义。在例 31 中,表面意思是说老李儿子年纪比他爸爸大,但这自然是不可能的,因此其实际意思是说老李儿子对他爸爸不够孝顺。但是假如比较值 W 不违背常理,则句子的意义则可褒可贬,见下面的例句。

(95)　Ɂlɔ⁴²ɦili³¹　　ɦin²　　hɔ⁴²　　ʑy³¹　　gie³¹　pa⁴²
　　　　老李　　　儿子　好　　如　　他　爸
　　　　老李儿子比老李好。

在此句式的否定表达中,否定词"弗(fəɁ⁵)"需加在比较词"如(ʑy³¹)"前面,同时比较值 W 需要省略,如不省略则需要移到比较项 B 的后面。

(96)　Ɂlɔ⁴²ɦili³¹　　ɦin²　　fəɁ⁵　　ʑy³¹　　gie³¹　pa⁴²　　du⁵⁵
　　　　老李　　　儿子　弗　　如　　他　爸　　(大)
　　　　老李儿子不如老李(年纪)大。

此一句式也存在一个变式,即"A+W+B+Z"。在此变式中,比较词"如(ʑy³¹)"需要省略,Z 作为量化值,可以是确指,也可以是泛指。相关例句如下:

(97)　Ɂlɔ⁴²ɦili³¹　　du⁵⁵　　gie³¹　　ɦin²　　ȵie³³çy³³
　　　　老李　　　大　　他　　儿子　20 岁
　　　　老李比他儿子大 20 岁。

(98)　Ɂlɔ⁴²ɦili³¹　　du⁵⁵　　gie³¹　　ɦin²　　Ɂmɛ³¹tu³³çy³³
　　　　老李　　　大　　他　　儿子　蛮多岁
　　　　老李大他儿子许多岁。

值得一提的是,在其他吴语中也存在此一句式(例如北部吴语的高邮话),但比较词用的是"似"而非"如"。"似"和"如"在唐代就开始出现比较的用法,但直到宋朝才广泛用于表示差别的比较句式中(姚亦登 2013)。就温岭话而言,它的一般差比句类型属于"如"字句。

2.3.3　A+要弗得+B+W

此一句式与极比句式 4 在形式上相同,唯一不同在于被比项 B 在一般差比句中是特指。

(99)　$?lɔ^{42}fili^{31}$　$?io^3fə?^3tə?^5$　gie^{31}　fin^2　$hɔ^{42}$
　　　老李　　　要弗得　　　他　儿子　好
　　　老李比不上她儿子好。

此一句式还有另外的变式,即"A+要+B+(W)+弗得"。在此变式中,W 可以省略。例句如下:

(100)　$?lɔ^{42}fili^{31}$　$?io^3$　gie^{31}　fin^2　($hɔ^{42}$)　$fə?^3tə?^5$
　　　老李　　　要　他　儿子　(好)　弗得
　　　老李不如他儿子好。

2.3.4　A+W+不过+B

此一句式也是吴语温岭话的特色句式,同时存在一个变式,即"A+W+B+不过"。在这两个句式中"W+弗过"结构构成了比较含义,因此"W"不可省略。相关例句如下:

(101)　$?lɔ^{42}fili^{31}$　$hɔ^{42}$　$fə?^3ku^{33}$　gie^{31}　fin^2
　　　老李　　　好　不过　　　他　儿子
　　　老李比不过他儿子。

(102)　$?lɔ^{42}fili^{31}$　$hɔ^{42}$　gie^{31}　fin^2　$fə?^3ku^{33}$
　　　老李　　　好　他　儿子　不过
　　　老李比不过他儿子。

3. 吴语温岭话比较句特点概括

上文主要探讨了吴语温岭话比较句的主要类别及其句法表现形式。现将其主要特点概括如下,并和汉语普通话做一比较①,如表 2.11 所示。

---

① 有关汉语比较句的句法表现形式主要参考:车竞.现代汉语比较句论略[J].湖北师范学院学报,2005(3):60-64.

表 2.11　吴语温岭话和普通话比较句比较

	吴语温岭话	普　通　话
平比句	1. A+(跟)+B+同(个)样子 2. A+有+B+W 3. A+要+B+(P+W)+得	1. A+像+B 2. A+像+B+一样+(W) 3. A+等于/无异于+B 4. A+和/跟/同+B+一样/相同/差不多/同样+(W) 5. A+抵得上+B 6. A+比得上+B+(W) 7. A+有+B+W
差比句1： 极比句	1. A+比+B(任指)+都+W 2. A+最+W 3. 要+A+这么+W+没奥 4. A+要+B+(W)+弗得 5. A+W+弗过+B 6. A(人称代词)+W	1. A+比+B+W 2. A+W 于+B 3. A+不如+Y+(W) 4. A+赶得上+Y+(W) 5. A+不及+B+W (B 为泛指)
差比句2： 递比句	1. A+一量+比+一量+W 2. A+一量+W+(如)+一量 3. A+越……越	1. A+一量+比+一量+W 2. A+越……越
差别句3： 一般差比句	1. A+比+B+W 2. A+W+如+B 3. A+要弗得+B+W 4. A+W+弗过+B	1. A+比+B+W 2. A+W 于+B 3. A+不如+B+(W) 4. A+赶得上+B+(W) 5. A+不及+B+W 6. A+不像+B+(W) (B 为特指)

　　张赪(2005)根据比较基准(B)和比较结果(W)的语序,将比较句分成两个类型：Ⅰ型—比较基准在前,比较结果在后；Ⅱ型—比较结果在前,比较基准在后。就吴语温岭话而言,该种分类并不能完全概括其语言现实,因为还存在并不出现比较基准(B)的情况,尤其在递比句型和极比句型中。就比较基准(B)和比较结果(W)同时出现的句型而言,也不能将吴语温岭话简单概括为某一类型。一般而言,吴语温岭话的平比句型属于Ⅰ型,极比句和一般差比句在Ⅰ型和Ⅱ型上则平分秋色。

　　通过以上比较,我们发现吴语温岭话的比较句和汉语普通话既有相似的地方,也有其独有的特色。就其句型而言,平比句式3,极比句式3,4,5,6,递比句式2和一般差比句式2,4都是吴语中很有代表性的句式。因此,对吴语温岭话的比较句进行研究,对于了解吴方言区比较句的类型特征和方言分区具有重要参考作用。

五、本章小结

本章主要从描写语法视角讨论了吴语温岭话在语音、词汇和语法上的特点。研究发现,吴语温岭话保留了较多中古汉语的语言要素,与汉语普通话表现出明显差异。具体而言,在语音层面,吴语温岭话的声韵调数量与主流吴语基本持平,但韵母个数略多于其他吴语代表方言。在吴语温岭话中还保留了许多中古汉语语音,"鸟"字念/t/声母,"打"字念/ã/韵母,"傲"字念/ŋ/声母等。相比汉语普通话和北部吴语而言,温岭话的文白异读现象涉及范围较少,只集中在非组、日母等几类字上。相比较南部吴语而言,前变型的双字调变调模式并未在温岭话中占据主导地位,且其小称变音模式主要是变调型(升变调和降变调),但也保留了儿缀、鼻尾和鼻化三种变音模式。在词汇层面,吴语温岭话的派生构词和转换构词与汉语普通话差异明显,两个后缀"头"与"功"在吴语内部也比较有特色。就构词语素而言,吴语温岭话以单音节语素为主,且在语义上与汉语普通话存在名异实同、名同实异等情况。吴语温岭话与其所处的生态环境存在密切关联,通过对古语词、生态词和詈词的讨论分析,研究发现吴语温岭话是温岭地区自然环境和文化环境的产物,反映了温岭地区先民的特殊文化风貌。它不仅是了解温岭地区生态环境的重要媒介,还是认识温岭历史文化的重要窗口。在句法层面,吴语温岭话的话题优先表现比汉语普通话更突出,宾语前置结构进一步句法化和泛化。就体貌标记和比较句式而言,吴语温岭话也与普通话明显不同,且保留了许多近代汉语的句型结构。

第三章 儿童方言生活研究

一、引言

语言文字是人类最重要的交际工具和思维工具,是民族文化的重要组成部分,是信息时代的重要资源载体(郭龙生 2008)。它的这些特性,决定了语言生活是社会生活的重要组成部分,既是社会和谐的重要表现,也是促进社会和谐的重要因素。构建和谐的语言生活,就是在语言文字说的社会应用中贯彻以国家通用语言文字为主,同时容纳多种民族语言和多种汉语方言的方针,使得社会语言生活呈现主体化与多样性的和谐统一(李宇明 2013)。当前,我国社会的语言生活整体是和谐的,但由于历史发展原因和语言社会功能差异,许多地方方言表现出衰退和消亡的趋势。学界普遍意识到,要以理性眼光去审视方言的发展变化,并要引导方言变化的发展过程,尽可能减弱方言消亡带来的负面影响(曹志耘 2001)。就儿童的语言生活而言,以往研究主要关注他们的普通话生活,目的在于通过普通话的推广来提高他们的通用语言能力,对他们的方言生活问题关注不够,也缺乏对他们的方言生活进行系统研究。本章聚焦于农村儿童的方言生活,从方言能力、方言选择、方言态度和方言认同四个方面对他们方言生活的现实样态进行详细描写。

二、研究对象

本次调查地点为大溪镇曹岙村和泽国镇牧屿村。相比较其他乡镇,这两个村落所处的自然环境较为偏僻,温岭话保存较好。调查对象主要是居住在这两个村落的当地常住人口,所有儿童必须是当地出生、长大,且父母或者祖父母为温岭本地人。

本次调查采取方便取样方法,按照滚雪球的方式获取受试样本,并根据调查实际作了适当调整,最终调查了 90 人。受试者的具体情况如表 3.1所示:

表 3.1　受试者信息表

		性　别		家长教育程度	
		男	女	高中及以下	大学及以上
家庭经济状况	差	2	10	12	0
	中	22	56	63	15
	好	0	0	0	0
总　计	90	24	66	75	15

在所有有效受试中,男女性别比为男:女＝1:2.8,家长教育程度比为高中及以下:大学及以上＝5:1,家庭经济状况比为差:中:好＝1:11:0。整体而言,除了男女性别比略有失衡外,父母教育背景和家庭经济状况与调查的情况基本吻合。

三、研究方法

本次调查主要使用问卷调查法收集研究所需数据。调查问卷包含五方面内容:第一部分为受试者的背景情况,包含性别、家长教育程度和家庭经济状况;第二部分为方言能力问卷;第三部分为方言选择问卷;第四部分为方言态度问卷;第五部分为方言文化认同问卷。具体问卷见附录1。

（一）方言能力问卷

以往对于语言能力的测量,往往涉及听说读写译5个方面,但由于温岭话是一门没有文字的语言,本次调查只测量听和说两个方面。

问卷由两部分组成,分别是方言习得状况和方言能力评估。方言习得状况由四个问题组成,关注儿童最先习得的语言、男性亲属最常使用语言、女性亲属最常使用语言和目前掌握语言。方言能力评价满分为50分,包含两个模块,分别是温岭话听力能力的主观评价和温岭话说话能力的客观评价。听力能力主观评价的满分为15分,涉及温岭话日常交际情况,共包含3个陈述句,每个陈述句后有5个选项。受试者根据自己实际情况,针对各个陈述句选择适合自己的选项。说话能力客观评价的满分为35分,包含看图说词(15分)、回答问题(10分)和看图说话(10分)三方面内容。两个模块相加的得分即为温岭话方言能力表现。在小范围施测后,研究者根据反馈问题对问卷作了适当修订,正式施测时听力能力问卷的 Cronbach's Alpha 值为0.912,表明本问卷信度系数较好。有关数据的录入、处理由统计软件

SPSS 19.0 处理。统计软件主要有以下几方面应用：

（1）通过描述性统计，了解调查对象的方言整体能力、方言听力能力和方言说话能力。

（2）通过 Factorial ANOVA 检验性别、家长教育程度和家庭经济状况在方言能力上是否存在交互作用。

有关统计所涉及的变项情况如下：

因变量：（1）方言整体能力；（2）方言听力能力；（3）方言说话能力

自变量：

（1）性别：M＝男性；F＝女性

（2）家长教育程度：L＝高中及以下；H＝大学及以上

（3）家庭经济状况：L＝差；M＝中等

（二）方言选择问卷

方言选择问卷包含三个语域，分别是家庭域、邻里域和教育域。研究者在每个语域中又根据交谈对象设计了若干情境，每个情境后有 5 个选项，分别是"温岭话为主""温岭话多于普通话""一样多""普通话多于温岭话"和"普通话为主"。在小范围施测后，研究者根据反馈问题对问卷作了适当修订，正式施测时问卷的 Cronbach's Alpha 值为 0.840，表明本问卷信度系数较好。有关数据的录入、处理由统计软件 SPSS 19.0 处理。统计软件主要有以下几方面应用：

（1）通过描述性统计，了解温岭话在家庭域、邻里域和教育域的语言选择情况。

（2）通过 Factorial ANOVA 检验性别、家长教育程度和家庭经济状况在方言选择上是否存在交互作用。

有关统计所涉及的变项情况如下：

因变量：（1）家庭域语言选择；（2）邻里域语言选择；（3）教育域语言选择

自变量：

（1）性别：M＝男性；F＝女性

（2）家长教育程度：L＝高中及以下；H＝大学及以上

（3）家庭经济状况：L＝差；M＝中等

（三）方言态度问卷

方言态度问卷由两部分内容构成。第一部分为受试者对温岭话的语言本体态度，共涉及九个参项，分别是"好听""亲切""友善""有文化""有地位""有教养""方便""好处多"和"有利交流"。在这九个参项中，"好听""亲切""友善"可归为"情感评价"，"有文化""有地位""有教养"可归为"地位评价"，"方便""好处多""有利交流"可归为"功能评价"。第二部分涉及语言规划态度,共有四个命题,分别是"温岭人应该要学说温岭话""温岭话是一门濒危方言""应该在中小学开展温岭话教学"和"应该为温岭话创制文字"。受试者需要针对自己的主观感受,对相关命题进行评判,1 表示极度不认可,2 表示很不认可,3 表示不确定,4 表示很认可,5 表示极度认可。正式施测时,语言态度问卷的 Cronbach's Alpha 值为 0.813,表明本问卷信度系数较好好。

有关数据的录入、处理由统计软件 SPSS 19.0 处理。统计软件主要有以下两方面应用:

(1)通过描述性统计,了解温岭话在语言本体和语言规划上的评价情况。

(2)通过 Factorial ANOVA 检验性别、家长教育程度和家庭经济状况在方言态度上是否存在交互作用。

有关统计所涉及的变项情况如下:

因变量:(1)情感评价;(2)地位评价;(3)功能评价;(4)学说温岭话;(5)方言濒危;(6)语言教学;(7)方言文字创制

自变量:

(1)性别:M=男性;F=女性

(2)家长教育程度:L=高中及以下;H=大学及以上

(3)家庭经济状况:L=差;M=中等

（四）方言文化认同问卷

方言文化认同问卷包含四种认同类型,分别是整合型、同化型、隔离型和边缘型。每种认同下有三个陈述句,涉及语言、文化和交际三个方面。受试者需要针对自己的主观感受,根据问卷的表述进行评判,1 表示极度不认可,2 表示很不认可,3 表示不确定,4 表示很认可,5 表示极度认可。正式施测时,态度问卷的 Cronbach's Alpha 值为 0.846,表明本问卷信度系数较好。

有关数据的录入、处理由统计软件 SPSS 19.0 处理。统计软件主要有以下两方面应用:

(1)通过描述性统计,了解调查对象在整合型认同、同化型认同、隔离型认同和边缘型认同的评价情况。

(2)通过 Factorial ANOVA 检验性别、家长教育程度和家庭经济状况在整合型认同、同化型认同、隔离型认同和边缘化型认同评价上是否存在交互作用。

有关统计所涉及的变项情况如下:

因变量:(1)整合型认同;(2)同化型认同;(3)隔离型认同;(4)边缘型认同

自变量:

(1)性别:M=男性;F=女性

（2）家长教育程度：L=高中及以下；H=大学及以上
（3）家庭经济状况：L=差；M=中等；H=好

四、研究发现与讨论

（一）方言能力

语言是一种能力，而非被动产品，儿童学习语言是内在能力自我增长的过程（洪堡特 1999）。外界客观环境对于儿童语言能力的发展具有重要影响，他们的语言能力是在和外界环境相互作用并适应外界环境的过程中发展起来的。De Saussure（2001 再版）将语言能力细分为语言和言语两个部分。语言是表达观念的符号系统，是社会的产物，因此它是社会的、心理的，是全社会施加给每个人必须遵守的知识规范。言语则是个人的意志和智慧的行为，是心理的、物理的，针对交际场合的具体个人而存在，是运用交际规则表达个人思想的总和。本文有关方言能力的调查主要关注受试者对于方言的知识，同时也兼顾其在社会场合中方言使用的知识。

本小节包含四个部分：（1）评估受试者的方言能力，涉及语言习得情况和方言能力调查。（2）讨论三个社会因素变量与整体方言能力的关系。（3）讨论三个社会因素变量与方言听力能力的关系。（4）讨论三个社会因素变量与方言说话能力的关系。

1. 方言能力评估

有关受试者的语言习得情况如表 3.2 所示，表中数值为受试者的选项频次及所占百分比。

表 3.2　受试者方言习得情况

	温岭话		普通话		温岭话和普通话		总　计	
最先学会语言	60	66.7%	27	30%	3	3.3%	90	100%
父亲常用语言	60	66.7%	27	30%	3	3.3%	90	100%
母亲常用语言	66	73.3%	21	23.3%	3	3.3%	90	100%
目前掌握语言	0	0%	15	16.7%	75	83.3%	90	100%

表 3.2 表明，绝大多数受试者最早学会的语言都是温岭话，占到了66.7%，还有30%的受试者最早习得的语言为普通话。该部分受试者的情况主要分两种。一种是童年时跟随父母去外地做生意，因而很早就接触了普通话，到了上

幼儿园或小学才回到家乡开始接触温岭话。另一种则是父母都是文化程度比较高的知识分子，在家中会有意识地与受试者使用普通话交流。此外，受试者的父亲和母亲在绝大多数情况下也使用温岭话与受试者交谈，只有30%的受试者表示其父亲会使用较多普通话与其交谈，23.3%的受试者表示其母亲会使用较多普通话与其交谈。就目前所掌握的语言而言，83.3%的受试者能掌握温岭话和普通话两种语言，只有16.7%受试者只会说普通话，0%的受试者只会说温岭话。整体而言，当地儿童表现出双语者的特点。

有关受试者的温岭话能力如表3.3所示。表中数值为受试者的方言能力得分。

表3.3　方言能力评估

	N	极小值	极大值	均　值	标准差
方言能力	90	15	40	38.10	9.495
听力能力	90	8	15	13.33	1.949
口语能力	90	7	31	24.77	8.460

表3.3表明，受试者的方言能力整体评估较好，M=38.10，SD=9.495，远超过临界值30。在听力能力上，受试者有较好地表现，M=13.33，SD=1.949（满分15分）。在说话能力测试上，受试者也有较好表现，其M=24.77（满分35分）。为了更好展示受试者的方言能力，研究者将其得分划分为"45分以上""40—44分""35—39分""30—34"和"29分以下"五个区间。"45分以上"表明受试者温岭话能力优秀，"40—44分以下"则良好，"35—39分以下"则中等，"30—34分以下"为及格，"29分以下"则不合格。各区间人数及所占百分比如表3.4所示：

表3.4　方言能力区间分布

语言能力级别	分　数　区　间	人　数　及　百分比	
优　秀	45 分以上	30	33.33%
良　好	40—44 分	15	16.67%
中　等	35—39 分	9	10.00%

语言能力级别	分 数 区 间	人数及百分比	
及 格	30—34 分	24	26.67%
不合格	29 分以下	12	13.33%
总 计		90	100%

综合表 3.3 和表 3.4 来看,受试者的方言能力整体表现良好,平均值达到了 38.10 以上,40 分以上的受试者占到了总样本 50%。但是还有 40% 的受试者低于 35 分。从最小值和最大值的比较来看,不同受试者的温岭话能力存在较大差距。这表明,在儿童内部,他们的方言能力差异明显。徐大明(1997)区分了两种双语人。一种双语者能熟练使用两种语言进行自由地交际和思维,可称为"双重语言均衡",另一种双语者的两种语言使用能力不相同,可称之为"双重语言不均衡"。就本研究而言,当地儿童更多表现为"不均衡双语者"特点。

由于温岭话评价涉及听力能力和说话能力两个项目,研究者对此分开考察。相关数据见表 3.5。

表 3.5　方言听力能力和方言口语能力情况

	N	极小值	极大值	均 值	标准差
听力能力	90	8	15	13.33	1.949
简单交际	90	4	5	4.83	.375
中等交际	90	2	5	4.40	.845
复杂交际	90	2	5	4.10	1.017
口语能力	90	7	33	24.77	8.460
看图说词	90	5	14	10.60	3.411
回答问题	90	1	8	7.20	2.640
看图说话	90	1	8	6.97	2.838

综合表 3.5 数据,就受试者听力能力的均值而言,他们的听力表现可排序为"简单交际>中等交际>复杂交际"。这符合研究者的预期估计,因为简

单交际和中等交际只涉及较为常见的日常语言活动,例如打招呼用语等,而复杂交际则涉及了吵架争辩等不常见日常活动。就受试者口语能力的均值而言,他们的口语表现可排序为"看图说词>回答问题>看图说话"。该结果也符合研究者预期,因为看图说词只涉及词汇层面,而回答问题和看图说话则涉及句法和话语层面。

在看图说词中,当地儿童主要存在如下问题:(1)不知道如何表达。例如"枯星头(早上)"和"黄睏头(黄昏)"大多数儿童普遍不知道怎么说。(2)特有词缀脱落。例如温岭话中"草鸡"和"雄鸡",儿童普遍说成"公鸡"和"母鸡"。(3)使用普通话借词。例如某些职业类名词,温岭话的表达为"种田人"和"打鱼人",儿童会念成"农民"和"渔民"。回答问题涉及语言知识、交际知识和文化知识三类题目,儿童主要在文化知识上的表现不如人意。例如"弹糊"和"空壳田蟹"在形容人时主要指对方"人很滑头"和"负债累累"等意思,但几乎所有儿童都对此不了解。在看图说话上,儿童虽然能使用简单的句子对图片进行描述,但不同图片间缺少连贯,也较少主观评价。

2. 方言能力影响因素

本部分主要考察性别、家长教育程度和家庭经济状态三个社会因素变量与方言能力的关系。主效应检定如表 3.6 所示。

表 3.6 社会因素变量与方言整体能力的主效应检定

源	Ⅲ型平方和	df	均方	F	Sig.
校正模型	782.937[a]	6	130.490	1.496	.190
截　距	35 795.958	1	35 795.958	410.302	.000
性　别	70.005	1	70.005	.802	.373
家长教育程度	2.765	1	2.765	.032	.859
家庭经济	351.015	1	351.015	4.023	.048*
性别＊家长教育程度	.075	1	.075	.001	.977
性别＊家庭经济	182.438	1	182.438	2.091	.152
家长教育程度＊家庭经济	3.796	1	3.796	.044	.835

　＊ $p < 0.05$

析因分析表明,性别和家长教育程度对方言能力的主效应不明显($F = 0.802, p > 0.05$;$F = 0.032, p > 0.05$),但家庭经济状况对方言能力的主效应明显($F = 4.023, p < 0.05$)。这表明,不同性别儿童在方言能力上不存在显著性差异,不同教育水平家长的儿童在方言能力上也不存在显著性差异,但不同家庭经济状况的儿童在方言能力上则存在显著性差异。此外,性别 * 家长教育程度($F = 0.001, p > 0.05$),性别 * 家庭经济状况($F = 2.091, p > 0.05$),家长教育程度 * 家庭经济状况($F = 0.044, p > 0.05$)在方言整体能力上的主效应也不显著。这表明,性别、家庭经济状况和家长教育程度在儿童方言能力上不存在两两交互作用。

鉴于家庭经济状况在受试者方言能力上的主效应显著,研究者对此进行进一步分析。单因素方差分析表明,家庭经济状况较差儿童的方言能力要好于家庭经济状况中等的儿童($F = 5.863, p < 0.05$)。温红博等(2016)认为,社会经济地位会影响儿童拥有主流语言学习资源及机会的多寡。就家庭经济状况较差儿童而言,他们父母提供的普通话学习资源在数量上和质量上都要远低于经济状况中等的家庭。当普通话不能在家庭经济状况较差儿童的学习生活中占据主导地位时,方言就会扮演主要的生活角色,进而促进他们方言能力提升。具体数值如表 3.7 所示。

表 3.7 家庭经济状况与方言整体能力的方差分析

	N	均 值	标准差	标准误	均值的 95% 置信区间	
					下 限	上 限
差	12	39.03	8.616	.976	37.08	40.97
中等	78	32.08	12.817	3.700	23.94	40.23
总数	90	38.10	9.495	1.001	36.11	40.09

3. 方言听力能力影响因素

析因分析表明,家长教育程度和家庭经济状况对方言听力能力的主效应不明显($F = 1.985, p > 0.05$;$F = 2.803, p > 0.05$),但性别对方言听力能力的主效应明显($F = 4.973, p < 0.05$)。这表明,不同教育水平家长的儿童在方言听力能力上不存在显著性差异,不同家庭经济状况的儿童在方言听力能力上也不存在显著性差异,但不同性别儿童在方言听力能力上则存在显著性差异。此外,性别 * 家长教育程度($F = 0.634, p > 0.05$),性别 * 家庭经济状况（$F=2.756, p>0.05$），家长教育程度 * 家庭经济状况（$F=0.025, p>0.05$）在方言听力能力上的主效应也不显著。这表明，性别、家庭经济状况和家长教育程度在儿童的方言听力能力上不存在两两交互作用。

表 3.8　社会因素变量与方言听力能力的主效应检定

源	Ⅲ型平方和	df	均方	F	Sig.
校正模型	66.135ᵃ	6	11.022	3.365	.005
截　距	4 794.373	1	4 794.373	1 463.713	.000
性　别	16.289	1	16.289	4.973*	.028
家长教育程度	6.501	1	6.501	1.985	.163
家庭经济	9.180	1	9.180	2.803	.098
性别 * 家长教育程度	2.078	1	2.078	.634	.428
性别 * 家庭经济	9.028	1	9.028	2.756	.101
家长教育程度 * 家庭经济	.083	1	.083	.025	.874

　* $p<0.05$

　　鉴于性别在受试者方言听力能力上主效应显著，研究者对此进行进一步分析。单因素方差分析表明，女性儿童的温岭话听力能力要好于男性儿童（$F=5.400, p<0.05$）。这可能与女性本身就具备较高语言学习天赋有关。相较于男性，女性对语音更具敏感性，也具备更好的语用移情能力（黄滢 2014）当然，这也可能因为本研究的听力能力评估采取的是自评形式，导致女性儿童自评过高。具体数值如表 3.9 所示。

表 3.9　性别与方言整体能力的方差分析

	N	均　值	标准差	标准误	均值的 95% 置信区间	
					下　限	上　限
男	34	12.74	2.108	.361	12.00	13.47
女	56	13.70	1.768	.236	13.22	14.17
总数	90	13.33	1.949	.205	12.93	13.74

4. 方言说话能力影响因素

析因分析表明,性别、家长教育程度和家庭经济状况对方言说话能力的主效应不明显($F=0.264,p>0.05;F=0.011,p>0.05;F=3.475,p>0.05$)。这表明,不同性别的儿童在方言说话能力上不存在显著性差异,不同教育水平家长的儿童在方言说话能力上不存在显著性差异,不同家庭经济状况的儿童在方言说话能力上也不存在显著性差异。此外,性别 * 家长教育程度($F=0.019,p>0.05$),性别 * 家庭经济状况($F=1.554,p>0.05$),家长教育程度 * 家庭经济状况($F=0.070,p>0.05$)在方言说话能力上的主效应也不显著。这表明,性别、家庭经济状况和家长教育程度在儿童的方言说话能力上不存在两两交互作用。相关数据见表 3.10。

表 3.10　社会因素变量与方言说话能力的主效应检定

源	Ⅲ型平方和	df	均方	F	Sig.
校正模型	479.213[a]	6	79.869	1.125	.355
截　距	14 389.631	1	14 389.631	202.744	.000
性　别	18.757	1	18.757	.264	.609
家长教育程度	.787	1	.787	.011	.916
家庭经济	246.662	1	246.662	3.475	.066
性别 * 家长教育程度	1.364	1	1.364	.019	.890
性别 * 家庭经济	110.299	1	110.299	1.554	.216
家长教育程度 * 家庭经济	5.001	1	5.001	.070	.791

* $p<0.05$

(二) 方言选择

语言选择指一个多语能力人在某一社会场合选择某一语言而不是另外语言作为交际工具的现象(Fasold 1984)。Fishman(1964)的"语言领域理论"从社会学的角度揭示了人们在交际中使用语言的一些基本规律,强调要把语言当作一个统一整体,关注语言使用者在特定情境下语言选择的倾向性。他认为,个体的语言选择要受到某些"制度语境"的制约,并把这个制度语境称之为"语域"。所谓的语言域是指包含一系列共同行为规则制约的一组典型社会情境。它是活动范围领域,在这些领域内,使用 A 语言比使用 B 语言更恰当,人们必须选定一种语言来进行交际,以使得交际能够符合一定的社会规范并得以成功进行。

本部分具体包含四个部分:(1)语言选择整体分析,涉及语言领域与语言选择,言谈对象与语言选择等,并在此基础之上尝试构建语言选择的"决策树"。(2)讨论三个社会变量在家庭域中的温岭话选择差异。(3)讨论三个社会变量在日常域中的温岭话选择差异。(4)讨论三个社会变量在教育域中的温岭话选择差异。

1. 语言选择整体分析

有关受试者的语言选择整体情况如表 3.11 所示:

表 3.11　语言选择情况整体分析

	温岭话	温>普	温=普	温<普	普通话	总　计
频次	231	69	39	159	588	1 086
百分比	21.27%	6.35%	3.59%	14.64%	54.14%	100%

表 3.11 表明,普通话在儿童社会交际中的使用频率要大于温岭话,前者达到了 54.14%,后者达到了 21.27%。但是,还有 3.59%的情况下可同时使用温岭话和普通话,温岭话多于普通话的情况占到了 6.35%,温岭话少于普通话的情况则占到了 14.64%。这表明,在当地儿童的双语生活中,温岭话和普通话正处于竞争的角力状态,但温岭话处于下风。

语言作为一种交际工具,本身并没有高低优劣之分。但这仅仅是语言学家们一种比较理想化的观点,因为它所关注的仅仅是语言事实,而非社会事实。Trudgill(2009)就曾指出,评价一种语言变体是否正确、纯洁,根据的是社会标准,而不是语言标准。就中国多语多方言的语言国情而言,推广普通话有其现实意义,不仅有利于促进各地区群体的交流,也有利于维护国家的统一,增进民族凝聚力。但是,尽管国家推广普通话的目的不是为了消灭方言,却在无形当中造成了普通话与方言的对立。普通话借助国家力量限制和取代方言的流通领域,并通过各种媒体从书面语和口语两方面与方言争夺使用范围。与此同时,改革开放后,后致性规则(个人努力和业绩等)逐渐成为社会流动机制的主导规则,越来越多的社会成员有可能通过自己的努力获得应有的社会地位(王玲 刘艳秋 2013)。语言使用者为了更好地融入主流社会,以便让自己获得更好的社会发展,就会有意识地选择某一比较有权势的高变体语言,因为语言也是社会的反映。在本研究中就是,当地儿童会倾向于使用普通话作为他们的交际工具。

为更好展示当地儿童在社会交际中的语言选择情况,研究者以语言领域为单位,统计其在各个场域的使用情况,如表 3.12 所示。温岭话为主包含了"温岭话"和"温岭话多于普通话"两个选项,普通话为主包含了"普通话"和"普通话多于温岭话"两个选项。表中数值为选项的频次及其在各个语域中所占的百分比。

表 3.12　语言选择情况的语域分析

	温岭话为主		温＝普		普通话为主		总　计	
家庭域	186	51.67%	18	5.00%	156	43.34%	360	100%
日常域	93	25.83%	9	2.50%	258	71.67%	360	100%
教育域	21	5.83%	12	3.33%	327	90.83%	360	100%

表 3.12 表明,温岭话在社会交际中的使用频率由大到小依次为:家庭域>日常域>教育域。普通话在社会交际中的使用频率由大到小依次为:教育域>日常域>家庭域。就各分领域而言,温岭话和普通话在家庭域处于胶着状态,两者的百分比十分接近。但在日常域和教育域中,普通话的使用频率要远远高于温岭话。这表明,当地儿童的双语生活正朝向单语生活的方向发展。表 3.12 还表明,儿童在高低语域的温岭话选择与普通话选择并非完全不可违反,表现出一种多样性和复杂性。这提醒我们,语言选择作为一种复杂的社会心理活动,不但受到语言场域等因素影响外,还受到其他社会交际因素影响。

陈淑娟(2006)曾提及,方言区的语言使用除了受语言使用域影响外,还会因交谈对象变化而变化。Hooks(1984)根据交际中双方的社会距离将交谈双方划分为至亲(intimate),相识(acquaintance)和陌生人(stranger)。在家庭域中,言谈双方主要是至亲,但在其他两个语言领域中,人际关系则为相识或陌生。研究者先分析受试在家庭域中的语言选择情况,再根据受试在日常域和教育域中谈话对象的不同做进一步分析。相关数据见表 3.13 和表 3.14。

表 3.13　交谈对象与语言选择

	温岭话为主		温＝普		普通话为主		总　　计	
父　　母	93	51.67%	12	6.67%	75	41.67%	180	100%
祖父母	93	51.60%	6	3.33%	81	45.00%	180	100%

表 3.14　交谈对象与语言选择

	温岭话为主		温＝普		普通话为主		总　　计	
日常-本	84	46.67%	6	3.33%	90	50.00%	180	100%
日常-外	9	5.0%	3	1.67%	168	93.33%	180	100%
教育-本	12	6.67%	9	5.00%	159	88.33%	180	100%
教育-外	9	5.00%	3	1.67%	168	93.33%	180	100%

　　表 3.13 表明,在家庭域中,不管是祖父母还是父母,他们使用温岭话与儿童进行交际的比例都要高于使用普通话。这表明,温岭话在家庭域中的优势地位不受交谈对象影响。表 3.14 表明,在日常域中,不论交谈对象是外地人还是本地人,儿童的语言选择都表现出趋同的特征。这与陈淑娟(2006)有关台湾大牛栏居民语言使用的调查相一致,即"总是迁就对方语言"也是儿童基本的语言选择策略。但在教育域中,不论交谈对象是外地人士还是本地人士,受试都倾向于使用普通话进行交际。这表明,日常域中的语言选择更多受到交际方影响,教育域中的语言选择则更多受到语言场域影响。综合上述讨论,在当地儿童的语言意识中,已经形成了高低语域的社会规范概念,知道在某一特定语言领域如何选择适合的交际语言。

　　基于上述讨论分析,研究者将儿童的语言选择情况以决策树的形式展示如下:

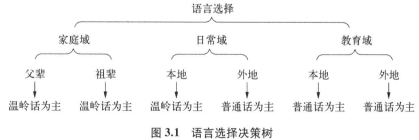

图 3.1　语言选择决策树

2. 家庭域方言选择影响因素

析因分析表明,性别、家长教育程度和家庭经济状况对家庭域温岭话选择的主效应不明显($F=0.147, p>0.05; F=1.443, p>0.05; F=0.929, p>0.05$)。这表明,不同性别的儿童在家庭域温岭话选择不存在显著性差异,不同教育水平家长的儿童在家庭域温岭话选择不存在显著性差异,不同家庭经济状况的儿童在家庭域温岭话选择也不存在显著性差异。此外,性别 * 家长教育程度($F=0.281, p>0.05$),性别 * 家庭经济状况($F=1.766, p>0.05$),家长教育程度 * 家庭经济状况($F=0.361, p>0.05$)在家庭域温岭话选择上的主效应也不显著。这表明,性别、家庭经济状况和家长教育程度在儿童的家庭域温岭话选择上不存在两两交互作用。相关数据见表3.15。

表 3.15　社会因素变量与家庭域温岭话选择的主效应检定

源	Ⅲ型平方和	df	均方	F	Sig.
校正模型	4 440.237ᵃ	5	888.047	.698	.626
截　距	126 826.413	1	126 826.413	99.684	.000
性　别	186.984	1	186.984	.147	.702
家长教育程度	1 835.283	1	1 835.283	1.443	.233
家庭经济	1 181.767	1	1 181.767	.929	.338
性别 * 家长教育程度	358.065	1	358.065	.281	.597
性别 * 家庭经济	2 247.188	1	2 247.188	1.766	.187
家长教育程度 * 家庭经济	327.168	1	327.168	.361	.487

* $p<0.05$

3. 日常域方言选择影响因素

析因分析表明,性别和家长教育程度对日常域温岭话选择的主效应不明显($F=2.400, p>0.05; F=3.113, p>0.05$),但家庭经济状况对日常域温岭话选择的主效应明显($F=5.661, p<0.05$)。这表明,不同性别儿童在日常域温岭话选择不存在显著性差异,不同教育水平家长儿童在日常域温岭话选择也不存在显著性差异,但不同家庭经济状况儿童在日常域温岭话选择则存在显著性差异。此外,性别 * 家长教育程度($F=0.689, p>0.05$),性别 * 家庭经济状况($F=1.839, p>0.05$),家长教育程度 * 家庭经济状况($F=$

0.537，p>0.05）在温岭话听力能力上的主效应也不显著。这表明,性别、家庭经济状况和家长教育程度在儿童的温岭话听力能力上不存在两两交互作用。相关数据见表 3.16。

表 3.16 社会因素变量与日常域温岭话选择的主效应检定

源	Ⅲ型平方和	df	均方	F	Sig.
校正模型	4 799.612ᵃ	5	959.922	2.003	.087
截 距	43 975.900	1	43 975.900	91.746	.000
性 别	1 150.331	1	1 150.331	2.400	.125
家长教育程度	1 492.208	1	1 492.208	3.113	.081
家庭经济	2 713.358	1	2 713.358	5.661*	.020
性别 * 家长教育程度	330.337	1	330.337	.689	.409
性别 * 家庭经济	881.582	1	881.582	1.839	.179
家长教育程度 * 家庭经济	661.352	1	661.352	.537	.449

* $p<0.05$

　　鉴于家庭经济状况在受试者日常域温岭话选择上的主效应显著,研究者对此进行进一步分析。单因素方差分析表明,家庭经济状况差的儿童在日常域温岭话选择上的频率要好于家庭经济状况中等的儿童（$F=2.790$，$p<0.05$）。这可能与当地儿童的居住环境有关。那些经济状况较差家庭的房子主要是联排形式,经济状况中等家庭的房子则是农村小别墅或新农村建设中的商品房。相比较而言,联排房屋的儿童能与当地邻居有较大互动,这会提升他们在日常域温岭话的使用机会。具体数值如表 3.17 所示。

表 3.17 家庭经济状况与日常域温岭话选择的方差分析

	N	均 值	标准差	标准误	均值的 95% 置信区间	
					下 限	上 限
差	12	37.50	22.613	6.528	23.13	51.87
中等	78	25.96	22.230	2.517	20.95	30.97

4. 教育域温岭话选择影响因素

析因分析表明,性别、家长教育程度和家庭经济状况对教育域温岭话选择的主效应不明显($F=0.328,p>0.05;F=0.692,p>0.05;F=1.952,p>0.05$)。这表明,不同性别的儿童在教育域温岭话选择不存在显著性差异,不同教育水平家长的儿童在教育域温岭话选择不存在显著性差异,不同家庭经济状况的儿童在教育域温岭话选择也不存在显著性差异。此外,性别*家长教育程度($F=0.286,p>0.05$),性别*家庭经济状况($F=0.023,p>0.05$),家长教育程度*家庭经济状况($F=0.043,p>0.05$)在教育域温岭话选择上的主效应也不显著。这表明,性别、家庭经济状况和家长教育程度在儿童的教育域温岭话选择上不存在两两交互作用。相关数据见表3.18。

表3.18 社会因素变量与教育域温岭话选择的主效应检定

源	Ⅲ型平方和	df	均方	F	Sig.
校正模型	902.193[a]	5	180.439	.582	.714
截　　距	356.143	1	356.143	1.148	.287
性　　别	101.580	1	101.580	.328	.569
家长教育程度	214.555	1	214.555	.692	.408
家庭经济	605.204	1	605.204	1.952	.166
性别*家长教育程度	88.656	1	88.656	.286	.594
性别*家庭经济	7.073	1	7.073	.023	.880
家长教育程度*家庭经济	6.012	0	6.012	.043	.761

* $p<0.05$

(三) 方言态度

语言态度是社会心理学家和生态语言学家关注的重要议题,因为一切语言变体的社会价值都来源于语言群体对其所持有的立场、态度和政策(祝畹瑾 1992)。对于语言态度的研究有两种视角,分别是行为主义(behaviorism)和心灵主义(mentalism)。行为主义认为语言态度就是人们对于社会环境做出的反应,只能通过直接观察的方式获得结论,同时结论也不具有预测性。心灵主义则认为语言态度是一种"心理状态",可以通过受试者自我汇报或研究者间接观察的方法得出结论。目前,语言学界有关语言态度的研究往往采取心灵主义视角。同时,对于语言态度的内涵也有狭义与广义两种认识。前者仅仅关注语言本身,通过语义量表的方法让受试者汇报自身对语言的看法,而广义的语言态度研究除了包含狭义的研究内容之外,还包含受试者对语言维持和语言振兴等语言规划内容的看法。本部分对于语言态度的研究采取心灵主义视角和广义认识,即除了关注当地儿童对语言本体的态度外,还关注他们的语言规划态度。

本部分具体包含七个部分:(1)方言态度整体情况分析,涉及方言本体态度和方言规划态度;(2)三个社会因素变量在情感评价上的差异;(3)三个社会因素变量在地位评价上的差异;(4)三个社会因素变量在功能评价上的差异;(5)三个社会因素变量在学说方言上的差异;(6)三个社会因素变量在方言濒危上的差异;(7)三个社会因素变量在方言教学上的差异;(8)三个社会因素变量在方言文字创制上的差异。

1. 方言态度基本情况

有关受试者方言本体的态度评价情况如表3.19所示。

表3.19　方言本体态度①

	频　次	均　值	标准差	最小值	最大值
情感评价	90	10.57	1.903	1	5
地位评价	90	6.13	3.171	1	5
功能评价	90	6.67	2.270	1	5

表3.19表明,受试者的温岭话本体态度不是很乐观,除情感评价外,其余两个指标都没有超过临界值9。从均值来看,受试者的情感评价最好,均值达到了10.57,地位评价和功能评价的均值分别为6.13和6.67。为更好了解受试者的方言本体态度,研究者将受试者对三个指标下各个因子的评价列图如下:

---

① 在进行语言态度的调查时,作者在问卷中设计的语句为比较句,例如"你认为温岭话是否比普通话好听?"。因而,表中的数值实际上是受试者比较温岭话和普通话后的评价比较值。

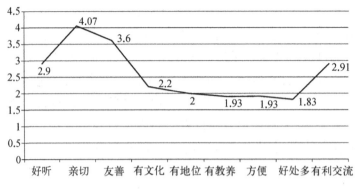

图 3.2　语言本体态度诸因子评价

图 3.2 表明,在 9 个评价项目中,超过临界值 3 的有"亲切"(M=4.07)和"友善"(M=3.60),未达到临界值 3 的则有"好处多"(M=1.83),"有教养"(M=1.93),"方便"(M=1.93),"有地位"(M=2.00),"有文化"(M=2.20),"好听"(M=2.90)和"有利交流"(M=2.91)。这符合上文有关语言习得的调查,即儿童的温岭话主要通过自然习得(包括家庭影响和社会交往),普通话主要通过学校和媒体习得,因而在语言的态度评价上,受试者认可温岭话在心理情感上的优势,却否定其在社会地位和交际功能上的优势。

有关受试者对于方言规划态度的情况如表 3.20 所示:

表 3.20　方言规划态度

	N	极小值	极大值	均　值	标准差
学说方言	90	1	5	2.83	1.326
方言濒危	90	1	5	3.30	.977
方言教学	90	1	5	3.40	1.234
方言文字创制	90	1	5	3.17	1.008

表 3.20 表明,受试对于"方言教学""方言文字创制"和"方言濒危"这三项的认可度上都超过了临界值 3,但对于"学说方言"这一项上的评价则没有达到临界值 3。这表明,受试对于温岭话的语言规划表现出一种矛盾性。他们认同温岭话是一种濒危语言,希望能采取一定的语言规划手段来对此进行应对,但主观上却又不想学习它。

2. 情感评价的影响因素

析因分析表明,性别、家长教育程度和家庭经济状况对方言情感评价的主效应不明显($F=0.699,p>0.05;F=2.684,p>0.05;F=1.153,p>0.05$)。这表明,不同性别的儿童在方言情感评价不存在显著性差异,不同教育水平家长的儿童在方言情感评价不存在显著性差异,不同家庭经济状况的儿童在方言情感评价也不存在显著性差异。此外,性别 * 家长教育程度($F=0.591,p>0.05$),性别 * 家庭经济状况($F=0.478,p>0.05$),家长教育程度 * 家庭经济状况($F=0.243,p>0.05$)在方言情感评价上的主效应也不显著。这表明,性别、家庭经济状况和家长教育程度在儿童的方言情感评价上不存在两两交互作用。相关数据见表3.21。

表3.21　社会因素变量与情感评价的主效应检定

源	Ⅲ型平方和	df	均方	F	Sig.
校正模型	25.723ᵃ	5	5.145	1.457	.213
截　　距	990.623	1	990.623	280.481	.000
性　　别	2.469	1	2.469	.699	.405
家长教育程度	9.479	1	9.479	2.684	.105
家庭经济	4.072	1	4.072	1.153	.286
性别 * 家长教育程度	2.088	1	2.088	.591	.444
性别 * 家庭经济	1.688	1	1.688	.478	.491
家长教育程度 * 家庭经济	2.061	1	2.061	.243	.352

* $p<0.05$

3. 地位评价影响因素

析因分析表明,性别、家长教育程度和家庭经济状况对方言地位评价的主效应不明显($F=0.109,p>0.05;F=1.745,p>0.05;F=0.717,p>0.05$)。这表明,不同性别的儿童在方言地位评价不存在显著性差异,不同教育水平家长的儿童在方言地位评价不存在显著性差异,不同家庭经济状况的儿童在方言地位评价也不存在显著性差异。此外,性别 * 家长教育程度($F=0.601,p>0.05$),性别 * 家庭经济状况($F=3.037,p>0.05$),家长教育程度 * 家庭经济状况($F=1.048,p>0.05$)在方言地位评价上的主效应也不显著。这表明,性别、家庭经济状况和家长教育程度在儿童的方言地位评价上不存在两两交互作用。相关数据见表3.22。

表 3.22　社会因素变量与地位评价的主效应检定

源	Ⅲ型平方和	df	均方	F	Sig.
校正模型	19.904[a]	11	1.809	1.572	.136
截　　距	433.904	1	433.904	376.990	.000
性　　别	.125	1	.125	.109	.743
家长教育程度	2.008	1	2.008	1.745	.192
家庭经济	1.652	2	.826	.717	.493
性别 * 家长教育程度	.692	1	.692	.601	.442
性别 * 家庭经济	6.992	2	3.496	3.037	.057
家长教育程度 * 家庭经济	2.412	2	1.206	1.048	.358

* $p<0.05$

4. 功能评价影响因素

析因分析表明,性别、家长教育程度和家庭经济状况对方言功能评价的主效应不明显($F=0.353,p>0.05;F=0.936,p>0.05;F=1.792,p>0.05$)。这表明,不同性别的儿童在方言功能评价上不存在显著性差异,不同教育水平家长的儿童在方言功能评价上不存在显著性差异,不同家庭经济状况的儿童在方言功能评价上也不存在显著性差异。此外,性别 * 家长教育程度($F=0.200,p>0.05$),性别 * 家庭经济状况($F=0.179,p>0.05$),家长教育程度 * 家庭经济状况($F=0.271,p>0.05$)在方言功能评价上的主效应也不显著。这表明,性别、家庭经济状况和家长教育程度在儿童的方言功能评价上不存在两两交互作用。相关数据见表 3.23。

表 3.23　社会因素变量与功能评价的主效应检定

源	Ⅲ型平方和	df	均方	F	Sig.
校正模型	67.531[a]	5	13.506	1.371	.243
截　　距	2 037.543	1	2 037.543	206.865	.000
性　　别	3.475	1	3.475	.353	.554

源	Ⅲ型平方和	df	均方	F	Sig.
家长教育程度	9.223	1	9.223	.936	.336
家庭经济	17.655	1	17.655	1.792	.184
性别＊家长教育程度	1.969	1	1.969	.200	.656
性别＊家庭经济	1.761	1	1.761	.179	.674
家长教育程度＊家庭经济	1.772	1	1.772	.271	.661

＊ $p<0.05$

5. 学说方言的影响因素

析因分析表明,性别和家长教育程度对学说方言的主效应不明显 ($F=0.323,p>0.05;F=0.557,p>0.05$),但家庭经济状况对学说方言的主效应明显($F=6.092,p<0.05$)。这表明,不同性别儿童在学说方言上不存在显著性差异,不同教育水平家长儿童在学说方言上也不存在显著性差异,但不同家庭经济状况儿童在学说方言上则存在显著性差异。此外,性别＊家长教育程度($F=0.768,p>0.05$),家长教育程度＊家庭经济状况($F=0.652,p>0.05$)在学说方言上的主效应也不显著,但性别＊家庭经济状况在学说方言上的主效应则显著($F=5.731,p>0.05$)。这表明,性别和家庭经济状况在儿童的学说方言上存在两两交互作用。相关数据见表3.24。

表3.24　社会因素变量与学说方言的主效应检定

源	Ⅲ型平方和	df	均方	F	Sig.
校正模型	17.003[a]	5	3.401	2.048	.080
截　距	296.568	1	296.568	178.583	.000
性　别	.536	1	.536	.323	.571
家长教育程度	.925	1	.925	.557	.458
家庭经济	10.117	1	10.117	6.092＊	.016

源	Ⅲ型平方和	df	均方	F	Sig.
性别 * 家长教育程度	1.275	1	1.275	.768	.383
性别 * 家庭经济	9.517	1	9.517	5.731*	.019
家长教育程度 * 家庭经济	1.431	1	1.431	.652	.352

* $p<0.05$

由于家庭经济状况在儿童的学说方言上不仅存在单一效应,还存在交互效应,研究者根据惯例只对交互效应做进一步分析。事后比较表明,在经济状况差的家庭中,男性儿童要比女性儿童更倾向于学说方言。但在经济状况好的家庭中,男性儿童和女性儿童在学说方言上态度上不存在显著性差异。在经济状况较差家庭中,男性儿童的态度评价要好于女性儿童。这可能与儿童的日常生活经历有关。Hart & Risley(1995)的研究发现,父母与子女相处的时间越长,其有效的语言输入也越多,相应儿童母语能力发展就越快。在家庭经济较差家庭中,那些男性儿童往往会跟随父母在外劳动奔波,这让他们有较多机会学说方言并认识方言的价值。两者的交互效应如表 3.25 所示。

表 3.25　性别和家庭经济状况在学说方言的交互效应

		N	均值	标准差	F	Sig	事后比较
家庭经济差	男	2	5.00	1.197	5.698*	0.038	男性>女性
	女	10	2.90	1.357			
家庭经济好	男	22	2.36	0.727	2.974	0.089	
	女	56	2.93	1.463			

6. 方言濒危的影响因素

析因分析表明,性别和家庭经济状况对方言濒危的主效应不明显($F = 2.840, p>0.05; F = 0.429, p>0.05$),但家长教育程度对学说方言的主效应明显($F = 13.501, p<0.05$)。这表明,不同性别儿童在方言濒危态度上不存在显著性差异,不同家庭经济状况儿童在方言濒危态度上也不存

在显著性差异,但不同教育水平家长儿童在方言濒危态度上则存在显著性差异。此外,性别 * 家庭经济状况($F = 2.851, p > 0.05$),家长教育程度 * 家庭经济状况($F = 3.059, p > 0.05$)在方言濒危态度上的主效应也不显著,但性别 * 家长教育程度在方言濒危态度上的主效应则显著($F = 16.511, p < 0.05$)。这表明,性别和家长教育程度在儿童的学说方言上存在两两交互作用。

表 3.26 社会因素变量与方言濒危的主效应检定

源	Ⅲ型平方和	df	均方	F	Sig.
校正模型	22.572[a]	5	4.514	6.084	.000
截　距	233.693	1	233.693	314.952	.000
性　别	2.107	1	2.107	2.840	.096
家长教育程度	10.018	1	10.018	13.501[*]	.000
家庭经济	.318	1	.318	.429	.514
性别 * 家长教育程度	12.251	1	12.251	16.511[*]	.000
性别 * 家庭经济	6.463	1	3.232	2.851	.067
家长教育程度 * 家庭经济	6.935	1	3.467	3.059	.056

* $p < 0.05$

由于性别和家长教育程度在儿童的方言濒危态度上存在交互作用,研究者对此进一步分析。事后比较表明,当家长教育程度为大学及以上时,男性儿童要比女性儿童更认可温岭话是一种濒危方言。但当家长教育程度为高中及以下时,男性儿童和女性儿童在温岭话的濒危态度上不存在显著性差异。家庭压力模型理论认为,家长教育程度太低容易引发家庭矛盾及家庭负面情绪,并伴随父母教养行为缺失或教养方式消极等现象,最终制约良好儿童个体特征形成(Masarik & Conger 2017)。对于那些家长教育程度为大学及以上的男性儿童而言,他们父母亲更倾向于优化教养方式,以鼓励和分享等方式强化他们的情感因素,进而提升语言素养,会让他们在无意识中观察和思考方言濒危等问题。两者的交互列联表和交互效应图如表 3.27所示。

表 3.27　性别和家长教育程度在方言濒危的交互效应

		N	均值	标准差	F	Sig	事后比较
高中及以下	男	15	3.20	0.676	1.327	0.253	
	女	60	3.50	0.948			
大学及以上	男	9	3.33	0.500	44.943*	0.000	男性>女性
	女	6	1.50	0.548			

7. 方言教育的影响因素

析因分析表明,性别、家长教育程度和家庭经济状况对方言教育态度的主效应不明显($F = 0.664, p > 0.05; F = 2.952, p > 0.05; F = 3.400, p > 0.05$)。这表明,不同性别的儿童在方言教育态度不存在显著性差异,不同教育水平家长的儿童在方言教育态度不存在显著性差异,不同家庭经济状况的儿童在方言教育态度也不存在显著性差异。此外,性别 * 家庭经济状况($F = 1.106, p > 0.05$),性别 * 家长教育程度($F = 0.406, p > 0.05$),家长教育程度 * 家庭经济状况($F = 0.993, p > 0.05$)在方言教育态度上的主效应也不显著。这表明,性别、家庭经济状况和家长教育程度在儿童的方言教育态度上不存在两两交互作用。相关数据见表 3.28。

表 3.28　社会因素变量与方言教育的主效应检定

源	Ⅲ型平方和	df	均方	F	Sig.
校正模型	12.769[a]	5	2.554	1.746	.133
截　　距	356.645	1	356.645	243.898	.000
性　　别	.971	1	.971	.664	.417
家长教育程度	4.317	1	4.317	2.952	.089
家庭经济	4.972	1	4.972	3.400	.069
性别 * 家长教育程度	.594	1	.594	.406	.526
性别 * 家庭经济	1.617	1	1.617	1.106	.296
家庭经济 * 家长教育程度	1.125	1	1.125	.993	.324

　　* $p < 0.05$

8. 方言文字创制的影响因素

析因分析表明,家庭经济状况和家长教育程度对方言文字创制态度的主效应不明显($F = 0.084, p > 0.05; F = 3.117, p > 0.05$),但性别对方言文字创制态度的主效应明显($F = 4.102, p < 0.05$)。这表明,不同家庭经济状况儿童在方言文字创制态度上不存在显著性差异,不同教育水平家长儿童在方言文字创制态度上也不存在显著性差异,但不同性别儿童在方言文字创制态度上则存在显著性差异。此外,性别 * 家庭经济状况($F = 0.084, p > 0.05$),家长教育程度 * 家庭经济状况($F = 3.105, p > 0.05$)在方言文字创制态度上的主效应也不显著,但性别 * 家长教育程度在方言文字创制态度上的主效应则显著($F = 6.006, p < 0.05$)。这表明,性别和家长教育程度在儿童的方言文字创制态度上存在两两交互作用。

表 3.29　社会因素变量与方言文字创制的主效应检定

源	Ⅲ型平方和	df	均方	F	Sig.
校正模型	14.092ª	5	2.818	3.099	.013
截　　距	251.623	1	251.623	276.625	.000
性　　别	3.731	1	3.731	4.102*	.046
家长教育程度	2.836	1	2.836	3.117	.081
家庭经济	.076	1	.076	.084	.773
性别 * 家长教育程度	5.463	1	5.463	6.006*	.016
性别 * 家庭经济	.076	1	.076	.084	.773
家庭经济 * 家长教育程度	3.519	1	3.519	3.105	.084

* $p < 0.05$

鉴于性别和家长教育程度在儿童的方言文字创制态度上存在交互作用,研究者对此进一步分析。事后比较表明,当家长教育程度为大学及以上时,男性儿童要比女性儿童更认可要为温岭话创制文字。但当家长教育程度为高中及以下时,男性儿童和女性儿童在温岭话的文字创制上不存在显著性差异。这可能是因为家长教育程度越高,对男性儿童的教育期望也越高,会在无形中让他们有更高的语言素养和语言规划意识。两者的交互效应如表 3.30 所示。

表 3.30　性别和家长教育程度在方言文字创制的交互效应

		N	均值	标准差	F	Sig	事后比较
高中及以下	男	15	3.17	0.676	0.127	0.723	
	女	65	3.17	1.030			
大学及以上	男	9	2.00	0.866	14.040*	0.002	男性>女性
	女	6	3.50	0.548			

* $p<0.05$

（四）方言文化认同

族群与文化是相互关联、不可分割的两个概念,目前所能见到的有关族群认同研究大多都是在考察对族群语言文化的认同。族群认同指个体对族群的信念与态度,以及由此而产生的对本族群的归属感(李继利 2006)。族群的发展只有凭借语言文化认同,才能主动地、自觉地且有选择性地与其他文化交流,进而维持自己的主体性地位。反之,若一族群失去了自身语言文化认同,而任受外来强势文化冲击,这对一个族群的发展,将是致命打击。从这个意义上来说,所谓的族群认同即是对该族群语言文化的认同。在城镇化进程中,以往城乡的单一语言格局早已变成了双语或者多语的社会现实,当地族群成员一方面要面对母语语言与文化传承的压力,另一方面也要尽快融入主流的社会生活中,以提升自己在现代都市更好生存的能力。因而,当前学界的语言文化认同已经从单一的母语文化认同转为了复杂的双语文化认同。本章节通过借鉴 Berry(2005)的双向族群认同框架,探究当地儿童在温岭话和普通话使用过程中的方言文化认同情况。

本小节具体包含 5 个部分: ① 受试者的整体族群文化认同。② 三个社会因素变量在整合型认同上的差异。③ 三个社会因素变量在同化型认同上的差异。④ 三个社会因素变量在隔离型认同上的差异。⑤ 三个社会因素变量在边缘型认同上的差异。

1. 族群文化认同整体情况分析

有关受试者族群文化认同的整体情况如表 3.31 所示。

表 3.31 表明,当地儿童的方言文化认同主要表现为整合型认同($M_{整合}$ = 14.07),其次为同化型认同($M_{同化}$ = 8.40),非主流的认同则是隔离型认同($M_{隔离}$ = 6.20)和边缘型($M_{边缘}$ = 3.57)。因而他们整体的方言文化认同倾向性可概括为"整合型>同化型>隔离型>边缘型"。这表明,儿童群体在学习

表 3.31 温岭话的方言文化认同

	N	极小值	极大值	均　值	标准差
整合型认同	90	12	15	14.07	.969
同化型认同	90	4	13	8.40	2.182
隔离型认同	90	3	11	6.20	1.730
边缘型认同	90	3	13	3.57	1.867

成长过程并没有以当地文化为牺牲,他们在融入主流文化的同时也努力保存当地文化。以往对于族群文化认同的形成过程主要有三种认识,分别是原生主义、工具主义和建构主义。原生主义者认为,当个体从事族群活动时,与族群文化相关的语言、信仰、规范和行为模式等会使得他们连接到族群内的其他人,从而产生感情上的归属感(Peyton et al 1990)。工具论者则认为族群认同是动员个体保护或追求该群体共同利益的媒介,个人对某一特定族群文化的认同是基于可以通过该文化获取政治上、经济上或社会上的利益(Shin & Krashen 1998)。建构论者则认为认同感来自个人对自己的理解与描述,认同主体的建构历程是与个人过去生命经验以及社会文化历史脉络有关,都是基于原生情感、自我认可、语言、血缘和家庭、宗族所承继的风俗习惯的影响(Cornell & Hartmann 2007)。他们一方面吸收工具论的看法,认为族群认同会因为追求或维持特定的利益而随时间和情境改变。另一方面,他们也保留原生主义者的观点,认为个体会因为参与某一特定文化活动而产生依附关系。但是,与原生主义者不同的是,他们认为个体与族群之间的联系并非与生俱来的,而是后天建构的。同时他们也强调个体在族群过程中的主动性和创造性,因为不同族群成员在同一情境下也会发展出不同的认同策略来建构其族群认同。就本研究而言,当地儿童的方言文化认同主要表现为整合认同,但也存在同化、隔离和边缘化三种状态。这意味着他们的认同呈现出一种动态的、混合的和异质的图像。就整合型认同而言,他们是在两种竞争性力量中建构形成。一种是来自现实的效益,促使他们从语言的工具性和语言所带来的实际效益来看待普通话的价值,进而决定其在社会生活中的重要地位。另一种则来自家庭内部的原生性情感联系,促使他们将对自我族群的情感转移到对母语的情感依附上。但是,正如建构主义者所强调的,儿童群体在这两种力量的冲突中,通过发挥自身的主动性与创造性,发展出了折中之道:在情感和道德层面,他们认同当地方言

和当地族群文化,认为××人就应该要会说××语。但是在认知和语言使用层面,他们认同普通话的学习价值,并在日常生活中广泛使用普通话,认为这是受过教育和有文化的体现。因而,儿童群体的整合型认同实际上是一种混合的认同,同时他们对于普通话和方言的认同内涵并不一致。

2. 整合型认同的影响因素

析因分析表明,性别、家长教育程度和家庭经济状况对整合型认同的主效应不明显($F = 0.004, p > 0.05$;$F = 2.705, p > 0.05$;$F = 0.323, p > 0.05$)。这表明,不同性别的儿童在整合型认同不存在显著性差异,不同教育水平家长的儿童在整合型认同不存在显著性差异,不同家庭经济状况的儿童在整合型认同也不存在显著性差异。此外,性别∗家庭经济状况($F = 2.297, p > 0.05$),性别∗家长教育程度($F = 0.003, p > 0.05$),家长教育程度∗家庭经济状况($F = 0.209, p > 0.05$)在整合型认同上的主效应也不显著。这表明,性别、家庭经济状况和家长教育程度在儿童的整合型认同上不存在两两交互作用。相关数据见表 3.32。

表 3.32　社会因素变量与整合型认同的主效应检定

源	Ⅲ型平方和	df	均方	F	Sig.
校正模型	8.514[a]	5	1.703	1.905	.102
截　距	3 602.729	1	3 602.729	4 030.450	.000
性　别	.004	1	.004	.004	.950
家长教育程度	2.418	1	2.418	2.705	.104
家庭经济	.289	1	.289	.323	.571
性别∗家长教育程度	.003	1	.003	.003	.955
性别∗家庭经济	2.053	1	2.053	2.297	.133
家长教育程度∗家庭经济	1.235	1	1.235	.209	.649

　∗ $p < 0.05$

3. 同化型认同的影响因素

析因分析表明,性别和家庭经济状况对同化型认同的主效应不明显($F = 0.814, p > 0.05$;$F = 0.372, p > 0.05$),但家长教育程度对同化型认同的主效应明显($F = 3.336, p < 0.05$)。这表明,不同性别儿童在同化型认同不存在显著性差异,不同家庭经济状况在同化型认同也不存在显著性差异,但不同

教育水平家长儿童在同化型认同则存在显著性差异。此外,性别 * 家长教育程度($F=0.346,p>0.05$),性别 * 家庭经济状况($F=0.103,p>0.05$),家长教育程度 * 家庭经济状况($F=1.101,p>0.05$)在同化型认同上的主效应也不显著。这表明,性别、家庭经济状况和家长教育程度在儿童的同化型认同上不存在两两交互作用。相关数据见表 3.33。

表 3.33 社会因素变量与同化型认同的主效应检定

源	III 型平方和	df	均方	F	Sig.
校正模型	29.800[a]	5	5.960	1.271	.284
截 距	1 453.279	1	1 453.279	309.994	.000
性 别	3.814	1	3.814	.814	.370
家长教育程度	15.638	1	15.638	3.336*	.041
家庭经济	1.745	1	1.745	.372	.543
性别 * 家长教育程度	1.622	1	1.622	.346	.558
性别 * 家庭经济	.482	1	.482	.103	.749
家长教育程度 * 家庭经济	1.519	1	1.519	1.101	.448

* $p<0.05$

鉴于家长教育程度在受试者同化型认同上的主效应显著,研究者对此进行进一步分析。单因素方差分析表明,大学以上学历家长的儿童在同化型认同上的评价要好于高中及以下学历家长的儿童($F=5.080,p<0.05$)。具体数值如表 3.34 所示。

表 3.34 家长教育程度与同化认同的方差分析

	N	均 值	标准差	标准误	均值的 95% 置信区间	
					下 限	上 限
大学及以上	75	8.17	2.189	.253	7.67	8.68
高中及以下	15	9.53	1.807	.467	8.53	10.53
总 数	90	8.40	2.182	.230	7.94	8.86

4. 隔离型认同的影响因素

析因分析表明,性别、家长教育程度和家庭经济状况对隔离型认同的主效应不明显($F=0.002, p>0.05; F=0.081, p>0.05; F=0.448, p>0.05$)。这表明,不同性别的儿童在隔离型认同不存在显著性差异,不同教育水平家长的儿童在隔离型认同不存在显著性差异,不同家庭经济状况的儿童在隔离型认同也不存在显著性差异。此外,性别 * 家庭经济状况($F=0.093, p>0.05$),性别 * 家长教育程度($F=0.752, p>0.05$),家长教育程度 * 家庭经济状况($F=0.114, p>0.05$)在隔离型认同上的主效应也不显著。这表明,性别、家庭经济状况和家长教育程度在儿童的隔离型认同上不存在两两交互作用。相关数据见表3.35。

表 3.35　社会因素变量与隔离型认同的主效应检定

源	Ⅲ型平方和	df	均方	F	Sig.
校正模型	16.921[a]	5	3.384	1.139	.346
截　距	655.704	1	655.704	220.777	.000
性　别	.006	1	.006	.002	.966
家长教育程度	.239	1	.239	.081	.777
家庭经济	1.329	1	1.329	.448	.505
性别 * 家长教育程度	2.234	1	2.234	.752	.388
性别 * 家庭经济	.277	1	.277	.093	.761
家长教育程度 * 家庭经济	5.817	1	5.817	.114	.737

* $p<0.05$

5. 边缘型认同的影响因素

析因分析表明,性别、家长教育程度和家庭经济状况对边缘型认同的主效应不明显($F=0.206, p>0.05; F=0.068, p>0.05; F=0.735, p>0.05$)。这表明,不同性别的儿童在边缘型认同不存在显著性差异,不同教育水平家长的儿童在边缘型认同不存在显著性差异,不同家庭经济状况的儿童在边缘型认同也不存在显著性差异。此外,性别 * 家庭经济状况($F=0.001, p>0.05$),性别 * 家长教育程度($F=0.054, p>0.05$),家长教育程度 * 家庭经济状况($F=0.204, p>0.05$)在边缘型认同上的主效应也不显著。这表明,性别、家庭经济状况和家长教育程度在儿童的边缘型认同上不存在两两交互作用。相关数据见表 3.36。

表 3.36　社会因素变量与边缘型认同的主效应检定

源	Ⅲ型平方和	df	均方	F	Sig.
校正模型	4.757ᵃ	5	.951	.262	.933
截　距	191.162	1	191.162	52.589	.000
性　别	.750	1	.750	.206	.651
家长教育程度	.246	1	.246	.068	.795
家庭经济	2.671	1	2.671	.735	.394
性别 * 家长教育程度	.196	1	.196	.054	.817
性别 * 家庭经济	.005	1	.005	.001	.972
家长教育程度 * 家庭经济	3.178	1	3.718	.204	.816

* $p < 0.05$

五、本章小结

本章主要通过问卷调查的方法探究当地儿童的方言生活现状。基于调查数据，可将他们的方言生活特点概括如下：

（1）方言能力衰退。从调查结果来看，家庭语言环境与个体方言习得存在密切关联，当地儿童的方言习得主要来自家庭成员。他们绝大多数都是普通话和温岭话双语者，但表现出不均衡双语现象，即普通话的语言能力要好于温岭话。虽然儿童的方言能力能满足他们基本日常生活交际所需，但那些与文化相关的语言知识在他们当中几乎完全流失了。

（2）方言使用空间缩小。从本调查结果来看，当地儿童的温岭话使用主要局限在家庭领域，在邻里和学校等场合，他们开始转向使用普通话。虽然温岭话在当地还有一定的使用空间，但伴随儿童心理认知发展和当地语言格局演变，温岭话的使用空间会进一步缩小，有可能会仅局限在家庭内部。

（3）方言情感淡化。从本调查结果来看，当地儿童在温岭话的情感评价上较好，在地位评价和功能评价上则不如人意。就文化认同而言，当地儿童主要表现为整合认同,但也存在着同化、隔离和边缘化三种状态。随着城乡一体化的推进和普通话的推广,当地儿童对温岭话的情感会进一步淡化。

(4)方言生活异质化。就性别、家庭经济状况和家长教育程度这三个社会因素变量而言,他们在方言生活的各分项指标上存在不同特点。整体而言,三个社会因素变量在方言的语言本体态度上和方言文化认同上不存在任何差异,但在方言能力、方言选择和方言规划态度上则存在差异。具体而言,家庭经济状况在方言整体能力和日常域温岭话选择上存在单一效应,性别则在方言听力能力上存在单一效应。在整体方言能力和日常域温岭话选择上,家庭经济状况较差儿童的表现要好于家庭经济状况中等儿童。在方言听力能力上,女性儿童的表现要优于男性儿童。家庭经济状况和性别在学说方言上存在交互效应。父母教育程度和性别在方言濒危和方言文字创制上存在交互效应。当家长教育程度为大学及以上时,男性儿童在这两项语言规划的态度上要好于女性儿童。综合上述讨论来看,当地儿童在方言能力、方言使用和方言规划态度上表现出异质化特点,但在方言生活的心理情感上则表现出同质化的倾向。相关差异见表 3.37。

表 3.37　社会因素变量在方言生活的差异汇总

一级指标	二级指标	差 异 汇 总
方言能力	方言整体能力	单一效应:家庭经济状况差>家庭经济状况中等
	方言听力能力	单一效应:女性>男性
	方言说话能力	无显著性差异
方言选择	家庭域方言选择	无显著性差异
	日常域方言选择	家庭经济状况差>家庭经济状况中等
	教育域方言选择	无显著性差异
方言态度	情感评价	无显著性差异
	地位评价	无显著性差异
	功能评价	无显著性差异
	学说方言	交互效应:在经济状况较差家庭中,男性儿童的态度评价好于女性儿童

续表

一级指标	二级指标	差　异　汇　总
方言态度	方言濒危	交互效应：在父母教育程度高的家庭中，男性儿童的态度评价好于女性儿童
	方言教学	无显著性差异
	方言文字创制	交互效应：在父母教育程度高的家庭中，男性儿童的态度评价好于女性儿童
方言文化认同	整合型认同	无显著性差异
	同化型认同	无显著性差异
	隔离型认同	无显著性差异
	边缘型认同	无显著性差异

第四章 儿童社会交往能力研究

一、引言

伴随城镇化进程的推进和乡村文化振兴战略的实施,有关农村儿童的社会化问题越来越受到学界重视。社会化是个体在特定社会文化环境中,学习和掌握社会行为方式和人格特征,适应社会并积极作用社会、创造新文化的过程(俞国良 2006)。家庭是儿童社会化的最早执行者和基本执行者,儿童通过父母的影响和指导获得社会价值观念、行为方式和态度体系。但当前农村儿童的社会化水平整体偏低,也存在家庭教育乏力和家庭教育缺失等问题。很多农村家庭普遍都存在家庭教育观念落后,家庭学校互动缺失,家庭教养方式落后和社会参与度较低等问题(杨明芳 2022)。在此背景下,如何发挥家庭的终身教育使命,加强儿童家庭教育的针对性和有效性,营造儿童健康成长的良好家庭环境已成为学界关注的热点问题。本文承接相关议题,以农村地区儿童的社会交往能力为切入点,通过借鉴复杂系统理论,探索家庭教养方式、方言能力与其社会交往能力的潜在关系。

二、理论基础

(一)复杂系统理论

复杂系统理论又被称为动态系统理论,最早用于研究数学、物理和气象学等领域的动态复杂现象,后被引入二语习得领域,用于解释学习者语言能力的非线性发展。传统的二语习得观把学习者的语言能力发展描绘成连续渐进的、从零无限接近目的语的线性发展过程(De Bot et al. 2007)。因而,语言学习是一种规则学习,应该要脱离语境以一种理想的方式来研究。但大量研究却表明,学习者的语言发展过程并不都是持续前进的,学习者的个体发展模式存在很大的差异性和复杂性(杨跃 刘会霞 2021)。在此背景下,复杂系统理论突破了传统的语言线性发展观,主张将语言的社会观和认知观相融合,提出二语习得是受学习者内在因素(认知、情感、策略等)和外在因素(环境、人际、文化等)交互影响的复杂和动态发展过程。

根据动态系统理论,语言习得的动态系统观主要体现在语言的系统特性、语言能力发展条件和语言能力发展过程三个方面(李兰霞 2011)。

(1)语言的系统特性。语言的系统特性体现在其复杂性、动态性和自组织适应性三个方面。语言的复杂性指它是由很多嵌套子系统构成,即每个系统永远都是另一系统的一部分(De Bot 2008)。动态性指各个子系统之间存在交互作用,一个系统的变化会导致另一系统的变化,学习者的整体语言表现就是从子系统的交互作用中浮现出来。子系统的交互作用会引起自组织,自组织的语言系统会自动对外部环境进行自适应,比如在同一社团中语言使用者的语法彼此适应(Larsen-Freeman 1997)。

(2)语言能力发展条件。复杂系统的架构将二语习得过程视为由认知、自我意识、经验、表征、大脑、个体、人际、社会、文化与历史等许多子系统在不同维度中同时运作,导致个体语言表现能力改变。因此,语言学习是一个复杂系统在各层次上由量变到质变的动态过程,而发展则是生成的过程。语言能力的发展对上述初始条件具有依赖性,不同初始条件会对学习者的后期语言学习产生巨大影响,还会随着时间推移呈现指数级扩大(戴运财等2012)。

(3)语言能力发展过程。语言能力发展是在学习主体和学习环境交互作用中浮现的,其发展过程具有非线性和变异性特点,是混沌不可预测的。学习者的语言能力既会在某一时段呈现增长趋势,也会在某一时段呈现磨蚀状态,因而始终处于不断发展过程中(Larsen-Freeman1997)。在语言发展过程中,系统会经历"吸态"和"斥态"两种过程。"吸态"指暂时的停滞状态,"斥态"则是系统处于不稳定状态,语言能力的发展就是从一个"吸态"到另一个"吸态"的过程(De Bot 2008)。

动态系统理论实现了语言研究从封闭到开放、从静态到动态、从规则到变化、从稳定到变异、从渐进到突显、从独立到关联、从线性到非线性的发展过程(王涛 2011)。综合上述讨论,该理论的核心观点可概括为语言能力发展既不是单向受内部因素驱动,也不是简单受外部环境因素影响,而是存在着相互作用、相互决定的复杂动态关系。

(二)社会交往能力

社会交往能力指个体能在不同环境下的社会互动中,除实践个体目标外,还能维持与他人正向人际关系的能力(杨丽珠 王江洋 2007)。从一定意义上来说,社会交往能力的外延要比语言能力要广。因为一个人获得了社会交往能力,他就不仅获得了语言能力,还获得了在社会交际中语言使用的规则知识(孙玮等 2020)。社会交往能力包含了"自我"与"他人"两个面向维度,是评价个体人际社会化水平的重要指标。社会交往能力发展良好的儿童,较能与他人建立良好人际关系,并表现出自信心及合作友好的态度(Csizmadia & Atkin 2022)。若儿童无法发展出适当的社会交往能力,在青少年或成人时期,就可能衍生出各种社会适应不良危机(Maccoby 1992)。当前学界对儿童社会交往能力在其早期社会化过程中的重要作用已经达成共识,并将研究视角从描述性转向阐释性,开始关注导致儿童社会交往能力不足的潜在影响因素。

从家庭教养方式角度开展相关研究一直是学界研究热点。家庭教育是指在家庭生活中父母或其他家庭成员所开展的育儿活动的统称,教养方式则为家庭成员幼儿教育手段、态度和看法整合下的产物(李晶晶 2021)。相较于学校对儿童的教育和管理而言,来自家庭的照顾和教育才是儿童社会化的重要生活场景。儿童社会交往能力最早也是在家庭中养成,父母亲透过对子女的教养行为,提供教导、温暖、经验和要求,增进儿童社会化(Hay & Felek 2020)。目前学界存在较大争议的是何种教养方式才更有利儿童社会交往能力的养成。正向教养和负向教养是两种常见的家庭教养方式(李德 2018)。前者指家长通过开明权威和宽松放任等方式对子女进行管教,后者则指家长通过专制权威和忽视冷漠等方式对子女进行管教。西方社会已有研究表明,正向的教养方式有助于培养儿童的合作程度,减少负向情绪(Landry 2006)。还有研究表明,家长在交际中所表现出的温暖、敏感和情绪回应与儿童的社会交往能力存在正向关系,并且能预测他们一年后的社会交往能力(Spinrad 2007)。但并非所有的正向教养方式都有助于儿童社会交往能力的发展,家长采取一些负向教养方式在一定程度上同样能促进儿童社会交往能力发展(Chao 1994)。值得一提的是,由于国情和文化差异,中西方家庭在某些教养行为的解读上可能存在差异。某些欧美国家所认为的专制权威教养行为(例如对子女早恋问题进行干预、对孩子不按时完成作业进行惩诫等),在中国语境下可能恰是家长应有的教养责任,是对子女关心照顾的表现。因而有关家庭教养方式与儿童社会交往能力关系的已有结论还有待在中国社会文化语境下进一步丰富和证实。

此外,已有研究主要集中于如何通过改善父母的教养方式来提高儿童的社会交往能力,对儿童个体因素在其中的作用关注不够。复杂系统理论认为,个体、行为和环境之间存在复杂的动态关系,行为发展是个体在社会认知过程中与环境交互适应和协同互动的结果(王涛 2011)。在讨论个体有关社会化的发展和适应情形时,除了关注环境因素外,还要关注个体因素及其和环境因素的交互效应。语言是人际交往的基本媒介,是建立与维系人际关系的重要工具。当儿童具备较好的语言能力时,他们就能精确、频繁地使用情绪性词语,促进人际交往的成功进行(Ornaghi 2013)。还有研究表明,儿童的语言技能正向预测他们的社会交往能力,具备较好语言能力的儿童能更好运用交际策略来建立社交连接关系(Hebert-Myers 2006)。就基础教育阶段的农村儿童而言,他们与家长、同学和老师的互动在很大程度上是以当地方言进行的(蔡晨 2016)。方言是在地文化的重要载体,当地儿童对在地方言的熟悉程度反映了他们适应生活空间的能力。但当前研究对方言能力在儿童社会交往能力发展中的作用重视不够,对方言能力、家庭教养方式与社会交往能力的互动协同也尚未进行系统性论述。在复杂系统理论视野下,有关儿童的家庭教养方式、方言能力和社会交往能力之间的相互关系仍是一个有待深化的课题。

综上所述,本研究目的在于通过借鉴复杂系统理论,重新审视家庭教养方式和儿童方言能力在其社会交往能力发展中的互动机制问题。研究问题如下:

(1)家庭教养方式、方言能力与儿童的社会交往能力存在何种关系?

(2)家庭教养方式和方言能力是否在儿童的社会交往能力上存在交互效应?

三、研究方法

(一)研究对象

本章的调查对象主要是居住在温岭市潘郎、大溪、牧屿和横峰等乡镇的当地儿童,必须是当地出生、长大且父母或祖父母一方至少有一人为本地人。他们的年龄处于11—15 岁,主要是小学生,也包含部分初一学生。研究者发放问卷300 份,回收300 份,去除某些题项回答缺失和所有题项完全回答一致的无效问卷后,最终有效问卷为256 份,问卷有效率为85.33%。

(二)研究问卷

调查问卷由三部分组成,分别调查儿童的家庭教养方式感知、方言能力和社会交往能力。家庭教养方式感知部分改编自李德(2018)的问卷,包含正向家庭教养和负向家庭教养两个维度,每个维度下有四个陈述句。方言能力问卷改编自蔡晨(2016)的问卷,包含听力理解和口语表达两个维度,每个维度下有三个陈述句。社会交往能力问卷改编自谢育伶、陈若琳(2008)的问卷,包含合作、互动、礼貌、独立自主和利他五个维度,每个维度下有一个陈述句。三份问卷的改编涉及个别题项的删减和某些语句的修订,以使其更贴近儿童的现实生活。具体问卷见书末的附录 2。事后检验表明,家庭教养方式问卷的 Cronbach's α 系数为 0.619,方言能力问卷的 Cronbach's α 系数为 0.843,社会交往能力的问卷 Cronbach's α 系数为 0.790,表明本问卷的信度系数较好。

（三）统计分析

有关数据的录入、处理由统计软件 SPSS 19.0 处理。统计软件主要有以下两方面应用:

（1）通过描述性统计,了解调查对象在家庭教养方式感知、方言能力和社会交往能力的评价情况。

（2）通过相关分析和回归分析探究不同家庭教养方式、方言能力与社会交往能力之间的关系。

（3）通过 Factorial ANOVA 分析家庭教养方式和方言能力是否在社会交往能力上存在交互效应。

有关统计所涉及的变项情况如下:

因变量:

社会交往能力

自变量:

（1）家庭教养方式: P = 正向家庭教养;N = 负向家庭教养

（2）方言能力: L = 低方言能力;H = 高方言能力

四、研究发现

所有受试均有正向家庭教养感知、负向家庭教养感知、方言能力和社会交往能力的得分。表 4.1 呈现了他们在上述四项调查内容上的均值及标准差。

表 4.1　受试基本情况表

	均　值	标准差	最小值	最大值
正向家庭教养感知	4.41	0.789	3	5
负向家庭教养感知	3.17	0.532	2	5
方言能力	3.47	0.381	1	5
社会交往能力	3.57	0.446	2	5

从均值来看,受试在四项调查内容上的均值都超过了 3。其中,受试的

社会交往能力自我评价最好,均值为 3.57,方言能力较次之,均值为 3.47。受试对两种家庭教养方式的感知比较接近,但正向家庭教养感知要略好于负向家庭教养感知,前者均值为 3.41,后者均值 3.17。从标准来看,四项调查内容的数值介于 0.446—0.789 之间。这表明本章研究受试虽然对四项调查内容的整体评价尚可,但也存在内部分化大、发展不均衡等问题。各组数据基本呈正态分布,说明本研究受试选取合理,能较好代表国内农村儿童的现状。

（一）家庭教养方式、方言能力与社会交往能力的关系

皮尔逊双尾检验显示,受试的社会交往能力与正向家庭教养之间的 r 系数为 0.496,$p<0.001$,与方言能力的 r 系数为 0.433,$p<0.001$,由此可见社会交往能力与正向家庭教养、方言能力之间存在中度相关。社会交往能力与负向家庭教养之间则不具备显著性相关。为进一步确认家庭教养方式、方言能力与社会交往能力之间的关系,研究者以正向家庭教养、负向家庭教养和方言能力为因变量,以社会交往能力为自变量,进行进入型多元线性回归分析。回归结果显示,两者的模型决定系数为 $R^2=0.375$,方差检验值 $F=48.275$,$sig<0.001$,因而该模型具有统计意义,即家庭教养方式和方言能力对社会交往能力具有一定的预测作用,前者可以解释后者 37.5% 的变异。其中,正向家庭教养的影响最大（Beta = 0.444）,方言能力次之（Beta = 0.362）。相关数值见表 4.2。

表 4.2 家庭教养感知和方言能力对社会交往能力的回归分析

模　型	非标准化系数		标准系数	t	Sig.
	B	标准误差	试用版		
（常量）	1.441	0.211		6.826	0.000
正向家庭教养	0.329	0.039	0.444 *	8.334	0.000
负向家庭教养	0.014	0.030	0.025	0.471	0.638
方言能力	0.278	0.040	0.362 *	7.004	0.000

* $p<0.05$

两种统计方法都得出相同结果：受试的正向家庭教养感知、方言能力与他们的社会交往能力之间存在积极关联性。受试的正向家庭教养感知越好,他们的社会交往能力就越好;受试的方言能力越好,他们的社会交往能力也越好。但正向家庭教养感知对方言能力的影响效度要优于方言

能力。

(二) 家庭教养类型和方言能力对社会交往能力的交互影响

以上讨论只局限在家庭教养方式、方言能力与社会交往能力的单一关系,并未考虑两者的交互作用。研究者先比较受试在两种家庭教养方式中感知均值的高低,将其分为正向家庭教养为主型和负向家庭教养为主型两类。研究者再以方言能力均值为参照点,将其分为高水平方言能力组和低水平方言能力组。在此基础上,研究者以家庭教养方式组别和方言能力组别为自变量,以社会交往能力为因变量,进行析因分析。相关主效应如表4.3 所示。

表 4.3　家庭教养方式和方言能力在社会交往能力上的主效应检定

源	Ⅲ 型平方和	df	均方	F	Sig.
校正模型	11.624[a]	3	3.875	25.368	0.000
截　距	2 977.241	1	2 977.241	19 491.510	0.000
教养类型	4.515	1	4.515	29.558[*]	0.000
方言能力	7.106	1	7.106	46.519[*]	0.000
教养类型 * 方言能力	.620	1	0.620	4.059[*]	0.045
误差	36.812	241	0.153		
总计	3 171.056	245			
校正的总计	48.436	244			

　* $p<0.05$

表 4.3 表明,家庭教养类型在社会交往能力上存在主效应($F=29.558$,$p<0.001$),方言能力在社会交往能力上的主效应也显著($F=46.519$,$p<0.001$),且两者在社会交往能力上存在交互效应($F=4.059$,$p<0.001$)。鉴于两者交互效应显著,研究者只对交互效应做进一步分析。事后检验表明,就正向家庭教养而言,方言能力在社会交往能力上存在显著差别($F=14.712$,$p<0.001$)。方言能力好的儿童在社会交往能力上的表现要好于方言能力差的儿童($M_\text{好}=3.82$,$M_\text{差}=3.57$)。就负向家庭教养方式而言,方言能力在社会交往能力上也存在显著差别($F=31.114$,$p<0.001$)。方言能力好的儿童在社会交往能力上的表现要好于方言能力差的儿童($M_\text{好}=3.64$,

$M_差$ = 3.19）。上述统计结果表明,家庭教养方式与儿童社会交往能力的关系会受到其方言能力影响。相关数据见表4.4。

表 4.4　家庭教养方式和方言能力在社会交往能力的交互效应

		N	均值	标准差	F	Sig	事后比较
正向家庭方式	方言能力差	63	3.57	0.546	14.712*	0.000	方言能力好>方言能力差
	方言能力好	116	3.82	0.832			
负向家庭方式	方言能力差	26	3.19	0.461	31.114*	0.000	方言能力好>方言能力差
	方言能力好	51	3.64	0.528			

* $p < 0.05$

五、研究讨论

（一）家庭教养方式与社会交往能力的关系

本章研究发现,正向家庭教养与儿童的社会交往能力之间存在正向关系,但负向家庭教养与其却不存在显著性关系。这与前人的研究结论相一致,即父母亲越包容和尊重儿童,越对他们进行鼓励和表扬,儿童就能更好地养成合作、礼貌和自主等品质,更容易与他人互动并获得他人的接纳。家庭治疗理论认为,家庭关系和家庭功能能影响儿童的个体发展,儿童时期的心理障碍和交际障碍都可以依靠亲子关系的改良得以治疗(Collins 1996)。结合本研究结果来看,可能原因有两点。一方面,新时期的农村父母往往具备一定文化水平,在亲子互动时会查阅书籍或向有经验同龄人请教,也更注重亲子交往时的人际和谐和互动效率。另一方面,家长正向的教养有助于提升儿童的自信心和自我效能感,会在无形中促进儿童更主动地与他人交往,展示自我积极形象。这表明中西方文化虽然存在一定差异,但正向教养方式能更好促进儿童适应人际社会这一结论具有一定普遍性。

值得一提的是,刘姝利等人(2020)的研究发现,中国父母更倾向于对子女采取负向家庭教养方式。这与本研究的调查发现并不一致。在本章研究中,儿童在感知父母正向家庭教养上的评分要高于负向家庭教养。这可能与两方面因素有关。首先,刘姝利的调查对象为18—23岁的青年群体,他们正处于人生的关键转折时期,容易与父母亲发生冲突,父母亲也更倾向于采取强制和批评等负向方式对他们进行管教。本研究的调查对象则是儿童群体,较为依赖父母亲,父母亲也更倾向于采取关爱和宠爱等方式对他们进行管教。其次,刘姝利调查对象中的大多数家长都具备了研究生学历,他们对子女的要求会更高,对子女的未来人生发展也更具规划性,会积极介入子女的学习生活,并对他们的不良行为进行纠正。但本研究中的农村家长大多具有大专或本科学历,对未成年子女的学习生活表现得较为宽容。这表明家庭中教养方式的选取除了外部的文化语境外,还与父母亲的个体因素和子女的人生成长阶段有关。

（二）方言能力与社会交往能力的关系

本章研究发现,儿童的方言能力与其社会交往能力也存在正向关系。社会交往能力包含了三个主要内涵,分别是听懂并理解说话者话语意图的能力、根据语言规则组织语篇话语的能力和运用语言去完成不同交际目的的能力。上述三种能力的实现实际上都是以个体的语言能力为前提。在本研究中,具备较好方言能力的儿童往往能更好理解对方话语,也更倾向使用礼貌或情绪性语言来表达自己真实意图。此外,双语优势理论认为,双语者要比单语者具备更强的认知控制能力,且这种认知控制能力还会迁移到语言习得和社会交际等方面(Cummins 1979)。本章研究的儿童都是典型双语者,他们在家庭和日常生活中使用方言,在学校中则使用汉语普通话。从调查结果来看,他们的方言能力整体也较好,更多表现出均衡型双语者特点。从这个角度来说,方言能力越好的学习者具备更好的交际意识和语言表达能力,也更容易理解交际中对方的字面意义和言外意义。

但是,本章研究中儿童的方言能力对社会交往能力的预测作用不如正向家庭教养显著。这与以往研究所认为的语言能力是预测个体社会交往能力的关键因素这一结论并不一致。这可能还是与本研究中儿童受试群体的特殊性有关。复杂系统理论认为,个体差异是系统的本质属性之一,个体的能力发展路径会受到他们初始状态影响(王涛 2011)。每个个体由于其初始状态不同,即使身处相同的社会环境之中,仍然会发展出各不相同的能力。不同于成年人,儿童的方言能力和认知能力正处于发展过程当中。他们很多时候虽具备沟通的意愿但并不具备充分表达的能力,因而方言能力对社会交往能力的预测作用自然有所弱化。此外,儿童有关社会交际规范的知识都是在各种情景中通过特定的社会文化活动以及在与他人的互动交流过程中被感知和习得。反映在本研究中就是,家长的正向家庭教养方式要比他们的方言能力在社会交往能力发展中的作用更明显。

（三）家庭教养方式与方言能力对社会交往能力的交互影响

本章研究发现,家庭教养方式与方言能力在儿童的社会交往能力上存在交互影响。这呼应了复杂系统理论的相关假设，即个体的社会化行为并非是单纯发生于个体内的历程，而是受到个体认知与环境因素所影响而造成的后果。在本研究中，受试的社会交往能力是他们先通过亲身体验与父母亲互动交际获取社会语境信息，再通过自身语言能力对具体交际需求做出匹配反映，并在此过程中逐渐浮现和发展的。但是，复杂系统理论也强调，个体能力的发展过程是非线性的，某个变量的细微变化会引发整个系统的巨大变化（王涛 2011）。反映在本研究中就是不同家庭教养方式与不同方言能力在社会交往能力上存在不同效应。

具体而言，不管是正向家庭教养，还是负向家庭教养，方言能力好的儿童在社会交往能力的上表现都要好于方言能力差的儿童。这表明，在家庭教养方式对儿童社会交往能力的影响过程中，他们的方言能力在其中扮演了内化调控的作用。从访谈结果来看，方言能力的内化调控作用主要体现在两个方面。一是知者的作用，父母亲与儿童间的方言互动为他们提供了有关方言交际的社会规范知识。二是行者的作用，儿童通过具体的方言交际行为实践所习得的社会规范知识。这表明，儿童的方言能力在外部家庭教养方式的影响下，会通过模仿和改进等方式不断推动社会交往能力的养成和发展。访谈结果还发现，在不同家庭教养方式下，方言能力对儿童社会交往能力的养成路径并不一致。有受试就提及，当父母亲批评或责骂他们时，他们就会不愿意和父母亲做过多的沟通，祖父母或同龄人则成为他们交际的首选对象。这呼应了复杂系统理论中的自主性观点，即当个体面临外部环境的"吸态"或"斥态"时，他们会通过自主性地调整来达到系统的内部平衡。

六、本章小结

本章研究目的在于考察农村儿童的家庭教养方式、方言能力与他们社会交往能力之间的关系，进而检验两者是否存在交互效应。研究发现，正向家庭教养、方言能力与他们的社会交往能力之间存在显著的正向关系。两者都能预测儿童的社会交往能力，但正向家庭教养要比方言能力对社会交往能力的预测作用更好。以上发现为儿童社会化领域有关家庭教养方式和方言能力的有效性争论提供了新的实证材料，表明正向家庭教养在儿童社会交往能力的养成上起到更积极作用。研究还发现，家庭教养方式和方言能力在社会交往能力上存在交互效应。家庭教养方式对儿童社会交往能力的养成需要以一定的方言能力为前提。以上结论进一步厘清了家庭教养方式和方言能力在儿童社会交往能力上的影响机制问题，表明两者存在协同效应。

本章研究结果对于当前农村儿童的家庭教育也存在一定启示意义。基于上述研究发现,研究者建议:

(1)加强父母亲的家庭教育意识。家庭作为儿童社会化的最初场景,对他们未来个人成长起到十分重要的作用。家长需要重视家庭教育改革,端正家庭教育态度,努力提升自己的家庭教育意识和家庭教育水平。家长要在正确感知儿童成长状态和性格品行的基础上,充分认识亲子间平等对话和互相交流的重要性,在满足子女在爱、安全和关怀等情感性需要的同时,也要注重他们有关礼貌、合作和利他等社会交际意识的培养,通过创设平等与和平的家庭环境来促进他们社会交往能力的发展。

(2)加强家庭中和谐双语环境建设。语言作为人类最重要的交际工具和思维工具,在儿童的社会化中扮演了重要角色。当前,农村的方言生态环境日益恶化,很多时候并不能满足儿童自然习得方言的需求。家长要提升自己的方言保护和方言规划意识,在推广普通话的时候,也要提升家庭中方言供给的水平,努力实现儿童在汉语普通话和地方方言上的均衡发展。家长还可以增强家庭与幼儿园的联动性,与幼儿园老师学习儿童沟通技巧,探讨育儿问题,研究教育方案,及时发现儿童的成长问题,保障家庭中语言教育的可持续性和针对性。

(3)提升亲子间社会交际的有效性。仪式感是儿童在个体社会中的一个重要形式,他们需要在具体的社会情境中去习得和纠正有关社会交际的意识。社会情景的创设需要家长的默契配合,以便增强家庭教养方式的稳定性,使家庭教育态度与看法及其他内容可始终起效。在此基础上,家长要主动为儿童创设交际情境,广泛使用文明语言,不仅要教会他们具体的社交知识,还要通过及时赞美或纠错来巩固他们的社会交往能力,让他们将父母亲外在的语言供给内化于行,进而培养他们主动友好的人格特质。

第五章　儿童家庭语言规划研究

一、引言

传统的语言规划本质上是处于国家民族视野下,研究主要着眼于宏观、显性的国家及地方政府行为,致力于解决国家竞争、民族自治和社会发展中的语言问题(李丽芳 2013)。但是,Labov & Cooper(1991)认为,语言规划不仅作用于宏观层面,还应在微观层面进行,即较小的社会群体。Spolsky(2004)在构建语言规划对象框架时,除了划定地方政府、超国家群体以及国家组织几个宏观研究语域外,也划定了家庭、学校、宗教和工作场所等几个微观语域。近十几年来,有关家庭领域的语言规划研究日益引起学界重视。因为家庭作为社会最小单位,既能从微观视角上反映国家、社会等宏观层面上的语言政策,也能为国家、社会等宏观层面上的语言政策制定与调整提供参考依据,是语言学习、使用的起点与终点(李琳 廖诗意 2020)。随着家庭语言教育多元化和儿童教育投资低龄化,几乎每一个家庭都普遍存在双语双言现象,甚至多语多言现象,所以每个家庭都有必要依照语言发展规律和社会发展需求,做好既符合国家语言政策导向,又促进家庭成员语言能力健康提升的语言规划(刘群 2017)。本章聚焦农村儿童的家庭语言规划,从家庭语言意识形态、家庭语言实践和家庭语言管理三个方面对他们家庭语言规划的现实样态进行详细描写。

二、理论基础

(一)家庭语言规划①

所谓家庭语言规划指家庭成员对家庭语言使用和启蒙文化教育读写实践所做的明确公开的规划。它可以是明确可观察的,也可以是受意识形态

---

① 国内也有学者将语言规划称为语言政策。根据刘群(2017)的表述,语言规划和语言政策并无太大区别。20 世纪 90 年代后,两者的融合更加明显,逐渐被称为"语言政策和规划"。

信念等影响而无意识产生的。它的形成受家庭成员语言意识形态或信念的影响,即语言决策是否可以提高家庭社会地位,是否能最大限度服务和支持家庭成员达成人生目标。

根据 Spolsky(2004)的"语言政策三要素论",家庭语言政策包括三个层次内容:家庭语言意识形态、家庭语言实践和家庭语言管理。语言意识形态,也称语言信念,是人类对语言本身和语言使用的信念。语言管理是通过各种语言干预、规划和管理的方法来改变或影响语言实践的具体行为。语言实践是对交际中各种语言变体所做的习惯性选择模式。语言意识形态是语言实践和语言管理的基础,但大量的语言实践和反复的语言管理也会改变人们的语言信仰。语言管理不能脱离语言实践和语言意识形态,否则语言管理的效果会难以得到保障。语言实践具有普遍性和草根性,既能反映语言意识和语言管理,也会受到语言意识和语言管理影响。因而,家庭语言规划的这三个成分既相互关联,但又独自一体,形成一个稳固三角。

Spolsky(2004)还讨论了家庭语言规划发生的三种情形:当家庭中的权威角色改变其他家庭成员的语言实践;当家庭成员渐渐开始说不同语言;当家庭移民到另一个语言环境。不同于其他范围的语言政策,家庭语言规划没有显性的管理和成文的语言规章制度,只存在于基于家庭成员间语言实践和语言信念的语言选择问题。它关注的核心问题是多语家庭在日常生活中的语言选择,具体涉及家庭语言保持和语言转用,儿童语言习得的发展等问题。因而,家庭语言规划既可为家庭内亲子间的多语互动研究和儿童语言发展等提供理论基础,也可通过反映父母的语言意识来揭示更广阔的社会语境对家庭语言教育的态度和意识。

家庭语言规划首先面临的问题是究竟选择哪一种或哪几种语言作为交际工具。Mackey(1979)认为,当一个家庭中可选择的语言越多时,语言规划的问题就越复杂。当前中国正形成"多言多语"社会,儿童刚一出生,父母就要开始制定家庭语言规划,考虑是让孩子学习普通话,还是方言,或者考虑让孩子在何时接触外语(李宇明 2015)。就家庭语言规划的内容而言,学界普遍认可应有三点:

(1)学习普通话。尹静(2009)认为,为了保证下一代的语言健康发展,应提高父母对语言重要性的认识,倡导把普通话作为职业语言。

(2)传承汉语方言。俞伟奇、杨璟琰(2016)认为,要注意保护方言的使用空间和权力,特别重视家庭语言规划的作用。李如龙(2017)则认为,家庭本来就是方言传承的基本场所。

(3)学习外语。王玲(2017)认为,由于清楚了解英语在当今社会的重要地位和作用,多数家长表示会尽力在家庭内部为子女营造学习英语的环境。

本章有关农村地区儿童的家庭语言规划研究主要聚焦于普通话、方言和英语三种语言。

（二）语言领域理论

Fishman(1965)的"语言领域理论"是"语言选择"领域较为出名的理论。它从社会学角度揭示了人们在交际中使用语言的一些基本规律。Fishman 认为,人们的语言选择要受到某些"制度语境"(institutional context)制约,他把这个制度语境称之为"语言领域"(language domain)。所谓的语言领域是指包含一系列共同行为规则制约的一组典型社会情境。它是活动范围领域,在这些领域内,人们必须选定某一种语言或者方言来进行交际,以使得交际能够符合一定的社会规范并得以成功进行。"语言领域"包含一些基本要素,比如"地点""人物"和"话题"等。因此"领域分析"的焦点在于关注社会个体在何时、何地与何人用何种语言交谈何种话题。Fishman 区分了 5 个典型的微观语言领域,包含"家庭""朋友""宗教""教育"和"工作"。Fasold(1984)认为,Fishman 的"领域理论"与 Ferguson(1957)的"双言制"理论存在密切关联。那些属于 L 体的语言往往被人使用在不太正式的领域,例如"家庭"和"朋友"等较私人的场合。而那些属于 H 体的语言则往往在正式的领域使用,例如"宗教""教育"和"工作"等领域。随着研究深入,有关领域的划分也进一步细致,例如 Parasher(1980)划分了 7 个领域,分别是"家庭""朋友""邻里""市场交易""教育""政府机关"和"工作"。

Fishman 的"语言领域"理论表明人们的语言选择要受到社会规范制约,但由于日常交际中的语言选择是一种十分复杂的社会现象,它并不能解决所有的相关问题。Giles(1975)认为,语言使用者的语言选择还受到社会心理影响,因此她对该理论进行了拓展,提出了"言语适应理论"(Speech Accomodation Theory)来弥补 Fishman"语言领域"理论的不足。Giles 的理论主要用来解释言语交际中的言语趋同(convergence)、言语趋异(divergence)和言语保持(maintence)。言语趋同指在言语交际中,交际一方改变自己原有的言语习惯或语体以适应另一方的言语或语体。它可以表现在发音、语速、停顿和语码上。言语趋同的主要目的是为了获得对方的赞同、接受或者好感,以便增进交际双方的吸引力。言语趋异指交际中的一方使自己的言语或语体与另一方不同。言语趋异的目的是为了保持说话者的社会身份特征和群体特征。言语保持指未做任何的改变,在一定意义上,它也可以归为言语趋异的一个次领域。

研究者还注意到,除了社会规范和语言使用者的社会心理外,人们的语言选择还涉及其他外部因素。Yaeger-Dro(1985)认为,地理与历史因素、社会地位和语言学背景会影响人们的语言选择。地理历史因素包括原来生活的地理环境、移民分布和机构支持。移民分布包括移民的数量、出生率、婚姻模式、居住时间等。机构支持包括学校、媒体、商业和政府机构的支持。社会地位又称社会结构因素,包括经济、政治因素和母语的地位。语言学背景指官方或学术机构对语言使用的规范。Yaeger-Dro(1988)的研究表明,当某一群体的力量小时,其语言必然朝居主导地位的语言规范趋同,反之也是如此。同时,与移入国文化接触越多,趋同越多。Genesee & Bourhis(1988)则综合了有关语言选择的内部因素和外部因素,将其概括成:情景语言规范、言语适应、群内偏爱和社会结构。他们的研究发现,在某些情况下,言语趋同是社会规范的要求。比如售货员与顾客的对话,其社会规范就是"顾客语言总是对的"。同时,人们在进行语言交际时,总会无意识地划分"我们"和"他们",从而诱发对群内成员的偏爱和对群外成员的偏见和歧视。

语言领域理论是家庭语言规划理论的重要补充,它与家庭语言规划理论既有共同点也有差异点。从共同点来说,两者在研究内容上存在相似性,都关注语言选择问题。从一定意义上来说,"语言实践"可对应"语言领域","语言意识形态"可对应"言语适应","语言管理"则兼具有"语言领域"和"言语适应"的意涵。从差异点来说,家庭语言规划更注重结果性,而语言领域理论则从阐释性角度为某一家庭的语言规划提供了一个可能的解释框架。

三、研究方法

(一)研究对象

本章研究的调查对象主要是居住在温岭市潘郎、牧屿和横峰等乡镇的儿童家长,所有儿童家长皆为当地人。研究者通过好友介绍和滚雪球的方式,调查了 80 名儿童家长,其中女性 40 名,男性 40 名。共发放问卷 80 份,回收 80 份,经检验后,最终有效问卷为 80 份,问卷有效率为 100%。

(二)调查工具

本章研究的调查工具取自张治国和邵濛濛(2018)的问卷。问卷包含三个部分,涉及家庭语言规划中的语言意识形态、语言管理和语言实践。为使调查内容具体化和可操作性,研究者把语言意识形态定义为父母亲对子女使用语言的态度,将语言管理定义为父母亲对子女语言学习的投入,将语言实践定义为父母亲与子女间的语言使用。每部分下又有三个陈述句,涉及普通话、方言和英语三种语言。以语言意识形态为例，问卷中的三个陈述句为"我会鼓励孩子学习普通话""我会鼓励孩子学习方言"和"我会鼓励孩子学习英语"。事后统计表明，本问卷的系数为0.812。说明本调查问卷信度系数较好，内度一致性较高，可用于后续分析。具体问卷间本书附录3。

（三）数据统计和分析

有关数据的录入、处理由统计软件SPSS 19.0处理。统计软件主要有以下三方面应用：

（1）通过描述性统计，了解农村儿童家庭语言规划的基本情况。

（2）通过相关分析检验语言意识形态、语言管理和语言实践的内部关联性。

（3）通过配对T检验比较父母亲在语言意识形态、语言管理和语言实践上的差异。

四、研究发现

（一）整体发现

表5.1呈现了当地儿童的整体家庭语言规划情况。从均值比较来看，父母亲在语言意识形态的表现最好，均值达到了4.37，其次为语言管理，均值为3.13，语言实践则稍不如人意，均值只有2.90。这表明，当地儿童的父母亲已经具备了较好的语言意识形态，并会有意识地对他们子女的语言生活进行管理，但在具体的语言实践上则还存在一定提升空间。

表5.1　家庭语言规划基本统计量

	N	极小值	极大值	均　值	标准差
语言意识形态	122	2.33	5.00	4.37	0.67
语言管理	122	1.00	5.00	3.13	1.09
语言实践	122	2.00	5.00	2.90	0.58

表5.2呈现了家庭语言规划三个成分之间的相关数据。从相关系数来看，语言管理与语言实践之间存在密切关联，达到了中度相关$r = 0.516, p < 0.001$，但是语言意识形态和语言实践，语言意识形态和语言管理之间则不存在显著性相关关系。这表明，在当地家庭中，父母亲的语言管理和他们的语言实践是相一致的。但当地儿童家长虽然具备了较好地语言意识形态，

但并不具备充分的能动性将语言意识形态转换为语言管理和语言实践。这可能是因为语言意识形态是逐渐形成的,但也会发生变化。在当地儿童家长中,他们尚不具备充分的意识来发挥语言意识形态在家庭语言规划中的核心作用。

表 5.2　家庭语言规划的相关分析

		语言意识形态	语言管理	语言实践
语言意识形态	Pearson 相关性	1	.234	.181
	显著性(双侧)		.069	.164
语言管理	Pearson 相关性		1	.516*
	显著性(双侧)			.000
语言实践	Pearson 相关性			1
	显著性(双侧)			

* $p<0.05$

(二) 语言意识形态

语言意识形态是隐性的语言评价,很多家长往往对此没有意识。表 5.3 呈现了当地儿童家长在三种语言上的语言意识形态情况。从整体上来看,当地家长对这三种语言的语言意识形态表现都达到了较好水平。从均值来看,他们对子女学习英语的态度最好,均值 4.58,其次为普通话,均值为 4.51,再次之为方言,均值为 4.07。因而,当地儿童家长对他们子女学习普通话、英语和方言总体上都是鼓励和认可的。

表 5.3　语言意识形态的基本统计量

	N	极小值	极大值	均　值	标准差
语言意识形态	122	2.33	5.00	4.36	0.66
普通话	122	2.00	5.00	4.45	0.83
方　言	122	1.00	5.00	4.06	1.01
英　语	122	1.00	5.00	4.58	0.89

　　从标准差来看,当地儿童家长在普通话和英语上的标准差十分接近,但在方言上的标准差则超过了1,因而有关儿童家长在语言意识形态的内部表现上是否存在差异有待我们进一步探究。表5.4则呈现了当地儿童的父亲和母亲在语言意识形态上的T检验数据。从结果来看,在普通话、方言和英语上,当地儿童的父亲和母亲在这三种语言的语言意识形态上皆不存在显著性差异。

表5.4　父母亲语言意识形态差异比较

	父　　亲		母　　亲		MD	t	Sig.（双侧）
	M	SD	M	SD			
普通话	4.44	0.88	4.46	0.86	−0.02	−.228	0.821
方　言	4.08	1.05	4.05	1.05	0.03	.444	0.658
英　语	4.57	0.92	4.59	0.88	−0.02	−.574	0.568

　　* $p<0.05$

（三）语言管理

　　相比较语言意识形态而言,语言管理显得较为显性。家长为了鼓励儿童学习或使用某一语言,往往会采取某些看得见、摸得着的措施,如请家教、参加课外辅导班、购买或借阅书刊报纸,有意让小孩收看或收听有关某语言及其变体的电视或电台节目。表5.5呈现了当地儿童家长在3种语言上的语言管理情况。整体上来看,当地儿童家长在这三种语言的语言管理上还存在较大提升空间。从均值来看,当地儿童家长在英语的语言管理上表现一般,均值达到了3.85,其次为汉语,均值为3.04,方言的语言管理均值则只有2.46。这表明,当地儿童家长虽然有积极的语言管理行为,但这种行为具有指向性。具体而言,他们的家庭语言管理主要针对的是子女的英语学习和普通话学习,而非方言学习。这既可能是因为当地儿童家长在方言管理上表现上漠视或者否定的态度,也可能是因为有关方言的学习资料或学习节目在市场上极度缺乏,他们不知道如何来进行有效方言管理。

　　此外,当地儿童家长在这三种语言的语言管理上内部差异明显,标准差都超过了1。但T检验则表明,当地儿童的父亲和母亲在家庭语言管理上则不存在显著性差异。以往认为,家庭中父母亲的角色应该是"男主外,女

表 5.5　语言管理基本统计量

	N	极小值	极大值	均　值	标准差
语言管理	122	1.00	5.00	3.12	1.09
普通话	122	1.00	5.00	3.04	1.45
方　言	122	1.00	5.00	2.45	1.39
英　语	122	1.00	5.00	3.85	1.45

主内",母亲应该在儿童家庭语言管理中扮演更重要角色(董光恒等 2006)。这可能是因为,伴随社会经济变化,父亲和母亲在家庭中的社会角色已经发生了变化。就研究者的观察来看,当地很多母亲并非都是全职妈妈,他们也都有自己的独立工作或事业。在此情况下,父亲在儿童的学习生活中就会扮演更重要角色。相关数值见表 5.6。

表 5.6　父母亲语言管理差异比较

	父　亲		母　亲		MD	t	Sig.（双侧）
	M	SD	M	SD			
普通话	3.07	1.48	3.02	1.51	0.05	.536	0.59
方言	2.49	1.49	2.47	1.44	0.02	.001	0.98
英语	3.85	1.45	3.85	1.50	0.05	.002	0.97

　＊ $p < 0.05$

（四）语言实践

语言实践是人们在现实生活中所表现出的具体语言行为,是语言意识形态的外化和语言管理的结果。表 5.7 呈现了当地儿童家长在三种语言上的语言实践情况。整体上来看,当地儿童家长对这三种语言的语言实践表现出较大差异性。从均值来看,他们与子女在日常生活中最频繁使用的语言是方言,均值 3.68,其次为普通话,均值为 3.47,再次为英语,均值为 1.56。这表明,在当地家庭中,方言和普通话是亲子间最主要的生活语言。值得一提的是,英语的使用频率虽然比较低,但还是有部分家长会和子女使用英语作为沟通。研究者了解到,亲子间的英语实践主要集中在某些高学历家长身上,他们会有意识地把孩子送到当地的外语辅导机构来提升他们的英语口语能力,也会有意识地给他们的孩子购买天猫精灵或平板电脑等设备来进行辅助英语学习①。这些家庭中的孩子,往往会使用简单的英语单词,例如"banana""apple"等。相关数据见表5.7。

表 5.7　语言实践基本统计量

	N	极小值	极大值	均　值	标准差
语言实践	122	2.00	5.00	2.90	0.577
普通话	122	1.00	5.00	3.46	1.405
方　言	122	1.00	5.00	3.68	1.319
英　语	122	1.00	5.00	1.56	1.119

此外,当地儿童家长在这三种语言的语言管理上内部差异明显,标准差都超过了1。T检验表明,当地儿童父母亲在普通话和方言的语言实践上不存在显著性差异,但在英语的语言实践上则存在显著性差异。从均值比较来看,母亲要在日常生活中会与子女使用更多英语。这可能有两方面原因。一方面,母亲要比父亲具备更好地语言管理意识,会努力为孩子创设学习英语的情境。另一方面,母亲在孩子的英语学习中扮演了更重要角色,孩子的英语学习主要是母亲来推动和维持。相关数据见表5.8。

表 5.8　父母亲语言实践差异比较

	父　亲		母　亲		MD	t	Sig.（双侧）
	M	SD	M	SD			
普通话	3.52	1.453	3.41	1.490	0.115	−1.021	0.311
方　言	3.70	1.389	3.66	1.346	0.049	−0.536	0.594
英　语	1.44	1.311	1.69	1.041	−0.246	2.503*	0.015

* $p < 0.05$

---

① 此处指的高学历指本科及以上。

五、研究讨论

(一)农村儿童家庭语言规划的特点分析

根据上述研究发现,研究者对农村儿童的家庭语言规划特点进行总结:(1)根据表5.3的数据,在语言意识形态方面,英语、普通话和方言都的均值都超过了4,研究者用4个"+"表示;(2)根据表5.5的数据,在语言管理方面,普通话和英语的均值超过了3,方言则超过了2,研究者对普通话和英语用3个"+",对方言用2个"+";(3)根据表5.7的数据,在语言实践方面,普通话和方言的均值超过了3,英语则超过1,研究者对普通话和方言用3个"+",对英语用1个"+"。最终统计结果见表5.9。

表5.9　家庭规划中三种语言的排序情况

家庭语言规划	语言意识形态	语言管理	语言实践	小　计
普通话	＋＋＋＋	＋＋＋	＋＋＋	10
方　言	＋＋＋＋	＋＋	＋＋＋	9
英　语	＋＋＋＋	＋＋＋	＋	8

根据表5.9的相关描述,有关当地农村儿童的家庭语言规划特点可概括如下:

从家庭语言规划的整体角度来看:普通话在语言意识形态、语言管理和语言实践中的"+"最多(10个),方言居中(9个),英语最少(5个)。这说明普通话在当地儿童的家庭语言规划中最受重视,方言居中,英语最差。上述结论与张志国和邵萌萌(2018)有关山东济宁地区的家庭语言规划调查并不一致。在济宁地区,当地家长在家庭语言规划中最重视的是英语,其次才为普通话和方言。这说明,在城镇化进程中,城市和农村的家庭语言规划存在差异性,如何来对孩子的英语学习进行规划成为城乡地区家庭语言规划的根本性区别。

从家庭语言规划的各层面来看:在语言意识形态方面,家长对于普通话、方言和英语都比较看重,对孩子学习这些语言都持一个较为开放的态度。在语言管理方面,家长对普通话和英语比较看重,其次为方言。但在语言实践方面,家长则对普通话和方言使用最频繁,其次才是英语。这种家庭语言规划单个层面的研究可以发现家庭语言规划各个层面的长处与不足,以便让家庭语言政策的制定者和管理者扬长避短（张志国 邵萌萌 2018）。但仅凭家庭语言规划的单一层面是很难判断家庭语言规划的优劣以及某一语言在家庭中的发展趋势。

语言的活力与发展不仅要看语言政策每个部分的张力，还要看三个部分的协调度与合力。此外，语言的自然代际传承对于语言的活力和发展也至关重要，而实现语言自然代际传承的最佳地方就是家庭域（Fishman 1991）。普通话在家庭语言规划中的表现最好，获得了最多的"+"号，而且最稳定和最平均。当地家庭中不但具备普通话代际传承的条件（即存在语言实践），也具备普通话代际传承的意愿（即存在语言意识形态）和行动（即出现过语言管理）。因此，普通话在家庭域中的语言规划现状和发展趋势是最佳的。方言和英语在家庭语言规划的三个方面则有"起伏波动"的不足，三者的配合度也不够和谐。方言在家庭域中具备自然传承条件（即存在语言实践）和传承意愿（即存在语言意识形态），但在行动上则稍有不足（即语言管理不足）。于是，方言的传承在家庭中就成为一种被动的发展状态。当外部语言环境转变和语言使用者的社会心理发生变化时，家庭中方言的交际功能就会在潜移默化中发生衰退。英语在家庭域中尽管存在代际传承意愿（即语言意识形态）和行动（即语言管理），但不具备自然传承的条件（即几乎没有语言实践），从而导致家庭语言规划中"意识—管理—实践"的脱节。但英语作为一种外语，家庭本身就非他们习得的自然场景，他们更多是在学校里通过教师的正规教学才掌握的。因而，儿童的英语传承虽然在家庭中存在困难，但完全可以通过后期的学校教育来进行弥补。综上所述，普通话在当地儿童的家庭生活中扮演了最重要角色，方言次之，但其发展并不稳定，表现出逐渐下降趋势，英语虽然在家庭域中使用最少，但其发展具备稳定性，呈现出逐渐上升趋势。

（二）农村儿童家庭语言规划的社会心理因素分析

语言作为一种交际工具，本身并没有高低优劣之分。所有语言都是好的、都有复杂的系统、都能满足说话者交际的需要，并随着人们的需要进行变化（Trudgill 2009）。但由于各地社会经济、政治、生产力水平和文化等因素的发展不均衡，人们就主观地认为某些语言要比其他语言更具有权势。语言发展史也表明，语言的社会地位是随着其使用团体文化发展水平的高低而起伏。在我国，普通话的社会地位一般要高于地方方言，因为普通话是标准语，无论是在使用范围还是语言威信上，都具有地方方言不可比拟的优势。借助国家层面的宏观语言支持，普通话一方面限制并逐渐取代方言的流通领域，另一方面又通过教育手段和媒体手段从书面语和口语两方面与方言争夺使用范围。会不会说普通话和能不能说标准普通话已经与个体的升学和就业相挂钩了。尽管国家推广普通话的目的不是为了消灭方言,却在无形中造成普通话和方言的对立。与此同时,随着国际交往的加剧和世界范围内的英语广泛传播,学习英语几乎成为一项全民运动,广大家长对儿童英语学习的热切期望也日益增长。在此背景下,普通话和英语当仁不让地扮演了高变体语言的角色,并被打上了"有地位"和"有文化"的标签,而方言则被打上了"未受过教育"和"粗鄙"的标签(蔡晨 2016)。反映在本章研究中就是当地家长在普通话和英语的家庭语言规划表现要好于英语。

此外,家庭语言规划不仅是一种社会外部条件的作用过程,也是规划者一种内在的心理过程。在此过程中,规划者对语言的心理认同扮演了重要角色。心理认同的产生和启动与"意义沟通"和"情感沟通"密切相关(周晓宏 2005)。"意义沟通"是与原有认识经验的沟通,消除意义障碍,建立新的认识。在这一过程中,同化和顺应扮演了重要角色。在同化过程中,个体通过与环境的交互作用,把新的经验吸收到个体事先存在的认知结构中,以建立新的认知结构。而顺应则是指个体改善旧有的认知结构以适应环境的新变化。"情感沟通"与"意义沟通"会同步发生。个体总是带着一定的情感倾向去与新事物发生作用,当新事物与原有情感体验不一致时,原有情感会成为个体接受新经验的障碍。只有通过情感学习,使个体消除情感障碍,产生情感沟通,才能接受新经验,建立新的经验体系。就本研究中的农村家长而言,方言是他们最早习得的语言,因而他们对于方言比较有心理情感,认为那是一种亲人间的语言,也愿意把方言继续传承给他们的子女。不少儿童家长就表示,方言在当地还是具备一定的使用功能,使用方言能拉近当地成员间的心理距离,加强成员间对在地语言文化的认同。但在过往的学校教育中,他们进一步认识到普通话和英语在社会生活中的重要作用,已有的对于方言的认知和看法就会发生改变。有家长就表示,方言并不能与时俱进地反应社会上新生的事物和现象,过多使用方言也会造成孩子未来教育和职业生涯的不便。在同化和顺应的过程中,当地儿童家长重新建构有关方言、普通话和英语的认识,有关家庭语言规划的中心就从方言逐渐向普通话和英语转移。

六、本章小结

本章研究调查了温岭地区农村儿童的家庭语言规划情况,虽然样本数不是很多,但从中却也可以发现一些其他地区农村家庭中可能也具有的共性发展特点。研究发现:

（1）农村家庭的语言生活主要由普通话和方言组成，但英语也开始在其中扮演重要角色。

（2）在语言意识形态方面，家长对于普通话、方言和英语都比较看重。在语言管理方面，从高到低分别是普通话、英语和方言。在语言实践方面，从高到低分别是普通话、方言和英语。

（3）从家庭语言规划的配合度来看，普通话表现最好，英语和方言虽然表现次之，但各有自己的优势。

（4）从家庭语言传承来看，普通话呈现强势的发展趋势，方言呈现由强到弱的趋势，英语呈现由弱到强的趋势。家庭语言规划有其深层次的社会因素和文化因素，我们虽然无权干涉家庭内部的语言规划，但可以通过外部因素来进行适当干预。

针对本研究结果，研究者建议如下：

（1）加强农村家长的语言规划意识。政府和学校要大力推广父母教育，逐步建立包括学校、社区、企业和政府机构在内的父母教育机构体系，促进学校、家庭和社会的深度合作，为农村地区家长提供各类家庭语言服务。同时，应该在全社会推广成熟的父母教育模式，帮助儿童家长理解家庭环境的重要性、更新语言态度和语言教育方法，通过有效的语言规划建立良好的亲子关系。

（2）创建良好的社会语言环境。农村地区的语言冲突较少，政府的语言规划意识也较为淡薄。针对当地方言在家庭中使用削减的趋势，地方政府要创造良好的社会语言环境，要鼓励语言群体在某些场合多使用方言。同时，政府要丰富公共文化资源，为儿童的语言学习营造良好的家庭外文化环境，例如可以通过利用乡村图书馆和文化馆等公共文化场所为儿童提供多样性地多语言公益服务。

（3）加大优秀方言给养的供给。汉语普通话的强势与方言的弱势在很大程度是由现代媒体所导致的。地方政府应该要在大众传媒中放宽对方言节目的限制，多多制作方言类影视节目。同时，地方政府要推进方言教育的数字化建设，实现优质方言教育资源的在线共享，提升农村儿童使用数字媒体满足语言学习需求的能力。通过借助大众传媒来提升方言的社会地位需要投入大量地资金和精力，需要政府、传媒人士、语言学者和社会企业集团的全力合作，任重而道远。

第六章 家庭教育环境与儿童
方言学习动机研究

一、引言

　　情感在语言学习中发挥至关重要作用,而学习动机作为情感的重要组成部分,一直是应用语言学领域的关注焦点。当前,国内外针对学习动机的研究虽已广泛展开,但大多关注学习动机对学习效果的影响,或学校情境下学习动机的激发或维持,对于家庭教育环境对学习动机的影响则没有引起足够关注。实际上,语言学习是一个复杂过程,它除了受到学校教学和学习者自身因素影响外,还受到家庭教育环境影响(孙丽英 2018)。就方言习得而言,家庭和社会才是儿童接触和学习方言知识的主要环境。因而,家庭教育环境的好坏与学习氛围的浓厚程度必然会对儿童的方言学习动机和方言学习效果存在影响。但是,当前的家长和教师虽然对家庭教育环境有了一定认识和重视,但在方式和方法的选择上还存在一些失误,对学习者的方言学习产生了一些负面影响。教育部(2015)在《教育部关于加强家庭教育工作的指导意见》中就明确提出,家庭是孩子的第一课堂,父母则是孩子的第一任老师。从一定意义上来说,家庭教育工作开展的有效性关系到学习者未来的成长发展。因而,探索家庭教育环境对学习者的方言学习是一个有待探索的重要研究。

二、理论基础

(一)家庭教育环境

　　不同学者对家庭教育环境的定义和组成要素存在不同看法。Moss & Moss(1981)将家庭教育环境当成一个整体进行研究,指出家庭教育环境应包含 10 个要素,分别是亲密度、情感表达、矛盾性、独立性、成功性、知识性、娱乐性、宗教道德观、组织性和控制性。此定义从家庭的功能性角度出发,对家庭教育环境的功能要素做了说明,但因其过于抽象在实际过程中缺乏可操作性。Coleman(1990)则从成本要素角度将家庭教育环境分成财务资本、人力资本和社会资本三个方面。财务资本指家庭的社会经济地位,人力资本则指父母的学历和技能等,社会资本则指家庭的教育文化环境。相比较而言,Coleman 对于家庭教育环境的分类更加具体,也更加简洁明了,被学界广为引用。此后,国内一些学者也展开相关讨论。谢莹(2007)认为家庭教育环境就是家庭中影响各成员在生理、心理和社会适应等方面得到健康发展的各种事物总和。孙殿凤等(2004)将家庭教育环境分成物质环境和精神环境两个方面,物质环境指家庭中衣食住行等方面的物质层面,精神环境则指家庭的教育方式、家庭成员间的关系和家长的行为表现等因素。林莉和侯玉波(2007)则从软环境和硬环境两个方面对家庭环境进行定义,家庭成员结构和家庭经济条件等可以被量化的因素属于家庭硬环境,家庭教育方式和家长行为习惯等不能被具体化的则是家庭软环境。综合国内学者和国外学者的相关表述,可以发现,尽管他们对于家庭教育环境的定义存在表述上的差异,但大致都可分成两个范畴,其中家长行为表现、家庭文化环境和家庭教育方式等属于人力资本和社会资本范畴的,可以归为主观因素,家庭经济状况等属于财务资本范畴的则可归为客观因素。本研究有关家庭教育环境的讨论将会整合上述两个范畴的内容。

(二) 学习动机

对于学习动机的定义,学界主要有两个视角,分别是动机的组成视角和动机的状态视角。就动机的组成视角而言,有专家认为动机就是目标。例如文秋芳(1996)认为,学习动机就是学习语言的原因和目标,何兆熊和梅德明(1999)也认为学习动机就是学习者总的目标或方向。还有专家则认为动机就是努力。Jonestone(1999)认为,动机就是指向目标的内驱力,Ellis(2008)也认为,动机就是学习者出于需要或愿望,在学习语言时付出的努力。还有学者整合上述两种认识,将动机定义为追求目标的选择和为之付出的努力(Brown 1994)。就动机的状态视角而言,William & Burden(1997)认为,动机就是认知和情感的激发状态,在这种状态下为达到所设定的目标,决定所采取的行动,并维持着心智和身体的努力。在上述定义中,动机的状态是静止的。但 Pintrich & Schunk(1996)则认为动机的状态是动态的,它是激发和维持指向目标的活动过程。当然,也有学者认为动机是静态和动态的复合体,例如 Dornyei(1994)就认为动机可以是持续的过程,也可以由其他外力而终止。当前,学界对动机的定义渐趋一致,认为动机是由某种需要引起的直接对个体活动、维持已引起的活动并使该活动朝向某一目标以满足需要的内在过程(莫雷 2003)。在此定义中,动机是静态和动态的复合体,因为它是"内在过程或内部心理状态"。同时,动机的作用是引起活动,并维持活动朝某一方向前进。

对于学习动机的分类,学界也存在看法上的差异。比较而言,Gardner & Lambert(1972)从社会语言学角度提出的融入型动机和工具型动机在学界被广为引用。融入型动机指学习者对目的语社团文化想有所了解或存有特殊兴趣,希望与之交往或期望融入该社团的社会生活。工具型动机则指学习者学习语言的目的在于获得经济实惠或其他好处,例如通过考试和获得奖学金等。Gardner & Lambert 认为,如果学习者以融入为目标,那么他们的语言学习主动性就会高,能注重听说读写能力的全面培养,且能长期保持学习的势头,学习成绩提升快。相反,如果学习者是以工具为目标,那么他们可能偏重听说能力的发展,且这种学习的动力是短暂的,一旦目标实现或达到,学习的劲头就会消失。后续研究表明,融入型动机和工具型动机在同一学习者身上都有可能表现出来,只是在不同时间段,其表现强度会有差异。本研究有关学习动机的分类主要采取上述视角。

（三）问题提出

在现代化过程中,语言作为一种文化资本在国际交往中带给人们使用语言符号获得在社会空间中移动的能力或潜力(Blommaert 2010)。国外对于家庭教育环境对语言学习的影响最早起源于英国。Lueptow(1975)的研究表明,来自发达地区且家长具有较高社会地位的学生在学习表现上会较好。Poston & Falbo(1990)则发现教育程度高的家长更注意根据孩子的智力水平和孩子交流与互动,他们的孩子在学习表现上也会更好。此后,越来越多的学者针对此议题展开了研究。Vachha & Adams(2009)指出,在世界上绝大多数国家,学生学业成绩一般可以用家庭教育环境的不同来解释,包括家庭的语言环境、家庭的经济状况、家长的期望和兴趣爱好、对子女学习的了解状况和家庭结构等。Ho & Willms(1996)提出影响学生学习效果的影响因素有父母的经济地位、亲子交流方式、对学生在校情况的了解程度和家长的教育投资等。Evans(1999)则从家长与孩子的语言交流方面入手,发现父母的用语复杂性和孩子的语言能力发展呈现负相关。此外,Gardner et al(1999)则将家长参与度纳入考量,认为社会经济收入不是影响孩子学业表现的主要因素,家长的参与度和鼓励则是关键因素。Kormos et al(2011)还发现,家长对语言学习的重要性认识以及他们所投入的支持会对孩子的学习判断产生影响。

国内研究起步较晚,但也取得了许多有益发现。马信行(1985)的研究表明,家长的教育程度与职业对学生的学习成绩有一定影响,假如家长受教育程度较高,从事职业也较好,那么孩子的学习成绩也会较好。但是李晓巍(2015)的研究则表明,家长参与儿童学习会和儿童社会发展能力之间呈现负相关的关系。刘宏刚(2017)则从家长投资角度切入,探讨了家长的投资行为与初中生学习动机之间的关系,发现家长的投资观念、投资行为和学习动机之间存在线性的影响关系。从国内外已有研究来看,家庭教育环境对学生学习动机的影响已经取得了共识,但在相关因素的影响效度和影响路径上则还存在差异。这一方面是由于国内外家庭社会环境存在很大差异,另一方面也可能与研究者所关注的对象语言并不一致有关。从已有文献来看,国内相关研究主要是以英语学习动机或汉语学习动机为研究对象,鲜有以方言学习动机为对象的研究。同时,已有研究虽然从整合角度关注家庭教育环境中的多个因素,但是对于中国社会发展中出现的一些新社会现象,例如城乡家庭差异和父母管教子女方式的转变等,并没有引起充分注意。学习动机是语言学习者个体差异中最重要的因素,也是影响学习者习得表现的关键因素。有鉴于此,本章研究尝试以儿童为研究对象,以学习动机为切入点,关注他们的家庭教育环境对方言学习动机的影响。

本章研究主要研究问题如下:

(1)农村儿童的家庭教育环境和方言学习动机表现如何?

(2)方言表现与籍贯在家庭教育环境和方言学习动机上是否存在交互效应?

(3)儿童的家庭教育环境与他们的学习动机之间存在何种关系?

三、研究方法

(一)研究对象

本章研究受试为浙江省温岭市城乡地区四所小学的 300 名 4—6 年级儿童,其中男生 178 人,女生 122 人,城市地区 150 人,农村地区 150 人。他们都会说当地方言,但方言能力存在较大差别。

(二)研究问卷

本章研究的调查问卷改编自谢皓薇和叶玉珠(2016)的"家庭学习环境问卷"和高一虹(2006)的"中国大学生学习动机问卷"。出于研究需要,作者对这两份问卷进行了改编。正式版的问卷由两个部分组成,分别是背景信息和问卷正文。背景信息包含受试的家庭籍贯(农村或城市)和方言表现(差或好)两个题项。家庭教育环境问卷正文由家庭经济地位、家庭学习方式、家庭教育投入和家庭沟通方式四个部分组成,每个部分又由两个题项组成。以家庭经济地位为例,涉及的两个题项与家庭经济状况和父母亲学历相关。方言学习动机问卷由工具型动机和融入型动机两个部分组成，每个部分也由三个题项组成。以工具型动机为例，涉及的三个题项与获得别人赞善、容易交朋友和提高交际效果有关。两份问卷使用 Likert 五分量表，受试需要在 1 至 5 的语义区间选择一个具体数值，5 表示完全认同，1 表示完全不认同。他们在每个类别上的整体得分即为其在家庭教育环境和方言学习动机上的表现。具体问卷见本书附录 4。

（三）数据收集与分析

整个数据收集工作在一周内完成，研究者请专人负责相关问卷的收集和发放。在调查过程中，共发放问卷 300 份，回收问卷 291 问卷，事后检验有效问卷为 272 份，问卷的回收率为 90.67%。前期数据统计表明，家庭教育环境问卷的 Cronbach α 值为 0.847，方言学习动机问卷的 Cronbach α 值为 0.853。这表明本研究的测量工具信度较好，可用于后续研究。

本章研究的相关数据分析主要在 SPSS 19.0 中进行，涉及的主要统计方法如下：

1. 使用描述性统计探讨受试在家庭教育环境和方言学习动机上的表现。

2. 使用析因方差分析探讨方言表现和家庭籍贯在家庭教育环境和方言学习动机上的交互效应。

因变量：（1）家庭经济地位；（2）家庭学习方式；（3）家庭教育投入；（4）家庭沟通方式；（5）工具性动机；（6）融入型动机

自变量：

（1）籍贯：R＝农村 U＝城市

（2）方言水平：H＝好 L＝差

3. 使用多元回归分析探讨家庭教育环境在学习动机两个变项上的预测性。

因变量：（1）工具性动机；（2）融入型动机

自变量：（1）家庭经济地位；（2）家庭学习方式；（3）家庭教育投入；（4）家庭沟通方式

四、研究发现

（一）家庭教育环境与方言学习动机的基本统计量

所有受试具有 6 个分数，分别是家庭教育环境的四个主要变项和方言学习动机的两个主要变项。表 1 呈现了受试在家庭经济地位、家庭学习方式、家庭教育投入、家庭沟通方式、工具型动机和融入型动机上的基本统计量。各组数据基本为正态分布，说明本研究受试者取样合理，具有较好的代表性。

表 6.1　家庭教育环境和方言学习动机的基本统计量

		N	均值	标准差	极小值	极大值
家庭教育环境	家庭经济地位	272	1.79	.619	1	3
	家庭学习方式	272	1.42	.631	1	3
	家庭教育投入	272	2.30	1.121	1	5
	家庭沟通方式	272	3.71	.837	2	5
方言学习动机	工具型动机	272	4.01	.811	2	5
	融入型动机	272	3.85	.855	1	5

就家庭教育环境而言,受试在家庭沟通方式上的自我评价最高,均值为 3.71,超过了临界值 3。家庭教育投入、家庭学习方式和家庭经济地位上都没有超过临界值,其中又以家庭学习方式和家庭经济地位的均值最低,没有达到 2。就标准差而言,家庭教育投入的标准差为 1.121,次之为家庭沟通方式,标准差为 0.837,家庭经济地位和家庭学习方式则比较接近,都在 0.62 上下波动。就方言学习动机而言,受试在工具型动机上的自我评价要好于融入型动机,前者均值为 4.01,后者均值为 3.85。就标准差而言,两者比较接近,融入型动机要略高于工具型动机。

（二）籍贯与方言水平在家庭教育环境与方言学习动机上的析因分析

本部分主要讨论籍贯与方言水平在家庭教育环境和方言学习动机上的交互效应。研究者以籍贯和方言水平为自变量,以家庭教育环境的四个变项和方言学习动机的两个变项为因变量,进行析因方差分析。

1. 籍贯与方言水平在家庭经济地位上的析因分析

有关籍贯与方言水平在家庭经济地位上的主效应检定如表 6.2 所示。

表 6.2　籍贯 * 方言水平在家庭经济地位上的主效应检定

源	Ⅲ型平方和	df	均方	F	Sig.
校正模型	31.395[a]	3	10.465	38.629	.000
截　距	616.500	1	616.500	2 275.647	.000

源	Ⅲ型平方和	df	均方	F	Sig.
籍　　贯	19.618	1	19.618	72.413	.000*
方言水平	2.815	1	2.815	10.390	.001*
籍贯 * 方言水平	1.188	1	1.188	4.385	.037*

* $p<0.05$

表 6.2 表明,籍贯在家庭经济地位上存在主效应($F=72.413, p<0.05$),方言水平在家庭经济地位上也存在主效应($F=10.390, p<0.05$)。这表明,不同籍贯儿童在家庭经济地位上存在差异,不同方言水平的受试在家庭经济地位上也存在差异。事后检验表明,城市儿童的家庭经济地位要好于农村儿童($M_{城市}=2.29, M_{农村}=1.63$),高方言水平儿童的家庭经济地位要好于低方言水平儿童($M_{好}=1.94, M_{差}=1.52$)。同时,籍贯与方言水平在家庭经济地位上存在交互作用($F=4.385, p<0.05$)。这表明,不同籍贯儿童会因其方言水平不同而在家庭经济地位上存在差异。事后检验表明,在城市地区,不同方言水平儿童在家庭经济地位上不存在显著性差异($F=0.396, p>0.05$)。但在农村地区,不同方言水平儿童则在家庭经济地位上存在显著性差异($F=33.303, p<0.05$)。方言水平好的儿童其家庭经济地位好于方言水平差的儿童($M_{好}=1.80, M_{差}=1.37$)。有关籍贯与方言水平的简单交互效应如表 6.3 所示。

表 6.3　籍贯 * 方言水平在家庭经济地位上的交互效应

主要统计量		均　值	标准差	F	Sig.
城市	方言水平差	2.22	0.162	0.396	0.531
	方言水平好	2.31	0.604		
农村	方言水平差	1.37	0.377	33.303	0.000*
	方言水平好	1.80	0.592		

* $p<0.05$

2. 籍贯与方言水平在家庭学习方式上的析因分析

有关籍贯与方言水平在家庭学习方式上的主效应检定如表 6.4 所示。

表6.4 籍贯＊方言水平在家庭学习方式上的主效应检定

源	Ⅲ型平方和	df	均方	F	Sig.
校正模型	4.769ᵃ	3	1.590	4.132	.007
截 距	360.571	1	360.571	937.155	.000
籍 贯	2.930	1	2.930	7.615	.006*
方言水平	.531	1	.531	1.381	.241
籍贯＊方言水平	.010	1	.010	.025	.874

* $p<0.05$

表6.4表明,籍贯在家庭学习方式上存在主效应($F=7.615,p<0.05$),方言水平在家庭经济地位上不存在主效应($F=1.381,p>0.05$)。这表明,不同籍贯儿童在家庭学习方式上存在差异,不同方言水平儿童在家庭经济地位上不存在差异。事后检验表明,城市儿童的家庭经济地位要好于农村儿童($M_{城市}=1.63,M_{农村}=1.35$)。同时,籍贯与方言水平在家庭经济地位上不存在交互作用($F=0.025,p>0.05$)。这表明,不同籍贯的儿童不因其方言水平不同而在家庭学习方式上存在差异。

3. 籍贯与方言水平在家庭教育投入上的析因分析

有关籍贯与方言水平在家庭教育投入上的主效应检定如表6.5所示。

表6.5 籍贯＊方言水平在家庭教育投入上的主效应检定

源	Ⅲ型平方和	df	均方	F	Sig.
校正模型	83.131ᵃ	3	27.710	28.818	.000
截 距	1 128.511	1	1 128.511	1 173.622	.000
籍 贯	67.619	1	67.619	70.322	.000*
方言水平	.196	1	.196	.204	.652
籍贯＊方言水平	.040	1	.040	.041	.839

* $p<0.05$

表6.5表明,籍贯在家庭教育投入上存在主效应($F=70.322,p<0.05$),方言水平在家庭经济地位上不存在主效应($F=0.204,p>0.05$)。这表明,不同籍贯儿童在家庭教育投入上存在差异,不同方言水平儿童在家庭教育投

入上不存在差异。事后检验表明,城市儿童的家庭教育投入要好于农村儿童($M_{城市}=3.25,M_{农村}=1.98$)。同时,籍贯与方言水平在家庭教育投入上不存在交互作用($F_{籍贯*方言水平}=0.041,p>0.05$)。这表明,不同籍贯儿童不因其方言水平不同而在家庭教育投入上存在差异。

4. 籍贯与方言水平在家庭沟通方式上的析因分析

有关籍贯与方言水平在家庭沟通方式上的主效应检定如表6.6所示。

表 6.6　籍贯 * 方言水平在家庭沟通方式上的主效应检定

源	Ⅲ型平方和	df	均方	F	Sig.
校正模型	43.517ª	3	14.506	26.569	.000
截　　距	2 581.417	1	2 581.417	4 728.264	.000
籍　　贯	30.587	1	30.587	56.025	.000*
方言水平	.254	1	.254	.466	.496
籍贯 * 方言水平	.873	1	.873	1.599	.207

　* $p<0.05$

表 6.6 表明,籍贯在家庭沟通方式上存在主效应($F=56.025,p<0.05$),方言水平在家庭沟通方式上不存在主效应($F=0.466,p>0.05$)。这表明,不同籍贯儿童在家庭教育投入上存在差异,不同方言水平儿童在家庭教育投入上不存在差异。事后检验表明,城市儿童的家庭教育投入要好于农村儿童($M_{城市}=4.38,M_{农村}=3.49$)。同时,籍贯与方言水平在家庭教育投入上不存在交互作用($F=1.599,p>0.05$)。这表明,不同籍贯儿童不因其方言水平不同而在家庭沟通方式上存在差异。

5. 籍贯与方言水平在工具型动机上的析因分析

有关籍贯与方言水平在工具型动机上的主效应检定如表6.7所示。

表 6.7　籍贯 * 方言水平在工具型动机上的主效应检定

源	Ⅲ型平方和	df	均方	F	Sig.
校正模型	22.808ª	3	7.603	13.112	.000
截　　距	2 930.063	1	2 930.063	5 053.163	.000

续表

源	Ⅲ型平方和	df	均方	F	Sig.
籍　　贯	21.312	1	21.312	36.755	.000*
方言水平	.323	1	.323	.557	.456
籍贯 * 方言水平	.799	1	.799	1.377	.242

* $p<0.05$

表 6.7 表明,籍贯在工具型动机上存在主效应($F_{籍贯}=36.755,p<0.05$),方言水平在工具型动机上不存在主效应($F=0.557,p>0.05$)。这表明,不同籍贯儿童在工具型动机上存在差异,不同方言水平儿童在工具型动机上不存在差异。事后检验表明,城市儿童的工具型动机要好于农村受试($M_{城市}=4.50,M_{农村}=3.84$)。同时,籍贯与方言水平在工具型动机上不存在交互作用($F_{籍贯*方言水平}=1.377,p>0.05$)。这表明,不同籍贯儿童不因其方言水平不同而在工具型动机上存在差异。

6. 籍贯与方言水平在融入型动机上的析因分析

有关籍贯与方言水平在融入型动机上的主效应检定如表 6.8 所示。

表 6.8　籍贯 * 方言水平在融入型动机上的主效应检定

源	Ⅲ型平方和	df	均方	F	Sig.
校正模型	27.849ᵃ	3	9.283	14.611	.000
截　　距	2 714.540	1	2 714.540	4 272.642	.000
籍　　贯	9.638	1	9.638	15.170	.000*
方言水平	8.318	1	8.318	13.092	.000*
籍贯 * 方言水平	.560	1	.560	.881	.349

* $p<0.05$

表 6.8 表明,籍贯在融入型动机上存在主效应($F=15.170,p<0.05$),方言水平在融入型动机上也存在主效应($F=13.092,p<0.05$)。这表明,不同籍贯儿童在融入型动机上存在差异,不同方言水平儿童在融入型动机上也存在差异。事后检验表明,城市儿童的工具型学习动机要好于农村儿童

（$M_{城市}=4.20$, $M_{农村}=3.74$），低方言水平儿童的融入型动机要好于高方言水平儿童（$M_{低}=4.15$, $M_{高}=3.69$）。同时，籍贯与方言水平在融入型动机上不存在交互作用（$F_{籍贯*方言水平}=0.881$, $p>0.05$）。这表明，不同籍贯的儿童不因其方言水平不同而在融入型动机上存在差异。

（三）家庭教育环境对方言学习动机的回归分析

为探索家庭教育环境对方言学习动机的影响力，研究者先将家庭教育环境的四个主要因子与方言学习动机进行相关分析。皮尔逊双尾检验显示，工具型动机与家庭沟通方式之间存在中度相关，r 系数为 0.378，与家庭经济地位、家庭学习方式和家庭教育投入之间则存在轻度相关，r 系数介于 0.138—0.315 之间（$p<0.05$）。融入型动机与家庭教育投入和家庭沟通方式之间存在中度相关，r 系数分别为 0.598 和 0.360，与家庭经济地位和家庭学习方式则存在轻度相关，r 系数分别为 0.231 和 0.224（$p<0.05$）。这表明，家庭教育环境的四个因子与工具型动机和融入型动机之间存在一定程度的关联，但这种关联程度存在差异。整体上来看，家庭教育环境与融入型动机之间的关联程度更紧密。相关系数见表 6.9。

表 6.9 家庭教育环境与工具型动机的相关分析

主要统计量		家庭经济地位	家庭学习方式	家庭沟通方式	家庭教育投入
工具型动机	r	0.209 *	0.138 *	0.378 *	0.315 *
	p	0.001	0.023	.000	.000
融入型动机	r	0.231 *	0.224 *	0.360 *	0.598 *
	p	.000	.020	.000	.000

* $p<0.05$

为进一步探索两者之间的内部联系，研究者以家庭教育环境的四个因子为因变量，分别以工具型动机和融入型动机为自变量，进行进入型多元线性回归分析。回归结果显示，家庭教育环境与工具型动机的模型决定系数为 $R^2=0.172$，方差检验值 $F=13.914$, $sig.<0.001$，因而该模型具有统计意义，即家庭教育环境对工具型动机具有一定的预测作用，可以解释 17.2% 的变异。其中，家庭教育投入的影响最大（Beta = 0.366），家庭沟通方式（Beta = 0.157）。相关数值见表 10。家庭教育环境与融入型动机的模型决定系数为 $R^2=0.393$，方差检验值 $F=43.228$, $sig.<0.001$，因而该模型具有统计意义，即

家庭教育环境对工具型动机具有一定的预测作用,可以解释39.3%的变异。相比较而言,融入型动机模型的预测力要比工具型动机模型的预测力要更大。其中,家庭沟通方式的影响力最大(Beta=0.637),家庭学习方式次之(Beta=0.175)。家庭经济地位则对融入型动机存在负向影响力(Beta=-0.150),即随着该变量增加,融入型动机表现则会变弱。相关数值见表6.10和6.11。

表6.10　家庭教育环境对工具型动机的回归预测分析

模　　型	非标准化系数		标准系数	t	Sig.
	B	标准误差	Beta		
(常量)	3.036	.228		13.288	.000
家庭经济地位	−.011	.089	−.008	−.121	.903
家庭学习方式	−.128	.093	−.100	−1.381	.168
家庭教育投入	.265	.059	.366	4.502*	.000
家庭沟通方式	.152	.067	.157	2.260*	.025

　* $p<0.05$

表6.11　家庭教育环境对融入型动机的回归预测分析

模　　型	非标准化系数		标准系数	t	Sig.
	B	标准误差	Beta		
(常量)	1.438	.206		6.971	.000
家庭经济地位	−.207	.081	−.150	−2.564*	.011
家庭学习方式	.237	.084	.175	2.827*	.005
家庭教育投入	.016	.053	.021	.307	.759
家庭沟通方式	.650	.061	.637	10.672*	.000

　* $p<0.05$

上述统计表明,家庭教育环境与受试的方言学习动机之间存在密切关联,家庭教育环境越好,他们的方言学习动机表现也越强。比较而言,家庭教育环境对受试融入型动机的影响力要大于工具型动机。家庭教育投入和家庭沟通方式是影响受试工具型动机的关键因素,家庭学习方式和家庭沟通方式是影响受试融入型动机的关键因素。

五、研究讨论

（一）家庭教育环境特点分析

本章研究发现,当前的大学生群体对家庭的英语教育环境很不满意,且存在内部感知差异大的问题。这与以往黎丽（2004）等人的调查结论基本一致。具体而言,受试的家庭教育环境存在着如下特点:

（1）家庭沟通方式以子女为中心（$M = 3.71$）。父母更注重亲子互动中和谐关系的建构,他们一方面对子女学好方言存在信心,会鼓励但不强迫子女去学习方言。同时,当子女有进一步学习方言的意愿时,父母也会为他们提供更多的帮助。但是,子女的主观感受均值虽然超过了临界值3,但是还没有达到4。这表明,这种沟通方式正处于转变的建构过程,正朝向积极方向发展。

（2）家庭方言教育投入不足（$M = 2.30$）。针对方言教育,父母更强调日常教育的重要性,对于家庭方言教育则关注不够。从家庭教育投入来看,父母更倾向于日常方言使用的重要性,较不会有针对性地给子女购买方言学习资料。从子女的感受均值来看,没有达到临界值3,这表明,父母的家庭教育投入并不能满足子女学习英语的需求。

（3）家庭经济地位不高（$M = 1.72$）。从受试的主观感受来看,他们对于家庭经济地位的整体性评价不高。但由于本研究对于家庭经济地位的评价涉及家庭年收入这一较为隐私问题,也不排除受试存在自评偏低的情况。从审慎乐观的角度来看,受试家庭的年均年收入该是介于5—10 W 之间,父母亲的平均教育程度该是高中学历。这样的家庭特征该是属于中等偏下群体,父母亲对于孩子的教育问题会存在一定的期望,但往往不知道采取何种手段进行有效的改善。

（4）家庭学习方式单一（$M = 1.42$）。父母一方面语言素养本身就不高,另一方面也存在一种错误观念,认为方言学习无用,会影响他们的汉语学习和英语学习。他们不会鼓励子女学习方言,也不会创设方言学习情境,更不会和子女分享方言学习的经验。整体上而言,本研究受试的家庭教育环境存在较大问题,存在很大的改善提升空间。

（二）方言学习动机特点分析

就学习动机而言,本章研究受试整体上表现出一种工具型特征（$M =$

4.01）。肖正德等（2019）认为，城市文化的崛起和城市教育的发展遮蔽了农村教育发展独特的文化价值，导致农村教育逐渐沦为城市教育的附庸。在此背景下，"离农"的教育取向早已深入人心，儿童学习方言更多地是想获取方言在农村社会生活中带来的利益，比如有利沟通和获得他人赞赏等。但是，这一结论并不完全否认儿童没有融入型的方言学习动机。从调查结果来看，融入型动机的评价均值为3.85，已经很接近4。这表明，也有很大一部分儿童开始体验方言背后所代表的社会文化感受。究其原因可能与当今乡村文化振兴的语境相关。在乡村文化振兴背景下，学界呼吁从多样性角度来重构农村的教育价值取向，强调将地方性知识和乡土文化有序地融入农村教育体系和课程内容开发中（徐斌 2016）。在此背景下，通过学校的正规方言教育，儿童们也开始重新认识和审视在地方言和在地文化，开始建立起乡土文化拥有者和继承者的自我意识。Bourdieu（1991）认为，惯习是一种生成性结构，是社会历史中形成的具有持久性和生成性的性情倾向。从这个意义上来说，儿童群体的方言学习动机实际上也是一种惯习，是一定社会环境影响下的基于个体学习实践所形成的为什么要学方言的一种主观性认识。整体上而言，本研究儿童群体的方言学习动机是一个动态的复合体，同时朝着工具型和融入型两个方向并行发展，但是在不同学习阶段会表现出不同的特点。

（三）家庭教育环境对学习动机的影响研究

本章研究发现，家庭教育环境对学习动机的两个因子存在一定程度的正向影响。这表明，儿童方言学习动机的激发和维持不仅仅在于学校教育机会，还在于他们家庭教育环境的提供。就工具型动机而言，家庭教育投入和家庭沟通方式是两个关键影响因素。工具型动机关注的是将方言作为一种工具来达成个体行为和心理的需求，它更多体现的是一种近景式需求。家庭教育投入中的时间投入和金钱投入恰好能满足学习者的这种需求，能通过短期强化式的有针对性供给来提高学习者的方言能力。家庭沟通方式的作用机制在于通过民主氛围与和谐气氛的塑造维护和强化学习者的学习动机，让他们能朝着一个明确的目标高效行进。

就融入型动机而言，家庭沟通方式和家庭学习方式是两个关键影响因素。这表明，家庭沟通方式的这种维护和强化学习者学习动机的作用，不仅在工具型动机上有效，在融入型动机上也同样有效。就家庭学习方式而言，父母和亲子间的互动有利于学习者更好地把握方言学习的规律，激发他们学习的自我效能感。比较而言，融入型动机在那些方言学习比较好的学习者身上更为明显。因为，有效的家庭群体间互动会让他们有更多的机会和精力去关注语言之外的东西,去更好体会以方言为代表的乡土文化,而在融入乡土文化的过程中,家庭群体间的互动也会给予学习者很多有效的建议来应对文化认同建构中的冲突和挑战。

六、本章小结

本章研究目的在于揭示当代儿童的家庭教育环境对他们方言学习动机的影响。研究发现,儿童学习者对当前的家庭方言教育环境很不满意,在家庭教育投入、家庭经济地位和家庭学习方式等方面存在较大的期待。同时,他们的方言学习动机表现出一种动态的复合体,在工具型和融入型两个方向上并行发展。这加深了有关中国语境下学习者家庭教育环境和学习动机的认识,为家庭语言政策的制订提供了新的实证支持。研究还发现,家庭教育环境对方言学习动机存在积极的影响效度,家庭教育投入和家庭沟通方式是影响工具型动机的两个关键因素,家庭沟通方式和家庭学习方式则是影响融入型动机的两个关键因素。上述结论厘清了家庭教育环境对方言学习动机的影响机制和影响效度问题,从家庭教育环境建设角度为农村儿童方言学习动机的激发和维持提供了新的启示。本研究结果表明,家长们需要改变已有的错误观念,要通过家庭教育环境的建设更加积极地介入到子女的方言学习中,为他们多元化学习动机的激发和维持创造良好的条件。

第七章 方言教师的教学心理研究

一、引言

近年来,方言式微已成为社会各界广泛关注的话题,学界、政界乃至社会各方面人士要求学校开展方言教育的呼声日渐强烈(李佳 2017)。实际上,教育部早在 2012 年颁布的《3—6 岁儿童学习与发展指南》中就明确提出来,"3—4 岁儿童基本会说本地区的语言""4—5 岁儿童会说本地区的语言""5—6 岁儿童会说本地区的语言和普通话,发音正确清晰"。但当前的家庭语言教育并不能充分满足儿童对本地区语言(即方言)的学习需求,学界开始探索由教育部门主导、教师具体实施的方言文化教育,即方言文化进校园活动。但已有研究主要聚焦于方言的课程开发和儿童的学习需求,对方言教学中的教师群体却关注不够(王兴燕 2012;赵则玲 2017)。学界已意识到,教师的行为、思想、情感以及信念等都会直接影响语言课堂教学的质量以及学习者语言学习的成效(Mercer 2018)。本章以 4 名小学语文老师为研究对象,通过访谈等质性方法探究他们在方言教学过程中的心理特点,以期从教师职业发展角度为儿童的方言教育提供借鉴。

二、理论基础

自 20 世纪 60 年代以来,随着人本主义心理学的兴起,语言教学中的心理因素备受关注。语言习得中的教师心理研究起始于 20 世纪 70 年代末。当时,主流的研究范式已经从教师外在的行为转向研究其内在的心理和认知因素,主要探究教师对语言教学的看法和信念,包括对教学及其与教学相关问题的看法和理解(Haukas 2016)。自 90 年代起,教师的心理认知研究越来越受到研究者重视,学界开始关注教师们的所思所想,以及这些认知是如何与他们的教学实践相关联(孙强 张军 2019)。

徐锦芬(2020)认为,对教师的心理开展研究是很有必要的,其重要性体现在两个方面。首先,教师是教学过程中的重要参与者,起主导作用。一个身体健康、对工作满意、拥有高涨士气的教师更容易让自己的课程变得有创意、有挑战性且有成效。教师的积极情感,如自尊、自信、移情、愉快等能创造有利于学生语言学习的心理氛围,而消极情感,如焦虑、紧张、沮丧和懈怠等则会影响学习者语言学习潜力的正常发挥。当前,不管是国内还是国外,教师普遍存在不同程度的心理健康问题。教师职业倦怠和教师离职意愿不断升高,教师的健康状况也受到工作摧残(Lovewell 2012)。其次,教师的积极心理和职业幸福感是教师进行有效教学的基础。教师的心理与职业幸福和教学质量以及学生表现之间存在紧密关联(Day & Gu 2014)。一方面,教师的心理会影响教师自身的课堂行为和教学行为,从而影响学习者心理(Frenzel & Stephens 2013)。另一方面,学习者并非被动接受教师行为,学习者行为也会对教师在课堂中的主观体验有重要影响。只有重视教师的心理研究,才能知道如何给予教师最好的支持,最大限度地降低他们的焦虑和压力,帮助他们在专业上茁壮成长(Castle & Buckler 2009)。

当前,学界围绕教师的心理研究已经形成一些主要的研究焦点,例如教学认知、教师身份、教学动机、教学自主性、教学能动性和社会情感智力等。同时,围绕教师的心理研究,学界也达成了一些共识:

(1)教师心理具有复杂性。它包含许多相互关联的组成部分,很难将这些组成部分完全分开。

(2)教师心理是动态变化的。虽然成年人的思维、情感和行动具备某种稳定性,但个体在实践中也会不断调整以适应外界状况。

(3)教师心理具有情境依赖性。个体并非是社会情境的被动接受者,相反,个体的心理和社会情境是融为一体的,前者由情境决定又转而去影响情境。

(4)教师心理具有自组织性。个体在与外部环境的互动中,会通过内部心理机制的自我组织来达成最优状况,而不是仅受外部因素影响去被动调整。

由于教师心理对教学质量及学习者心理的潜在影响,研究并了解教师的教学心理非常重要。但当前相关研究主要聚焦于外语教学和对外汉语教学领域,有关方言教学中的教师心理问题则没有引起充分重视。

三、研究设计

(一)研究对象

本章研究共涉及4名小学语文老师,皆为女性。其中两位老师为在职语文老师,一名来自城关地区(A老师),一名则来自农村地区(B老师)。另两名老师为职前老师,已经结束教育实习,即将走上正式教师岗位(C老师和D老师)。

（二）研究内容

本章研究将教师的方言教学心理解构成三个层面,分别是方言教学认知、方言教学身份认同和方言教学能动性。方言教学认知主要关注两方面内容,分别是方言教学意义和方言教学困境。方言教学身份认同关注教师在方言教学中的个体角色感知。方言教学能动性则关注教师在方言教学中的适应性和情绪调节策略。

（三）数据收集整理和分析

本章研究主要通过质性方法收集研究数据,具体涉及访谈和叙事框架。访谈问题涉及上述三个研究内容,典型的访谈题目有"您是否认为有必要针对小学生开展方言教学? 如果有,您觉得小学生方言教学的意义在哪里?""您觉得针对小学生的方言教学有哪些科学依据?""在方言教学中,您碰到的最大问题是什么""在方言教学中,当您感到困惑或焦虑时,您会怎么样管理您的情绪?"等。具体的访谈问题见附录5。为更好引导访谈对象进入状态,直抒心意,在正式访谈前,研究者也设计了一些先导性问题,主要关注语文教师的语言背景、学习经历、职业生活和工作状态等。在叙事框架调查中,研究者会给出一些填空题,访谈对象只需根据给定题目补充信息。例如在身份认同调查中,一个典型的叙事题目为"在方言教学中,语文老师应该扮演_____的角色"。每人的受访时间约为 60 分钟,后被转写成约 38 600 字的文本。

为方便数据管理与分析,研究者将数据按照不同类型导入质性分析软件 NVivo11,采用自下而上的扎根分析。首先,研究者以开放的态度逐字逐句阅读文本,围绕研究内容提取"本土概念",作为一级编码。然后通过不断比较和聚类建立一级编码间的关系,从而确立概念类属,即二级编码。接着在前期编码的基础上,继续仔细阅读文本和突出的二级码,最后形成三级码。表 7.1 列出了有关方言教学困境的三级编码示例。完成三级编码后,研究者结合访谈文本,选择典型语料用于文章写作。

表 7.1 方言教学困境编码举例

研究内容	一 级 编 码	二级编码	三级编码
方言教学困境	"多面手""全才"	教学任务重	外在困境
	"没教材""不知道教什么东西"	教学资源不够	外在困境
	"没有成就感""自己方言没学好"	自我效能感缺失	内在困境

四、研究发现与讨论

（一）方言教学认知

1. 方言教学重要性

针对方言教学的重要性，从访谈结果来看，教师们的主要观点可概括如下：方言是儿童的宝贵文化财富；方言有利于促进儿童语言社会化；方言有利于儿童普通话学习；方言有利于地方文化传承；方言有利于儿童未来竞争力提升。

（1）方言是儿童的宝贵文化财富。就语言与文化的关系而言，一个文化存在最明显的标志就是其具有特异性的语言。就语言与社会的关系而言，地方方言能成为深刻的社会纽带，让一定地域范围内的个体对该地域文化产生凝聚力和向心力。A 老师就说：

> "温岭有很多独特的地方文化，像靠近海边地区的石屋、小人节、扛台阁等活动，都很有意思。温岭话和普通话也存在很多不同的表达，像讨海人、姆妈这些词，我每次听到都很亲切。还有糖霜（白糖），桑乌（桑椹）这些词，在命名上就很有温岭特色，一听就知道是温岭来的，（心里）还是希望下一代都能会说。"

（2）方言有利于促进儿童的语言社会化。虽然当前学界对语言关键期的年龄划分还存在一定争议，但对儿童存在的语言敏感性则是普遍都认可（赵寄石 楼必生 1993）。伴随儿童听力器官和发音器官的成熟，他们可以辨别语音和语调上的细微差别，口舌也能模仿各种正确的声音，在语言学习中的模仿能力更强。此外，许多情绪的宣泄与表达只有通过方言的表达才能更为直接与具体，儿童的方言学习有利于他们情绪能力的控制和宣泄（任强 唐启明 2014）。C 老师说：

> "我以前大学学语言学课程的时候，老师就提到，人类的大脑中存在语言习得机制 LAD，儿童天生就有学习语言的天赋。越早对他们进行语言教学，他们对语言的掌握就越好，以后语言能力也越不容易衰退。"

（3）方言有利于儿童普通话学习。当前，随着国家的大力推普运动和社会经济的迅速发展，普通话已经成为社会上一种主要的交际工具。但普通话和方言不应该是非此即彼的关系,两者应该可以互相补充和互相发展(蔡晨 2018)。在语言学习过程中,方言可以为儿童的普通话学习提供很多的背景性知识。C 老师认为:

> "普通话和温岭话有很多不同,且温岭话的语音和语法要比普通话更为复杂。如果儿童在语言成长期就学会了较为复杂的温岭话,那么以后他们去学普通话就更为简单了。"

(4)方言有利于地方文化传承。虽然当前地方政府对地域文化的重视与日俱增,但不可否认的是,普通老百姓并没有这样的文化意识,也没有这样的文化自觉把这种意识传递给他们的下一代(周燕 2021)。地方文化的濒危和没落在年轻一代中表现的更为明显。方言是地方文化的重要载体,尤其是许多的非物质文化都是以方言作为传播媒介。像温岭当地的一些民间曲艺艺术还有一些民俗文化仪式,如果不以当地话进行表演就会丧失很多韵味。B 老师对此深以为然,认为:

> "儿童在早期的成长过程中,应该要学会方言,他们需要方言这一媒介与当地文化建立紧密联系。当他们长大以后,他们才会有落叶归根的意识,以后不管在哪里,在内心深处会有一种寄托。"

(5)方言有利于儿童未来竞争力提升。潘越等(2017)认为,文化差异性体现在方言层级差异性上,如果地区的方言种类跨越了方言大区,文化多样性就能促进企业创新,即方言数量越多的地方,当地企业的创新产品也越多。类比到个体身上,假如一个地区的方言所处的层级越高,即相对比较强势,那么会说该方言的个体在社会中的就业能力则越强。当前,有关方言与社会经济发展之间的关系越来越受到学界重视。C 老师由于本科对社会语言学比较感兴趣,所以注意到这个问题。她说:

> "以往我们认为学好普通话很重要,但实际上在某些地方,单单学好普通话是不够的。例如在广州,你就要会说粤语,在上海,你要是不说上海话,也会被人排斥。我发现,我们这边的很多外地人,会有意无意地使用一些温岭话。这可能是因为他们想更好地在温岭生活和做生意吧。"

上述访谈表明,当前的语文老师们对于方言的价值还是有一个较为清晰的认识,并没有把方言教学当作是上级部门下派的可有可无任务。

2. 方言教育困境

针对方言教育困境,4 位老师的访谈内容可概括成两个方面,分别是外在困境和内在困境。外在困境主要体现在教学任务重、教学目标不明确、教学资源缺乏,内在困境主要体现在自我效能感缺失。

(1) 教学任务重。现今老师往往存在着多重角色,很多时候既要承担繁重的教学工作,还要承担其他的一些行政工作和校园文化工作。有些女老师更不用说,还要平衡家庭和学校工作之间的工作。B 老师刚走上教学工作两年,去年又刚刚生育一个女儿,她对于这一点印象尤为深刻:

> "现在的小孩子很不好管,家长们对孩子的教育也很重视。作为年轻老师,我们平时工作就很忙。一方面,对于教材我要花蛮多时间去思考怎么备课,另一方面还要去听老教师的课以及被老教师听课。而且作为年轻老师,往往要承担很多的杂事,比如礼拜四下午我们有兴趣拓展课程,你必须得要参加这些活动。想到还要再备一门新的课程,而且还是自己毫无头绪的课程,我就压力很大。"

(2) 教学目标不明确。虽然很多中小学都开设了方言课程,但针对方言教学的目标却并不十分明确。例如方言教学的目标是让儿童熟练掌握方言,还是仅仅为了丰富儿童的课余生活? 还有一些学校所谓的方言教学实际上是地域文化教学,而非语言教学。B 老师谈道:

> "我平时有在网上关注这些信息,因为也没有一个统一的教学大纲,所以有时候并不知道方言教学要教什么。像××学校开展了一些朗读俗语和童谣习唱等活动,虽然也不错,但是也不能一学期都教这些东西。福建那边做得就比较好,他们有个闽南语分级考试,这样教学目标就比较明确,也可以根据分级考试要求安排教学内容。现在的方言教学,看起来很热闹,但对学生帮助实际并不大。"

(3) 教学资源缺乏。好的语言教学应该是以内容为依托的,通过沉浸式的学习让学生在无形当中掌握语言。但当前很多地区的方言教学并没有一本正式的方言教材,一些地方虽然有校编教材,但在内容安排和教学设计上都存在较大问题。本研究的四位访谈对象都认为方言教材很重要,因为不能指望每一位语文老师都能编写出科学的教材。D 老师认为：

> "地方范畴的方言教材还是要立足于地方文化本身，要以传统的地方历史故事和风俗文化作为主要选择对象。这样不仅有很多的历史文化素材可以和学生分享，还能通过角色扮演和实地走访等形式加深学生的印象。……某些地方给动画片用方言配音或者校园歌曲方言教学，总感觉有点奇怪。"

从访谈资料来看，D 老师还是倾向于方言文化教学而非方言教学。这种观点实际上很有代表性。相比较语言教学而言，文化教学相对更容易，也更受学习者欢迎。但是，文化是一个比较宽泛的概念，地方文化如何与学生的智力水平相衔接，哪些可以教，哪些不可以教，哪些适合小学低年级儿童，哪些适合小学高年级儿童，这些都是需要教学理论和参考案例作为指导。A 老师则认为，不应该让任课老师去自编方言教材：

> "老师们精力有限，也找不到那么多的方言教学素材。网上搜索虽然比较简单，但教学的东西还是有正式出版的东西为好。老师们的课程资源开发水平也有限，教学时候往往只注重教学的情境创设和趣味性，课程资源的开发深度和科学性肯定是不行的。"

A 老师的观点实际上反映了当前中小学方言教学的现实生态问题。在很多学校，方言教师往往是单打独斗的，并没有形成一个教学团队，在面对教学困难和教学困惑时并不能有效获取同侪帮助。

（4）自我效能感缺失。个体对自己实现特定领域行为目标所需能力的信心或信念即为自我效能感，它是个体能力的自信心在某些具体活动中的具体体现（周文霞 郭桂萍 2018）。方言教学的自我效能感就是语文教师对自己实施方言教学、获取成就感和满意度的信心和信念。社会认知学派的理论认为，教师的自我效能感会通过目标设置、自我监控、策略使用和自我评价等过程来影响教学动机和教学行为，从而调节个体的教学过程和结果（Bandura 2000）。从访谈结果来看，四位老师对于自己方言教学的自我效能感还是有所缺失的。A 老师认为：

> "教学生唱唱童谣或用方言讲讲地方故事，我觉得还是很胜任的。但是我自己的方言也都是靠直觉的，有时候也不知道标不标准，太复杂

的我自己也不知道。"

D 老师则说：

> "我看了你送我的那本书①，才发现温岭话的语音是这么复杂。让
> 我去给学生讲这些东西，肯定不行。我自己也讲不清楚，学生肯定也听
> 不懂。还是讲讲词汇、民谣和地方小故事更靠谱。"

(二) 方言教学身份认同

教师的身份认同是伴随着职业生涯的历程和实践体验的历程而逐渐发展的，是一种自我确认、疑惑、反思和再确认的过程(Eric & Dias 2005)。在方言教学过程中，面对身份角色转变和教学情境更迭，一线的语文教师必然要重新审视自身的身份认同，并在此过程寻觅身份认同的新途径，并使自身融入方言教学场域，提高自身的自我教学效能感。从访谈结果来看，4 位老师共列举了 4 种方言教师角色，分别是文化教育者、方言文化传承者、方言文化守护者和方言教育学习者。

1. 方言文化教育者

教师在方言文化的教学过程中，其首要的角色就是方言文化教育者。文化功能是儿童教育的基本功能之一，因为教育是培养人的活动，是文化传承的重要载体，与传统文化有着紧密联系(刘晓东 2006)。教师的本质特征就是一种文化存在，担当着与地方文化和主流文化息息相关的教育使命。此外，儿童的社会化就是儿童从自然人转变为文化人的过程，是实质就是文化内化的过程，也是儿童对地方文化和主流文化不断认同的过程(周宗奎1995)。儿童要想成为一个文化人，就必须接受某些特定文化并认同该文化。从一定意义上来说，小学教育的另一重要功能，即儿童社会化功能，也仅仅是文化功能的另一面。D 老师说：

> "对于方言教学中的文化教学，老师应该要有一个清醒认识，要自
> 觉做一个理性的文化人。要从思想上认识方言教学的根本目的在于培
> 养学习者对地域文化认识。这是语文老师义不容辞的责任和义务，在
> 方言教学中则尤其重要。"

---

① 笔者有关温岭方言研究的一本书，即：蔡晨.新型城镇化进程中的城乡语言生态比较[M].
杭州：浙江大学出版社，2018.

2. 方言文化传承者

文化作为一个民族的灵魂和血脉,凝聚着这个民族对世界和生命的历史认知和现实感受,积淀着最深层次的精神追求和行为准则,并承载着民族自我认同的价值取向。文化自信则是文化主体对身处其中作为客体的文化,通过对象性的文化认知、反思、批判、比较等过程,形成对自身文化价值和文化生命力的确信和肯定的稳定性心理特征(邱柏生 2012)。儿童的方言教育是一个外部引导和内部自主建构相结合的过程,外部教育活动的实施必须以儿童对活动意义的内化为前提(朱静静 2008)。方言教育中的文化传承,传的不仅是对当地文化的认同,更是对当地文化的自信。只有对当地文化有自信,才会真心实意地使用当地方言,并传播当地方言。D 老师认为:

> "在方言传承中,要纠正一种错误认识,(即)方言是一种土 low 的语言。在生活中,儿童间骂人往往用的就是方言。这很有意思,可能也是他们无意识的行为。一方面,(方言传承)要鼓励他们使用文明用语,另一方面还是需要他们自觉。我觉得开设方言课还是有一定意义。引导儿童方言使用,做一个文明的方言使用者。"

针对怎么样更好地在小学生中传承方言文化,C 老师提出了三条建议:

> "首先要增强他们的方言意识。我们现在过多地强调语言的工具属性,认为语言是用来说的,却忽视它的文化属性。忘记谁说的,好像是余光中,他说方言是人们的乡音,也是人们的乡愁。要加强他们的方言意识,让他们知道保护方言,就是保护当地文化。其次要增强他们的文化自信。习总书记提到,要培养文化自信就要弘扬传统文化。弘扬传统文化就要保护方言,因为方言是地方文化的重要载体。三要让他们重视方言学习。包括方言在内的所有语言都是语言学习的资源,方言学习过程实际是开发学生的语言能力。要让学生重视方言资源,珍惜方言学习机会。这些其实都是语言常识,但不说他们就不知道。"

3. 方言文化守护者

在全球化过程中,文化安全和文化霸权成为多元文化领域的重要议题。文化霸权通常指拥有雄厚政治经济,在社会中占优势地位的文化实体,试图平整人类文化多样性,推行一种单一的价值观点和思维方式的文化霸权行为(刘伟胜 2002)。文化安全问题则是一个族群的生存安全问题。当一个族群的文化价值体系受到外部各种文化因素侵蚀而失去整合该民族生活力量时,族群文化安全就产生了危机。在此情况下,族群的文化自信将丧失,族群发展的精神动力将衰退。当前,随着信息技术的发展和互联网的广泛传播,对于方言文化而言,其威胁不仅来自主流的普通话,还来自英语等外来文化,守护方言文化就显得尤为重要。C 老师说:

> "从报纸上看到,有些专家对方言保护很积极。但总有点不够接地气,像写了很多书,还有什么词典,离普通老百姓很遥远。借助现代技术应该是个好方法,像台州电视台的《阿福讲白搭》,就贴近老百姓生活,不分老幼,大家都可以看。看得多了,大家就会去学,就会去说。"

B 老师则认为:

> "保护地方方言,需要正确认识普通话和方言的关系。家长们有种错误的观点,认为学了方言没用,或者学了方言会影响普通话学习。方言和普通话应该是互补的,语言间也不应该有高低的比较。"

4. 方言教育学习者

儿童的方言教育既可以作为一种专门的教育活动,也可以以其本身的工具性特征融入儿童生活与学习的方方面面。针对儿童的方言教育,应该要强调语言活动的交谈性、主体性和整体性,不仅要通过丰富的语言文化信息输入来激发他们学习的兴趣和欲望,还要通过丰富的语言教学活动来增进他们的语言能力和文化素养(顾洁萍 2021)。但是,当前的方言教学活动也存在一些问题,比如儿童的方言学习积极性不高、方言教学的材料匮乏和方言教学活动单一等。在此背景下,语文教师需要有再学习的意识,优化方言教学手段,提升方言教学的目的性和层次性。A 老师说:

> "方言的教学和语文教学虽然有相似点,但还是有很大不同。我在教学中就发现,我们的教学活动往往偏离了儿童的社会需求,学习的材料也较为简单,学生兴趣不强,往往下课了学生也就忘记了。还是需要和其他老师取取经。"

A 老师还说:

"可以考虑一些更加多元的方言教育方式,例如成立一些方言社团,让学生们互相学习。我有次让学生们准备一个方言自我介绍,但是需要在他们的爸爸妈妈或爷爷奶奶的指导下完成。这也是一个有益的尝试。相比较课堂教学,这些(创新教学方式)可能更有帮助。"

D老师的思考则更为深刻:

"现在的方言教学活动过于注重形式,像朗读民谣,学唱方言歌曲。不是说不好,但感觉是碎片化。在语文教学中,我们就说不能把学习目标仅仅定位在识字和阅读能力上。因为这样不能培养学生的思考能力和鉴赏能力。同理,如果方言教学在活动设计时,没有一个高一级目标,那么这些活动的价值就被削弱了。目前,还是需要一个教学大纲和地方性教材,老师们也需要再学习。"

从上述语料来看,四位老师对方言教学中有关教师角色的认同还是清晰的,也是合理的,已经从单一的语言教学中跳脱出来,尝试将方言教学和地方文化传承有机结合。

(三)方言教学能动性

能动性是人类行为的重要特征,也是社会学科争论的焦点之一。教师能动性指教师作为行为主体时所具备的潜能,通常指教师在某种教学情境下的适应和调试能力。教师能动性不仅影响教师自身职业生涯的发展,也深刻影响教学的效果(李霞 李昶颖 2021)。语文教师在方言教学过程中只有充分发挥能动性,才能不断提升教学品质,获得专业素质的良好发展。本部分有关方言教学能动性的讨论主要从教学适应性和教学情绪调试两个方面展开。

从教学适应性来看,4位受试表现出两种取向,分别是被动顺从取向和主动创新取向。被动顺从指教师的工作价值一般处于一种低层次的谋生需求,他们与教学管理之间的关系也不是那么融洽。一般而言,谋生需求教师的主要目的是工作所产生的经济收入与物质回报,他们会对既有的教学制度和教学规范表现出服从的特质,尽管很多时候并不是真正认可和信服(赵敏 何云霞 2010)。A老师说:

"我们在开设方言文化课程之前,曾经去市里面的几所小学考察过。他们已经开设好几轮,还自编了方言学习教材。我觉得完全按照他们那一套来弄就好。我除了偶尔网上查一下资料,不会刻意额外去找教学素材。再说,这种课外兴趣课程也没有什么考核,只要去上课就行了。平时重头还是在语文课上面。"

主动创新取向恰好和被动顺从取向相反,它往往与教师的职业取向和事业取向相关。这一类教师的工作目的往往与个人发展、职位提升和心理成就相关(赵敏 何云霞 2010)。他们与教学间的关系以认可为主,即他们会积极地投入到课程改革中,并努力寻求自身的归属感和满意度。C 老师说:

"现在的方言濒危现象很严重,学界也一直在呼吁,我们省作为一个方言大省,在小学开设方言课程我觉得很有必要。其他学校的一些经验虽然很好,但未必适合我们乡镇小学。有时候自己网上找点资料,看看书,摸索下,也是很有意思。以后评职称也需要一些文章,方言教学这一块做的人也不多,也容易做出点东西。"

从教学情绪调试来看,4 位受访者主要有两种策略,分别是反应调节策略和认知改变策略。教学是一种情绪实践,涉及许多情绪体验,范围从喜悦到愤怒(Hargreaves 1998)。如果教师长期处于较高的焦虑状态,不仅会降低教师的自我效能感,还会导致教师产生职业懈怠(孟宪斌 鲍传友 2004)。擅长调节自己情绪的教师更有可能在情感、认知和心理上投入各种教学活动,因为他们能够成功地运用内在和外在的过程改变、评估或控制自己的情绪,以达到他们的特定目标。

反应调节策略是指改变情绪反应的生理或行为表现(Gross 2015)。它有三种表现方式,分别是表达抑制、假装和掩饰。从访谈结果来看,这三种表现方式都曾被受访者用于方言教学中。表达抑制是最常被研究的反应调节形式,特指努力抑制对感觉到情绪的行为表达。A 老师说:

"有些学生上课会不专心时,我就很想批评他们时。但又觉得可以理解,就会劝自己用些温和点的方法,比如请他回答问题啊,讲个笑话这些,不会去批评学生"。

假装则是指行为上表达一种没有感觉到的情绪,掩饰则是努力抑制表达真实的情绪(Gross 2015)。这两种方式其实在教学中往往是同时发生。

对于一个优秀的教师来说,需要掩饰自己负面的情绪,并在学生面前展现正面的情绪。B 老师说:

"我有时候会带领学生朗读单词,纠正学生的错误发音肯定是很枯燥的。不光学生觉得无聊,我也觉得无聊。但还是要练习,这个时候我就不能表现出不耐烦的样子。我发现,在讲词汇的声调时,配合手势是一个很好的方法。不仅有音调感,还能调动学生情绪,他们也会觉得有意思。"

认知改变策略指改变教师对某一情境的评价以改变该情境所产生的情绪影响(Gross 2015)。重新评估是最常见认知改变方式,当教师对学生的某些行为不满意或发现学生有不当行为时,可以通过重新评估来解释产生这些不当行为的缘由。B 老师说:

"我曾经设计了一个方言词汇教学活动。将学生分成了几个小组,给出了一些普通话词汇,让各个小组比赛,看哪个组说出的方言词汇多。本来认为学生能说出来一个就不错了,没想到有学生能说出好几个词,像'妈妈'这个词,学生就说出了'姆妈''阿姨''娘''阿姆'这些词,让我惊艳到了。我们以为学生不会说方言,其实他们有时候都懂,只是缺少说的场合或者不愿意说。在这种情况下,我就要调整教学内容,在原有教材的基础上,再通过增加和改编等方式来补充新的教学内容。我在网上发现一份方言调查字表,觉得就很实用,它分门别类地列举了很多重要的词汇,而且这些都应该要被学生掌握。"

从教学适应性和教学情绪调试的关系来看,被动顺从型教师往往采取反应调节策略,而主动创新型教师则会采取认知改变的方式。相比较而言,反应调节策略在实际教学中表现出更多地消极性,因为它试图去维持现状而不是尝试对现状作出阐释和修正。

五、本章小结

本研究聚焦一线语文教师在方言文化进校园中的教学心理问题,研究发现:

(1)在方言教学认知上,方言教师认为针对儿童的方言教学很重要,但在实际操作过程中也存在教学任务重、教学目标不明确、教学资源缺乏和自我效能感缺失等问题。

（2）在方言教学的身份认同中，方言教师认为应该要扮演方言文化教育者、传承者、守护者和学习者的角色。

（3）在方言教学能动性上，方言教师呈现了被动顺从取向和主动创新取向两种类型，同时他们主要采取反应调节和认知改变两种策略来调节他们的教学情绪。

长期以来，学界一直关注学生的学习心理研究，却忽视对教师的教学心理进行研究。教师的专业发展不能忽视他们的教学心理健康，关注教师的教学心理就是关注教学实践的现场，同时也是关注教学实践现场背后的内隐元素，是引领教育研究走向正确发展道路的重要途径之一。当前学界对如何开展有效的方言教学还存在很大争议，本研究相关结论加深了对一线方言教师教学心理的认识，对优化农村方言教学环境，深入开展儿童方言教育，进而培养教师的自我教学信念和教学能力发展都具有重要参考意义。

第八章　方言创意教学与方言学习结果研究

一、引言

中共中央办公厅、国务院办公厅于 2017 年印发《关于实施中华传统文化传承发展工程的意见》，提及要"保护传承方言文化""构建中华文化课程和教材体系"。保护和传承方言文化要落到实处，需要探索多种实现途径，其中一个行之有效的方法就是把方言文化教育引入校园（黄晓东 2018）。当前，针对儿童群体开展方言文化教育已成为满足时代发展要求和促进儿童全面发展的重要手段，方言文化教育已从学校语言教育中分化出来成为一个重要的教育实践领域。学界围绕语言迁移、教育观念、培养目标、培养方案和培养措施等方面对儿童的方言教育开展了多角度研究（李琳 2012；郑荔 2014；李荣宝等 2016）。研究结果表明，虽然方言文化教育已经在许多地区广泛展开，但受师资水平和教育模式等因素影响，其在教学内容选择和教学活动组织等方面还存在较大问题。儿童的方言文化教育有其特殊性，需要在一种创新的教育文化氛围中进行（王灿明 2014）。学界转而开始关注教师的创意教学行为，因为教师在教学活动中扮演着灵魂人物的角色，其教学行为会直接影响儿童综合素养培养（周瑞敏 2015）。本研究从学生视角出发，对教师在方言教育中的创意教学展开评价研究，进而探索其与学生教学满意度和方言学习结果之间的关系。研究结果不仅有利于加深对儿童方言文化教育的认识，也有利于推动方言文化教育课程改革，为儿童的方言文化学习提供良好的外部条件支持。

二、理论基础

从已有研究来看，学界存在着"创意教学"与"创造性教学"混用的现状。"创意教学"指教师运用创造性思维使教学措施与活动变得活泼、多样化，其教学目的是要透过创意的教学方法来达成教学目标（何碧燕 2001）。

创造性教学则旨在配合课程实施,运用创意思考策略,以培养学生的创造思考技能,激发学生创造力,助长学生创造行为(段继扬 1999)。从上述定义来看,两者在内涵上存在相似之处。例如两者在教学过程中皆出现创新、创意或创造力等概念,也共同强调教师要熟悉教学目标,认知到自己实施教学行为时需要做些计划,进而有组织地呈现教学活动以达到教学目标。但是,两者也有相异之处,例如在展现创意或创造力的主体上就存在不同。创意教学特指教师在教学过程中,将教师自身的创意展现于教学行为中,而创造力教学则指教师在教学过程中,激发和培养学生的创造力。

儿童的心理和生理机能发展尚不成熟,他们难以维持长时间的注意力,因而针对他们的语言教育需要兼顾娱乐性和启发性特点(李季湄 冯晓霞 2013)。创意教学强调要在完美创意和知识建构之间取得平衡,与儿童的语言学习特点具有很好匹配性。就创意教学理念而言,它认为学生的学习兴趣是可以被激发的,教学方法应该是多元活泼的,教学资源和教学评量等应该是多元化的(Bob 2006)。Horng et al.(2005)总结了创意教学的一些基本原则:

(1)使学生深入了解所处的世界。

(2)相信所有学生都具备创造力。

(3)课程应该满足每个儿童的需要。

(4)激发儿童的移情作用。

(5)重视儿童的创意表达。

概括而言,创意教学就是以学生为主体,使学生置身于创造性的情境中,在教师的引导下,发挥他们的思考力、想象力和创造力。就创意教学的内涵而言,Starko(2000)认为应该包含九个向度指标,分别为独立、互动、动机、评判、弹性、评价、提问、开放与挫折。陈霞鄢和王振德(2004)则从行为的内涵角度切入,归纳了创意教学的八个指标,分别是归纳、合作讨论、发问、弹性开放、奖励支持、评鉴、反省挑战与兴趣动机。萧佳纯(2012)则对前人的相关表述进一步范畴化,将创意教学的内涵分为"教学态度"和"教学行为"。目前,学界普遍的做法是从认知、情意和技能三个方面来对创意教学开展整合研究(Linn & Miller 2005)。

但已有研究也存在进一步讨论空间。例如以往研究倾向于将教师的创意教学当做一种结果状态,通过各种量表来对此进行评估分析,或者从一种相互关联角度切入,探索导致教师创意教学行为差异的影响因素(Starko 2000)。但不管是何种视角,已有研究都是从教师视角展开,忽视了儿童在教与学过程中的权利和义务,也缺乏从儿童视角对相关教学行为的解读。

在学前教育进入内涵发展为核心的今天,对教师的教学水平和教学质量进行评价成为教学管理部门的一项常规工作。学生评教作为各层级教育领域最流行的一种评价方式,主要是从学生视角来看待教师的教学表现(雷敏2005)。张春兴(1998)认为学生是教学的主体,只有学生参与教学评教才能真正了解教师的教学效果。虽然学界对学生评教存在诸多质疑,但相对于同行评议、教师自评等其他评教手段而言,学生评教在数据可获得性和成本等方面具有不可替代的优势(邢磊等 2017)。一般而言,对于学生的评教指标往往会从"教学效果"与"学习结果"两个维度展开,前者关注教师的教学行为,立足于尽可能获得能客观反映和还原教学有效性以及帮助教师改进教学的证据,后者则主要通过间接测量的方法判断学生的学习成效,了解教学作用于学生主体的实际效果(王婉萍 2005)。在本研究中,出于研究目的和课程特点,研究者将教师的"教"限定为"创意教学",将学生的"学"限定为"方言交际意愿"和"课程满意度"。相对于其他学生学习指标而言,"方言交际意愿"在方言教育中最为根本,也最为重要。儿童只有在教师的教学过程中,愿意使用方言,他们才有可能进一步提高方言口语能力和交际能力。除此以外,儿童对课程的满意度也是比较典型的考察因素,且因为其间接和容易获得等原因,往往被很多评教体系选为核心指标。

综上所述,本章研究主要从学生评教角度出发,关注方言教师的创意教学行为对儿童方言交际意愿和课程满意度的影响,并将三者作为客观的、可观测的考察对象。当前,各个地区都在积极探索方言文化进课堂的有效开展方式,从学习者角度对教师的方言创意教学开展评价研究,可为相关议题提供新的思路,也与目前国家大力提倡的传承与保护地方文化目标相一致。有鉴于此,本章研究以儿童方言文化教育为语境,致力于通过问卷调查,探讨方言教师的创意教学行为与儿童的方言交际意愿、课程满意度之间的关系,旨在回答:

(1)儿童对方言教师的创意教学感知如何?

(2)儿童的课程满意度与方言交际意愿之间存在何种关系?

(3)教师的哪些创意教学行为会影响儿童的方言交际意愿和课程满意度?

三、研究方法

(一)研究对象

本章研究采取方便取样的方法,选取了温岭市牧屿镇和潘郎镇两所农村小学的 80 名儿童为研究对象。通过专人发放问卷的方式,最终回收问卷

80 份,剔除数据不完整问卷,合格问卷为 76 份,问卷有效率 95.00%。在有效样本中,男性儿童 42 人,女性儿童 34 人。

（二）研究问卷

本章研究的调查问卷主要参考萧佳纯（2018）的"教师创意教学信念量表"。鉴于该量表题项较多,同时也考虑到本研究目的,研究者对该量表进行了删减,并基于教学过程将创意教学解构成教学方式、教学理念、师生互动、课堂氛围和评估考察等 5 个方面。为确保问卷的效度和易读性,研究者先请两位教育学领域资深教授进行审议,然后再小范围施测,最终版本的问卷包含两个部分,共 17 个题项。问卷第一部分包含 15 个题项,主要考察方言教师在创意教学中上述 5 个方面的表现。问卷第二部分是学生的学习结果,包含方言交际意愿和课程满意度两个方面。整个问卷沿用李克特五分量表,最终根据回收问卷的相关数据计算出创意教学部分的 Cronbach's α 系数为 0.854,学习结果部分的 Cronbach's α 系数为 0.895,说明问卷两部分内容内在信度良好。具体问卷见本书附录 6。

（三）统计方法

本研究采取的统计工具为 SPSS 19.0,主要应用如下:

（1）通过描述性统计对方言教师的创意教学和学生学习结果进行基本统计量的分析。

（2）通过主成分分析法对创意教学的 15 项指标进行降维,将其归结为若干因子。

（3）通过相关分析和回归分析探讨课程满意度与方言交际意愿之间的关系。

因变量:方言交际意愿　自变量:课程满意度

（4）通过相关分析和回归分析探讨创意教学与课程满意度之间关系。

因变量:创意教学　自变量:课程满意度

（5）通过相关分析和回归分析探讨创意教学与方言交际意愿之间关系。

因变量:创意教学　自变量:方言交际意愿

四、研究发现

（一）创意教学和学习结果描述性统计

为方便讨论和分析,研究者将儿童所感知的方言教师 15 项创意教学行为按照其在问卷中的先后顺序命名为 V1—V15,另将两项学习结果也按先后顺序命名为 M1—M2。其基本描述统计量如表 8.1 所示。

表 8.1 创意教学行为和满意度的基本统计量

教学行为指标	均　　值	标准差
V12 激发学生学习动机	3.99	0.847
V7 安排合作学习	3.99	1.046
V1 运用多种教学方法	4.00	0.982
V13 容忍学生错误	4.06	0.859
V2 鼓励学生尝试新学习方法	4.09	0.890
V11 引导学生发现自己	4.10	0.783
V8 指导学生彼此欣赏评价	4.13	0.918
V6 积极回馈鼓励学生创新学习	4.21	0.738
V3 鼓励学生个性化学习	4.26	0.884
V5 适时引导学生而非直接指导	4.29	0.810
V4 尊重并接受学生的想法	4.29	0.795
V10 评量方式多元化	4.29	0.852
V9 师生合作学习	4.30	0.882
V14 引导学生多视角思考问题	4.37	0.841
V15 营造开放自由课堂氛围	4.50	0.682
整体创意教学表现	4.19	0.634
M1 方言交际意愿	4.09	0.890
M2 课程满意度	4.27	0.926
整体学习结果	4.18	0.882

　　受试群体对教师创意教学行为的整体评价均值为4.19,各个指标的均值大致都在3.99—4.50之间波动,这说明受试群体对方言教师在教学过程中表现出的创意教学行为整体上比较认可。从标准差来看,其整体表现的标准差为0.634,各分项指标的标准差在0.682—0.926之间波动,这表明受试群体对教师创意教学行为的感知存在差异,但差异区别度不大。从满意

度来看,受试群体的整体满意度为4.18,在对课程的满意度上要略高于方言交际意愿,前者均值为4.27,后者均值为4.09,且两者的标准差也比较接近,这表明他们对于目前的方言文化课程整体上还是比较满意。从各个分项的均值来看,方言教师的创意教学行为表现出如下特点:(1)关注学习者的个体差异。教师会根据学习者的特点进行有针对性的教学,在教学过程中也会注意师生互动,尊重学生想法,培养学生发散性思维,积极引导学生进行探索式学习;(2)关注学生心理情感的发展。语言知识的课堂教学往往枯燥乏味,教师对此已经有所感知并会通过多种教学方法的运用和积极的正向鼓励等手段激发学生的学习动机;(3)关注教学过程的动态化评价。为更好评价学生的学习表现,教师已经开始了动态化评价的探索,会通过多种评价方式和创新课堂气氛的营造来引导学生更好地开展沉浸式学习。但是,学习者对课堂教学中的合作学习、激发学习动机和现代教学方法等方面认可度还相对较低,这表明他们对于目前方言文化教育的教学方法和教学模式还存在较大期望。进一步计算15项教学行为指标的相关系数矩阵,发现在0.05的显著性水平上,所有指标两两之间的相关系数介于0.193—0.632之间。由于没有发现指标之间存在高度相关,因而无需对以上指标进行删减。

由于创意教学行为的各指标较多且彼此存在一定关联,研究者先通过因子分析的方法将两者归纳为少数几个彼此独立的因子,以便简化后续的相关分析和回归分析。SPSS相关统计表明,本研究中创新教学行为量表的$KMO=0.911>0.05$, $p<0.001$,因而该量表的样本数量充足,相关系数矩阵并非呈现单位阵,适合采用因子分析模型。研究者通过主成分分析法进行探索性因子分析,利用方差最大正交旋转(Varimax),以使提取的每个因子具有高载荷,便于数据的解释,最终提取出了三个因子,方差累计贡献率达到了68.473%。

因子1所覆盖的变量主要有"运用多种教学方法""鼓励学生尝试新方法""鼓励学生个性化学习"和"容忍学生错误"等。这些都是教师在教学过程中如何开展教学以及如何处理师生关系和生生关系,可以命名为"鼓励性教学"。因子2所覆盖的变量主要有"激发学生学习动机""引导学生多视角思考问题"和"营造开放自由学习氛围"等,表现的是教师在教学过程中根据学生的个性化需求来开展有针对性教学,可以将此因子命名为"个性化教学"。因子3所覆盖的变量主要有"尊重并接受学生想法""评量方式多元化""营造开放自由课堂氛围""引导学生彼此欣赏"和"师生合作学习"等,关注的是教师在教学过程中的评量方式和互动氛围,可以将之命名为

"多元化评量"。

（二）课程满意度与方言交际意愿关系

皮尔逊双尾检验显示，受试群体的课程满意度与方言交际意愿之间存在中度相关（$r=0.334$,$p<0.01$）。为进一步确认两者之间的关系，研究者以课程满意度自变量，以方言交际意愿为因变量，进行进入式多元线性回归，以检验课程满意度对方言交际意愿的单独影响和贡献程度。回归结果显示，课程满意度与方言交际意愿的模型决定系数为$R^2=0.362$，方差检验值$F=26.122$，$Sig.<0.05$，因而该模型具有统计意义，即课程满意度对方言交际意愿有很好的预测作用，可以累计解释其36.2%的变异。相关回归系数见表8.2。

表 8.2　课程满意度对方言交际意愿的回归分析

模　　型	非标准化系数		标准系数	t	Sig
	B	标准误差	试用版		
（常量）	−3.824	0.841		−4.549	0.000
课程满意度	0.557	0.172	0.362	3.246*	0.002

　＊ $p<0.05$

（三）创意教学与学习结果关系

创意教学行为与学习结果之间存在何种关联值得我们进一步探索。研究者以上文所提取的因子为基础，进行皮尔逊相关检验。双尾检验表明，创意教学行为的三个因子与满意度的两个指标之间存在不同程度相关，但彼此之间主要是中度相关，其相关系数大致在0.415—0.603之间波动。相比较而言，创意教学行为与方言交际意愿之间的相关度要略高于其与课程满意度之间的相关度。具体相关数值见表8.3。

表 8.3　创意教学行为与学习结果的相关分析

	鼓励性教学		个性化教学		多元化评量	
	r	p	r	p	r	p
方言交际意愿	0.507*	.000	0.591*	.000	0.603*	.000
课程满意度	0.415*	.000	0.582*	.000	0.533*	.000

　＊ $p<0.01$

为进一步确认方言教师的创意教学行为与学习结果之间的关系,研究者以创意教学行为的三个因子为自变量,以学习结果的两个变量为因变量,进行多元线性回归,以检验创意教学行为的三个因子对方言交际意愿和课程满意度的单独影响和贡献程度。回归结果显示,创意教学行为的三个因子与方言交际意愿的模型决定系数为 $R^2 = 0.410$,方差检验值 $F = 78.681$,$Sig. < 0.001$,因而该模型具有统计意义,即创意教学行为的三个因子对方言交际意愿具有一定的预测作用,可以累计解释其41.0%的变异。其中,多元化评量的影响最大(Beta = 0.343),个性化教学次之(Beta = 0.316),但是鼓励性教学则不存在影响。同时,创意教学行为的三个因子与课程满意度的回归模型也具有统计学意义,$R^2 = 0.354$,方差检验值 $F = 62.175$,$Sig. < 0.001$。相比较而言,该回归模型的预测性较弱,因为创意教学行为的三个因子只解释课程满意度35.4%的变异。在该模型中,个性化教学影响最大(Beta = 0.456),次之为多元化评量(Beta = 0.211)。相关回归系数见表8.4。

表8.4　创意教学行为对学习结果的回归分析

因变量	解释变量	B	Std. Error	Beta	t	Sig
（常量）		0.286	0.265		1.082	0.280
方言交际意愿	鼓励性教学	0.042	0.089	0.032	0.469	0.639
	个性化教学	0.433	0.086	0.316	5.016	0.000*
	多元化评量	0.463	0.105	0.343	4.410	0.000*
（常量）		0.602	0.266		2.262	0.024
课程满意度	鼓励性教学	−0.058	0.089	−0.047	−0.656	0.512
	个性化教学	0.601	0.087	0.456	6.916	0.000*
	多元化评量	0.274	0.105	0.211	2.601	0.010*

* $p < 0.05$

五、研究讨论

（一）创意教学评价

研究发现,儿童对方言教师的创意教学行为整体上比较认可($M = $

4.17），对于方言交际意愿和课程满意度整体也认可度较好（$M_{交际}$＝4.09，$M_{课程}$＝4.27）。这表明，随着目前素质教育改革的逐渐深入人心，以往语言课堂教学中经常出现的填鸭式教学现状有所改善。就教师在教学过程中的创意教学行为而言，儿童比较认可教师在教学过程中所营造的开放自由氛围，希望教师能为他们创造个性化的学习环境，能积极地对他们的学习表现进行及时反馈，进而进行多元化的动态评量。但是，儿童对于教学过程中的师生互动以及教师如何激发学生学习动机以及更好地开展合作学习等方面的评价相对较低，同时他们也期望老师能够运用多种教技术来更好地帮助他们习得相关的知识和技能。这表明，方言教师已经意识到了学生在学习过程中的个性化差异以及不同学生的学习需求，但对于教学过程中的师生互动和现代教育手段应用等方面则没有引起他们足够重视。这与以往有关教师创意教学行为的调查结果相一致，即教师对促进学生语言能力培养的策略已经有所了解，但在课堂教学中并没有为学生提供足够的学习表现机会（Hallman 2011）。这既可能与方言老师在以往的教师培训中并没有掌握足够的创意教学知识有关，也可能与目前中小学教育中的功利性教学导向有关。

（二）课程满意度与方言交际意愿的关系

研究发现，儿童对方言课程的满意度与他们的方言交际意愿存在密切关联。这表明，教师的教学行为是影响儿童方言交际意愿的重要指标。侯奇坤（2019）认为，针对儿童群体的语言教育要遵循交际性原则。因为人际交往是语言发展的基本手段，能够使语言的形式和语言的意义发生有效连接，增进儿童对语言的使用意愿和应用水平。本研究结果呼应了这一结论。就两者的互动原理而言，可能与创意教学的启发性功能和娱乐性功能有关。就启发性原则而言，创意教学要求方言教师要转变传统的灌输式教育模式，要通过多种教学方式来引发儿童的学习兴趣，变被动学习为主动学习。就娱乐性功能而言，创意教学要求教师要改变教学过程中的单一输入模式，要通过多种教学手段赋予语言学习一定的娱乐性，让儿童在游戏化过程中自然地学习语言。在此过程中，方言教师依托创意教学课堂，让儿童在丰富多样的语言交流环境中建立良好的语感，并在交流的过程中理解方言的人际功能和文化意涵，增进他们方言使用的意愿。

（三）创意教学行为与学习结果的关系

方言教师的创意教学行为与儿童学习结果之间存在密切关联。本研究表明，虽然学习结果是一个反映评教学生主观感受的抽象指标，但是教师的教学行为的确能够显著影响儿童的方言交际意愿和课程满意度。通过因子分析,创意教学行为提取出了三种典型行为,分别是鼓励性教学、个性化教学和多元化评量。这三个因子体现了教学过程中以生为本的原则,强调学生的自主化学习和个性化学习,也与目前初等教育界所推崇的教学理念相一致。通过回归分析,我们发现个性化教学和多元化评量对于满意度的两个指标具有很好的预测作用,可分别解释41.0%和35.4%的变异。这表明,儿童在方言学习过程中更期待教师能够开展有针对性的教学,同时也能够根据课程特点和学生特长开展动态的多元学业评量。值得一提的是,本研究归纳出的创意教学行为的三个因子,后续可以作为制定方言教师教学能力和教学评价的标准。相较于其他标准,本章研究提炼的 3 个因子时代性更强,针对性更明确,也与目前初等教育领域所提倡的创新能力培养、个性化学习和过程化考核等教学理念和教学实践更为一致。

六、研究建议

儿童语言素养的培养最终有赖于教师确认他们的语言意识,鼓励和引导他们的认知过程,并构建一种有利于语言能力发展的教育环境。基于数据统计与分析,本文探讨了方言教师的创意教学行为对儿童方言学习结果的影响。基于研究发现,文章就方言文化课程中的创意教学行为优化提出以下建议:

1. 方言教师要加强创意教学理念的确立

教师的创意教学理念会影响和支配他们的创意教学行为。如果教师对创新能力的培养持遗传决定论的观点,则不会重视创新能力的培养,也不会采取积极的行动为学生创新能力的培养提供支持。实际上,教学理念向教学行为的转化,是一个具有内在程序和规律的探索实践过程。方言教师在教学过程中首先要学习理解创意教学行为的理论及内涵,实现教学思想观念的更新,并以此作为孕育新教学行为意识的基础。同时,方言教师要对创意教学行为的教学理念进行认同和内化,使之变为自己充分信奉且愿意践行的思想观念,从而为教学理念向教学行为转化提供可能。方言教师只有对创意教学理念有了正确的理解,才会在教学过程中采取相应的创意教学方法,才能减少教学目标中学生语言能力培养与实际产出之间的差异,为创意教学行为奠定坚实的思想根基并提供动力支持。

2. 方言教师要加强创意教学策略的应用

方言教师需要进一步发挥自身的教育背景和专业优势,根据创意教学的目标来强化创意教学行为的策略意识,通过有效激励、鼓励变通、多元评价和合作分享等方式提高儿童群体在学习过程中的能动性。同时,方言教师除了继续教育以提升自己的业务水平之外，还应该充分利用团队协作的契机，通过教学研讨、教学会议和互相听课等形式增进自身有关创意教学行为的策略意识，更好地将方言文化保护和传承思想贯穿到具体的课程教学当中。教师只有用心感悟和理解，并认真坚持，才能在培养学生方言能力方面形成良好的效果，才能形成自身教学风格和教学特色的同时实现教学上的自我发展。

3. 教学管理部门要加强创意教学制度的建设

教学制度是学校发展所必需的条件，学校教学制度的创新应着眼于教师教学行为的改善和学生学习方式的转变。在目前的校本课程建设过程中，教学管理部门要紧扣素质培养的大方向，大力要改革教师的评价内容，并建立奖励制度，以多元化的评价方式和评价指标鼓励教师更加主动积极地开展创意教学改革。同时，教学管理部门还要重视教师的自身专业成长，要通过多样化的政策帮助教师在课程当中开展多种形式的创意教学。针对个别教师创意教学行为意识淡薄，教育管理部门可建立轮班制度或模块化教学，通过教学团队间的互相协作和互相竞争，增进教师的创新挑战意识，提升教师在教学过程中的创意教学活动设计和学生个性化问题解决能力。教学管理部门只有将制度化建设与个性化帮扶相结合，才能有效帮助教师培养教学活动的理解能力，使他们由以往知识的传授者和管理者向创新型人才培养的助推者和促进者发展，更好地服务乡村语言文化发展的国家需求。

第九章　结　　语

一、主要发现

文化是国家和民族的灵魂,文化兴国运兴,文化强国运强。中国人的自信、民族的自豪感来源于文化的自信,来源于中华优秀传统文化对文化自信的给养(陈弦章 2019)。地方方言作为地域文化的重要代表,是中华传统文化的重要组成部分,既是增强地区文化软实力的源泉与动力,也是实现地区文化可持续发展的精神支撑。在乡村文化振兴背景下,对农村儿童开展地方方言教学,将地方优秀传统文化融入方言教育,通过对他们方言生活的调试性重构来构建和谐的普—方双语生活,是完全符合国家中长期发展战略目标和地方社会经济文化发展需要。本书主要关注农村儿童当下方言生活的失衡性表现和方言习得主要路径,目的在于通过优化家庭—学校环境中的给养供给来促进他们的语言社会化,进而服务乡村语言文化的可持续发展。

(一)语言本体

语言的本体规划是对语言本身的规划,是连接语言规范标准和语言使用者之间的重要桥梁。研究发现,吴语温岭话保留了较多中古汉语的语言要素,与汉语普通话表现出明显差异。相比较汉语普通话和北部吴语而言,温岭话的文白异读现象涉及范围较少,只集中在非组、日母等几类字上。相比较南部吴语而言,前变型的双字调变调模式并未在温岭话中占据主导地位,且其小称变音模式主要是变调型(升变调和降变调),但也保留了儿缀、鼻尾和鼻化三种变音模式。在词汇层面,吴语温岭话的派生构词和转换构词与汉语普通话差异明显,两个后缀"头"与"功"在吴语内部也比较有特色。就构词语素而言,吴语温岭话以单音节语素为主,且在语义上与汉语普通话存在名异实同、名同实异等情况。吴语温岭话与其所处的生态环境存在密切关联,通过对古语词、生态词和罾词的讨论分析,研究发现吴语温岭话是温岭地区自然环境和文化环境的产物,反映了温岭地区先民的特殊文化风貌。它不仅是了解温岭地区生态环境的重要媒介，更是认识温岭历史文化的重要窗口。在句法层面，吴语温岭话的话题优先表现比汉语普通话更突出，宾语前置结构进一步句法化和泛化。就体貌标记和比较句式而言，吴语温岭话也与普通话明显不同，且保留了许多近代汉语的句型结构。上述发现既可为方言材料保存和方言辞典编撰提供依据，也可为方言文化教育和方言文化传承提供素材。

（二）方言生活

语言生活是社会生活的重要组成部分，既是社会和谐的重要表现，也是促进社会和谐的重要因素。研究发现，农村儿童在方言能力、方言使用和方言心理上表现出失衡性特点。就方言能力而言，绝大多数当地儿童都是普—方双语者，但他们的普通话能力要好于方言能力。虽然儿童的方言能力能满足他们基本日常生活交际所需，但那些与文化相关的语言知识在他们当中几乎完全流失了。就方言使用而言，当地儿童的方言使用主要局限在家庭领域，在邻里和学校等场合，他们开始转向使用普通话。虽然方言在当地还有一定的使用空间，但伴随儿童心理认知的发展和当地语言格局的演变，方言的使用空间会进一步缩小，有可能会仅局限在家庭内部。就方言心理而言，当地儿童在方言的情感评价上较好，在地位评价和功能评价上则不如人意。就文化认同而言，当地儿童主要表现为整合认同，但也存在着同化、隔离和边缘化三种状态。随着城乡一体化的推进和普通话的推广，当地儿童对方言的情感会进一步淡化。就方言生活的影响因素而言，性别、家庭经济状况和家长教育程度在方言生活的各分项指标上存在不同特点。具体而言，家庭经济状况在方言整体能力和日常域温岭话选择上存在单一效应，性别则在方言听力能力上存在单一效应。在整体方言能力和日常域温岭话选择上，家庭经济状况较差儿童的表现要好于家庭经济状况中等儿童。在方言听力能力上，女性儿童的表现要优于男性儿童。家庭经济状况和性别在学说方言上存在交互效应。父母教育程度和性别在方言濒危和方言文字创制上存在交互效应。综合上述讨论来看，当地儿童在方言能力、方言使用和方言规划态度上表现出异质化特点，但在方言生活的心理情感上则表现出同质化的倾向。上述研究发现加深了对当今农村儿童方言生活现实样态的认识，为后续通过方言教育来促进他们方言生活的调试性重构提供了依据。

（三）语言社会化

语言社会化是指个体通过对语言形式的学习，不断实现社会化的过程，并接受相应的价值观、行为方式和社会习俗。通过对儿童的社会交往能力进行研究,研究发现正向家庭教养、方言能力与他们的社会交往能力之间存在显著的正向关系。两者都能预测儿童的社会交往能力,但正向家庭教养要比方言能力对社会交往能力的预测作用更好。研究还发现,家庭教养方式和方言能力在社会交往能力上存在交互效应。不管是正向家庭教养方式还是负向家庭教养方式,方言能力好的儿童在社会交往能力上的表现要好于方言能力差的儿童。这表明家庭教养方式对儿童社会交往能力的养成需要以一定的方言能力为前提。研究结果揭示当前农村儿童方言社会化的基本现状,有助于加强农村儿童方言教育的针对性和有效性,营造儿童健康成长的良好语言环境。

（四）家庭方言教育

家庭是儿童成长的最早社会场域,儿童通过父母的影响和指导获得社会价值观念、行为方式和态度体系。通过对农村家庭的语言规划进行研究,发现农村家庭的语言生活主要由普通话和方言组成,但英语也开始在其中扮演重要角色。在语言意识形态方面,家长对于普通话、方言和英语都比较看重。在语言管理方面,从高到低分别是普通话、英语和方言。在语言实践方面,从高到低分别是普通话、方言和英语。从家庭语言规划的配合度来看,普通话表现最好,英语和方言虽然表现次之,但各有自己优势。从家庭语言传承来看,普通话呈现强势的发展趋势,方言呈现由强到弱的趋势,英语呈现由弱到强的趋势。研究结果表明,家庭语言规划有其深层次的社会因素和文化因素,可以通过外部因素的适当干预来达成家庭语言规划的优化。通过对农村儿童的家庭教育环境和方言学习动机进行调查,研究发现儿童学习者对当前的家庭方言教育环境很不满意,在家庭教育投入、家庭经济地位和家庭学习方式等方面存在较大的期待。他们的方言学习动机表现出一种动态的复合体,在工具型和融入型两个方向上并行发展。研究还发现,家庭教育环境对方言学习动机存在积极的影响效度,家庭教育投入和家庭沟通方式是影响工具型动机的两个关键因素,家庭沟通方式和家庭学习方式则是影响融入型动机的两个关键因素。研究结果厘清了家庭教育环境对方言学习动机的影响机制和影响效度问题,从家庭教育环境建设角度为农村儿童方言学习动机的激发和维持提供了新的启示。

（五）学校方言教育

儿童生活在学校、家庭和社会相互交织的三重社会中,其方言生活的重构离不开学校教育的有力支持。通过对方言教师的教学心理进行研究,发现他们在方言教学认知、方言身份认同和方言教学能动性都有独特认识。在方言教学认知上,方言教师认为针对儿童的方言教学很重要,但在实际操作过程中也存在教学任务重、教学目标不明确、教学资源缺乏和自我效能感缺失等问题。在方言教学的身份认同中,方言教师认为应该要扮演方言文化教育者、传承者、守护者和学习者的角色。在方言教学能动性上,方言教师呈现了被动顺从取向和主动创新取向两种类型,同时他们主要采取反应调节和认知改变两种策略来调节他们的教学情绪。研究结果加深了对一线方言教师教学心理的认识,对优化农村方言教学环境,深入开展儿童方言教育,进而培养教师的自我教学信念和教学能力发展都具有重要参考意义。通过对方言教师的创意教学和学生的学习结果进行研究,研究发现当地儿童对方言教师的创意教学行为整体比较认可,对于方言交际意愿和课程满意度整体也认可度较好。他们比较认可教师在教学过程中所营造的开放自由氛围,希望教师能为他们创造个性化的学习环境,能积极地对他们的学习表现进行及时反馈,进而进行多元化的动态评量。但是,儿童对于教学过程中的师生互动以及教师如何激发学生学习动机以及更好地开展合作学习等方面的评价相对较低,同时他们也期望老师能够运用多种教学技术来更好地帮助他们习得相关的知识和技能。研究还发现,方言教师的创意教学行为与儿童学习结果之间存在密切关联。创意教学行为的三个因子对方言交际意愿具有一定的预测作用,可以累计解释其41.0%的变异。其中,多元化评量的影响最大,个性化教学次之,鼓励性教学则不存在影响。创意教学行为的三个因子与课程满意度的回归模型也具有统计学意义,但该回归模型的预测性较弱,创意教学行为只解释课程满意度35.4%的变异。在该模型中,个性化教学影响最大,次之为多元化评量,鼓励性教学则不存在影响。研究结果表明,方言教师依托创意教学课堂建设,让儿童在丰富多样的语言交流环境中提升沟通意愿和获得课程满足感,是完全可行的。

二、研究启示

本书的研究启示主要有三点:

(1)要以理性眼光重新审视农村儿童的方言教育。由于日常思维的惯性以及体制的遮蔽,学界对于地方语言文化教育一直存在争议。现代主义取向的教育思潮对传统文化持激烈的批判态度,主张通过与过去、传统和地方决裂来确立文明话语的合理性,依循城市、市场和国家的需求来改造地方。学校教育则承载着将现代性具体化的任务,将外部世界的知识和观念传递到地方,在完成社会整合与国家一体化职责的同时,实现去地方化和减少城乡差异的功能。地方主义者则力图避免外部世界的干扰,通过保护偏居一隅的地方文化,建造地方文化维持和复苏的土壤。人们对教育的期待,不再是市场主义和国家主义,而是要在潜移默化的乡土温情中完成教化任务。就儿童教育而言,官方规定的共同性知识是所有儿童都需要共同学习的法定知识,是学校场域的公共知识。但儿童对公共知识的理解往往需要借助他们熟知的地方性知识。对广大农村儿童而言,他们最方便的地方性知识就是与自己方言相连接的地域文化。对农村儿童而言,在城乡一体化的历史进程中,不管是以普通话为代表的公共知识,还是以方言为代表的地方性知识,都是他们在成长过程中不可或缺的语言资源。我们需要以一种整合的眼光来看待现代主义和地方主义的教育取向,要以理性的眼光重新审视农村儿童的方言教育,更好地促进农村儿童的语言社会化。

(2)要构建农村地区和谐的普—方双语环境。普通话在现代社会的广泛推广,既是信息交流的需要,也是政治整合和文化整合的工具。方言作为地方文化的重要载体,则承载着该地域的传统文化与民风民俗,维系着当地人民的语言交流和情感沟通,具有不可替代的社会价值和文化价值。传统的语言规划主要有三大任务,分别是推广普通话、整理现行汉字标准化以及推广《汉语拼音方案》。在乡村文化振兴的大背景下,政府的语言规划也要根据时代特色和地方要求开拓新的任务。从尊重多元文化价值的社会互动模式而言,目前很多地区的语言规划在包容、接纳和支持地方性语言上做的还很不够。政府要加强语言规划意识,成立专门的语言保护机构,分时期、分地域、系统性地调查地方方言在各个职业群以及各个社会场域中的使用情况,以便为方言政策的制定和完善提供依据。针对地方方言在社会场合中使用削减的趋势,应在语言规划中适当放宽方言的日常使用范围,甚至要鼓励方言的使用。从以往实践来看,在日常生活中鼓励使用方言并不会阻碍普通话的普及,因为普通话的重要性已经深入人心,方言则处于弱势的地位。同时,鼓励方言使用也能拉近方言使用者之间的心理距离,有助于儿童在自然学习环境中习得地方方言。政府需要全面认识地方方言的信息价值、经济价值、文化价值、教育价值和政治价值,通过普—方双语和谐环境的建设,发挥方言的文化功能来服务乡村生态文明教育和乡村语言生活重构。

(3)要优化农村儿童方言教育中的给养供给。教育资源是促进儿童有效社会化的物质基础,没有优秀教育资源的供给,方言教育就无法正常开展。当前,农村的方言教育存在许多问题,在政府教育资源、社会教育资源和学校教育资源等方面都存在较大问题。就政府层面的给养供给而言,政府机关要加大地域优秀方言文化的发掘和弘扬。保护方言的根本原因在于它既是地域文化的载体,又是地域文化的一部分,而优秀的传统文化则是增强地域认同感、自豪感和自信心的有效催化剂。就社会层面的教育资源而言,要借助大众传媒加大优秀地域方言文化的传播。如果说家庭和学校是儿童群体接受正规教育的主要场所,大众媒体则在日常生活中对他们的世界观和价值观进行着潜移默化的影响。宣传管理部门要在大众传媒中放宽对方言类节目的限制,多多制作方言影视节目,或者不定期举办一些方言歌曲大赛来吸引更多群体参与到方言使用中。就学校层面的方言给养而言,学校在开发高质量方言文化课本的同时,要加强学校与学校之间的合作交流,共享优秀教育资源,促进优秀方言教师的流通和传帮带制度建设。同时,学校要加强与家庭的合作,通过定期家长会和网络互动等形式,营造最优的儿童语言成长环境,促进他们更好成长。

三、未来研究

由于研究者水平及研究主题所限,本书对儿童的方言生活和方言教育只做了初步讨论,未来可在以下几个方面进一步展开研究。

首先,加大地方方言的语言本体研究。语言学者和地方文字工作者可以进一步挖掘优秀的方言地域文化,探索将其与各层级儿童方言教育相结合的可能性。在操作路径上,可以考虑将方言调查、方言典藏保护和方言教材开发有机整合,建设一套分层级的地方方言文化教材。

其次,加大儿童网络环境下的语言社会化研究。在新媒介语境下,现实社会化和虚拟社会化已成为儿童成长发展的两条主要路径。未来可以将电子方言产品开发与儿童的语言社会化相结合,进一步探讨网络情境下儿童方言能力、社会能力和认知能力发展的特点。

最后,尝试构建家校协同的方言育人机制。家庭方言教育和学校方言教育各有其优点和缺点,在遵循"学校引导—家庭主导"的前提下,未来可以考虑整合供给侧的方言教育供给以及需求侧的方言学习特点,充分发挥显性教学和隐性教学在儿童语言习得中的协同优势,系统构建家校协同的方言育人机制创新。

参 考 文 献

Alesina, A., Harnoss, J. D. & Rapoport, H. 2013. *Birthplace Diversity and Economic Prosperity* [M]. London: Institute for the Study of Labor.

Ardasheva, Y., Tretter, T.R. & Kinny, M. 2012. English language learners and academic achievement: revisiting the Threshold Hypothesis [J]. *Language Learning*, 62(3): 769 – 812.

Aronin, L. & Singleton, D. 2010. Affordances and the diversity of multilingualism [J]. *International Journal of the Sociology of Language*, (205): 105 – 129

Baldauf, R.B. 1989. Language planning: corpus planning [J]. *Annual Review of Applied Linguistics*, (10): 3 – 12.

Bandura, A. 2000. *Self-efficacy: the Exercise of Control* [M]. New York: Freeman.

Bernardo, A. I. 2012. Language and mathematical problem solving among bilinguals [J]. *The Journal of Psychology*, (3): 283 – 287.

Bernardo, A. I. 2002. Language and mathematical problem solving among bilinguals [J]. *The Journal of Psychology*, (3): 283 – 297.

Berry, J. W. 2005. Acculturation: living successfully in two cultures [J]. *International Journal of Intercultural Relations*, (6): 697 – 712.

Bialystok, E. & Shapero, D. 2005. Ambiguous benefits: the effect of bilingualism on reversing ambiguous figures [J]. *Developmental Science*, (6): 595 – 604.

Bialystok, E. et. al. 2009. Bilingual minds [J]. *Psychological Science in the Public Interest*, (3): 89 – 129.

Bialystok, E. et. al. 2012. Bilingualism: consequences for mind and brain [J]. *Trends in Cognitive Sciences*, (4): 240 – 250.

Blommaert, J. 2010. *The Sociolinguistics of Globalization* [M]. Cambridge: Cambridge University Press.

Bob, J. 2006. Creative teaching and learning: towards a common discourse and practice [J]. *Cambridge Journal of Education*, (3): 49－61.

Bourdieu, P. 1991. *Language and Symbolic Power* [M]. Cambridge: Cambridge University Press.

Brown, H.D. 1994. *Teaching by Principles* [M]. Englewood Cliffs: Prentice Hall Regents.

Carranza, M.A. 1982. Attitudinal research on Hispanic language varieties [A]. In B.R. Ellen & Giles H. (eds.). *Attitudes toward Language Variation: Social and Applied Context* [C]. London: Edward Amold.

Carringer, D. C. 1975. Creative thinking abilities of Mexican youth: the relationship of bilingualism [J]. *Journal of Cross-Cultural Psychology*, (4): 492－504.

Castle, P. & Buckler, S. 2009. *How to Be a Successful Teacher* [M]. London: Sage.

Chao, R.K. 1994. Beyond parental control and authoritarian parenting style: understanding Chinese parenting through the cultural notion of training [J]. *Child Development*, (1): 1111－1119.

Coleman, J.S. 1990. *Foundations of Social Theory* [M]. Cambridge: Harvard Univecisty Press.

Collins, N.L. 1996. Working models of attachment: implications for explanation, emotion and behavior [J]. *Journal of Personality and Social Psychology*, (4): 810－832.

Cook, V. J. & Bassetti, B. 2005. An introduction to researching second language writing systems [A]. In V. J. Cook & B. Bassetti (eds.). *Second Language Writing Systems* [C]. Clevedon, UK: Multilingual Matters.

Cornell, S.E. & Hartmann, D. 2007. *Ethnicity and Race: Making Identities in a Changing World* [M]. London: Pine Forge Press.

Costa, A., Hernández, M. & Sebastián-Gallés, N. 2008. Bilingualism aids conflict resolution: evidence from the ANT task [J]. *Cognition*, (1): 59－86.

Csizmadia, A. & Atkin, A.L. 2022. Supporting children and youth in multiracial families in the United States: racial-ethnic socialization and familial support of multiracial experiences [J]. *Journal of Child and Family Studies*, (3): 664－674.

Cummins, J. 1979. Cognitive/academic language proficiency, linguistic

interdependence, the optimum age question and some other matters [J].
Working Papers on Bilingualism, (19): 121 – 129.

Cummins, J. 2000. *Language, Power and Pedagogy* [M]. UK: Multilingual
Matters, 2000.

Day, C. & Gu, Q. 2009. Teacher Emotions: Well-being and Effectiveness [A].
In M. Zembylas & P. Schutz (eds.). *Teachers' Emotions in the Age of School
Reform and the Demands for Performativity* [C]. Basel: Springer.

De Bot, K. 2008. Introduction: second language development as a dynamic
process [J]. *The Modern Language Journal*, (2): 166 – 178.

De Bot, K., Lowie, W. & Verspoor, M.A. 2007. Dynamic Systems Theory
approach to second language acquisition [J]. *Bilingualism: Language and
Cognition*, (1): 7 – 21.

Dornyei, Z. 1994. Motivation and motivating in the foreign language classroom
[J]. *Modern Language Journal*, 78(3): 273 – 284.

Eckert, P. 1980. Diglossia: separate and unequal. *Linguistics*, (18):
1053 – 1064.

Eick, C. & Dias, M. 2005. Building the authority of experience in communities
of practice: the development of pre-service teachers' practical knowledge
through co-teaching in inquiry classrooms [J]. *Science Education*, (3):
470 – 491.

Ellis, R. 2008. *The Study of Second Language Acquisition* [M]. Oxford: Oxford
University Press.

Emmorey, K. 2009. The source of enhanced cognitive control in bilinguals:
evidence from bimodal bilinguals [J]. *Psychological Science*, (12):
1201 – 1206.

Evans, G.W., Maxwell, L.E. & Hart, B. 1999. Parental language and verbal
responsiveness to children in crowded homes [J]. *Developmental Psychology*,
(4): 1020 – 1023.

Fasold, Ralph. 1984. *The Sociolinguistics of Society* [M]. Oxford: Basil
Blackwell.

Ferguson, C.A. 1959. Diglossia [J]. *Word-Journal of the International Linguistic
Association*, (2): 325 – 340.

Fishman, J. A. & Nahirny, V. C. 1964. The ethnic group school and mother
tongue maintenance in the United States [J]. *Sociology of Education*, (4):

306 – 317.

Fishman, J. A. 1967. Bilingualism with and without diglossia; diglossia with and without bilingualism. *Journal of Social Issues*, (2): 29 – 38.

Fishman, J.A . 1991. *Modeling Rationales in Corpus Planning: Modernity and Tradition in Images of the Good Corpus* [M]. Berlin: De Gruyter Mouton.

Frenzel, A. C. & Stephens, E.J. 2013. Emotions [A]. In N.C. Hall & T. Goetz (eds.). *Emotion, Motivation and Self-regulation: A Handbook for Teachers* [C]. Bingley: Emerald Group Publishing.

Gardner, R. C. & Lambert, W. E. 1972. *Attitudes and Motivation in Second Language Learning* [M]. Rowley, Mass: Newbury House.

Gardner, R.C., Masgoret, A.M. & Tremblay, P.F. 1999. Home background characteristics and second language learning [J]. *Journal of Language and Social Psychology*, (4): 419 – 437.

Genesee, F. & Bourhis, R.Y. 1988. Evaluative reactions to language choice strategies: The role of socio-structural factors [J]. *Language & Communication*, (3): 229 – 250.

Gibson, J. 1979. *The Ecological Approach to Visual Perception* [M]. Boston: Houghton Mifflin.

Giles, H. 1975. *Speech Style and Social Evaluation* [M]. London: Academic Press.

Green, D.W. 1998. Mental control of the bilingual lexico-semantic system [J]. *Bilingualism: Language and Cognition*, (2): 67 – 81.

Green, D. W. 2011. Language control in different contexts: the behavioral ecology of bilingual speakers [J]. *Frontiers in Psychology*, (6): 1 – 3.

Gross, J.J. 2015. Emotion regulation: Current status and future prospects [J]. *Psychological Inquiry*, (1): 1 – 26.

Haarmann, H. 1990. Language planning in the light of a general theory of language: A methodological framework [J]. *International Journal of the Sociology of Language*, (1): 103 – 126.

Hallman, R.J. 2011. Techniques of creative teaching [J]. *Journal of Creative Behavior*, (3): 325 – 330.

Hamers, J. F. & Michael H. B. 2000. *Bilinguality and Bilingualism* [M]. Cambridge: Cambridge University Press.

Hargreaves, A. 1998. The emotional practice of teaching [J]. *Teachers and*

Teaching Education, (8): 835 – 854.

Hart, B. & Risley, T.R.1995. *Meaningful Differences in the Everyday Experience of Young American Children* [M]. Baltimore: Paul H Brookes.

Haugen, E. 1966. Dialect, language, nation [J]. *American Anthropologist*, (4): 922 – 935.

Haugen, E. 1972. The ecology of language [A]. In S.D. Anwar (eds.). *The Ecology of Language: Essays by Einar Haugen* [C]. Stanford: Standford University Press.

Haugen, E. The implementation of corpus planning: theory and practice [A]. In J. Cobarrubias & J.A. Fishman (eds.). *Progress in Language Planning: International Perspectives* [C]. Berlin: Mouton, 1983.

Haukas, A. 2016. Teachers' beliefs about multilingualism and a multilingual pedagogical approach [J]. *International Journal of Multilingualism*, (1): 1 – 18.

Hayl, I.M. & Felek, E. 2020. Children and socialization [J]. *International Journal of Social Humanities Sciences Research*, (39): 1797 – 1800.

Hebert-Myers, H. 2006. The importance of language, social and behavioral skills across early and later childhood as predictors of social competence with peers [J]. *Applied Developmental Science*, (4): 174 – 187.

Ho, S.C. & Willms, J.D. 1996. Effects of parental involvement on eighth-grade achievement. *Sociology of Education*, (2): 126 – 141.

Horng, J.S., Hong, J.C. & Chanlin, L.J. 2005. Creative teachers and creative teaching strategies [J]. *International Journal of Consumer Studies*, (4): 352 – 358.

Jacobs, J.F. & Pierce, M.L. 1966. Bilingualism and creativity [J]. *Elementary English*, (43): 499 – 503.

Johnstone, K. 1999. Research on language learning and teaching: 1997 – 1998 [J]. *Language Learning*, (3): 137 – 156.

Kharkhurin A.V. 2010. Bilingual verbal and nonverbal creative behavior [J]. *International Journal of Bilingualism*, (2): 211 – 226.

Kormos, J., Kiddle, T. & Csizer, K. 2011. Systems of goals, attitudes, and self-related beliefs in second-language-learning motivation. *Applied Linguistics*, (5): 495 – 516.

Labov, T. & Cooper, R.L. 1991. Language planning and social change [J].

Contemporary Sociology, (1): 110 – 111.

Landry, S. H. 2006. Responsive parenting: establishing early foundations for social, communication and independent problem-solving skills [J]. *Developmental Psychology*, (4): 627 – 642.

Larsen-Freeman, D. 1997. Chaos/Complexity science and second language acquisition [J]. *Applied Linguistics*, (2): 141 – 165.

Lasagabaster, D. 1998. Learning English as an L3 [J]. *International Journal of Applied Linguistics*, (122): 51 – 84.

Lazaruk, W. 2007. Linguistic, academic, and cognitive benefits of French immersion[J]. *Canadian Modern Language Review*, (5): 605 – 627.

Lenters, K. 2004. No half measures: reading instruction for young second language learners [J]. *The Reading Teacher*, (4): 328 – 336.

Lewis, M. P., Simons, G. F., & Fennig, C. D. 2015. *Ethnologue: Languages of Honduras* [M]. Texas: SIL International.

Linn, R. & Baek, S.G. 1995. *Measurement and Assessment in Teaching* [M]. New Jersey: Prentice-Hall Inc.

Lovewell, K. 1984. *Every Teacher Matters* [M]. St Albans, Herts: Ecademy Press.

Lueptow, L. B. 1975. Parental status and influence and the achievement orientations of high school seniors [J]. *Sociology of Education*, (1): 91 – 110.

Maccoby, E.E. 1992. The role of parents in the socialization of children: an historical overview [J]. *Developmental Psychology*, (6): 1006 – 1017.

Mackey, W.F. 1979. Language policy and language planning [J]. *Journal of Communication*, (2): 48 – 53.

Maddux, W.W., Adam, H. & Galinsky, A.D. 2010. When in Rome... Learn why the Romans do what they do: how multicultural learning experiences facilitate creativity [J]. *Personality & Social Psychology Bulletin*, (6): 731 – 741.

Marinova-Todd, S.H., Zhao, J. & Bernhardt, M. 2010. Phonological awareness skills in the two languages of Mandarin-English bilingual children [J]. *Clinical Linguistics & Phonetic*, (4 – 5): 387 – 400.

Masarik, A.S. & Conger, R.D. 2017. Stress and child development: A review of the Family Stress Model [J]. *Current Opinion in Psychology*, (13): 85 – 90.

Mercer, S. 2018. Psychology for language learning: Spare a thought for the teacher [J]. *Language Teaching*, (1): 1 – 22.

Moss, R. & Moos, B. 1981. *Family Environment Scale Manual* [M]. Palo Aoto CA: Consulting Psychologists Press.

Okoh, N. 1980. Bilingualism and divergent thinking among Nigerian and Welsh school children [J]. *The Journal of Social Psychology*, (1): 163 – 170.

Ornaghi, V. & Grazzani, I. 2013. The relationship between emotional-state language and emotion understanding: a study with school-age children [J]. *Cognition & Emotion*, (2): 356 – 366.

Peyton, J. K., Ranard, D. A. & Meginnis, S. E. 1990. *Heritage Language in America: Preserving a National Resource* [M]. Urah: Delta System Company.

Pintrich, P. L. & Schunk, D. H. 1996. *Motivation in Education: Theory, Research and Applications* [M]. Engle-wood Cliffs: Prentice Hall Regents.

Poston, D. L. & Falbo, T. 1990. Academic-performance and personality-traits of Chinese children — onlies versus others [J]. *American Journal of Sociology*, (2): 433 – 451.

Prior, A. & Macwhinney, B. A. 2010. Bilingual advantage in task switching [J]. *Bilingualism: Language and Cognition*, (2): 253 – 262.

Prior, A. & Gollan, T. H. 2011. Good language-switchers are good task-switchers: evidence from Spanish-English and Mandarin-English bilinguals [J]. *Journal of the International Neuropsychological Society*, (4): 682 – 691.

Ricciardelli, L. 1992. Bilingualism and cognitive development in relation to threshold theory [J]. *Journal of Psycholinguistic Research*, (4): 301 – 316.

Schiffman, H. 2001. Diglossia as a sociolinguistic situations [A]. In C. Coulmas (eds.). *The Handbook of Sociolinguistics* [C]. Peiking: Peiking Foreign Language Teaching and Research Press.

Sheng, L., Mcgregor, K. K. & Marian, V. 2006. Lexical-semantic organization in bilingual children: evidence from a repeated word association task [J]. *Journal of Speech Language & Hearing Research*, (3): 572 – 587.

Shin, F. & Krashen, S. 1998. Do people appreciate benefits of advanced first language development [A]. In K. Chinen & G. R. Tucker (eds.). *Heritage Language Development* [C]. New Jersey: Language Education Associate.

Skutnabb-Kangs, T. & Phillipson, R. 1994. Linguistic human rights: past and present [A]. In T. Skutnabb-Kangs & R. Phillipson (eds.) *Linguistic Human*

Rights: Overcoming linguistic discrimination ［C］. Berlin：Mouton de Gruyter.

Spinrad, T. L. 2007. Relations of maternal socialization and toddlers' effortful control to children's adjustment and social competence ［J］. *Developmental Psychology*, (5)：1170 - 1186.

Spolsky, B. 2004. *Language Policy* ［M］. Cambridge：Cambridge University Press.

Starko, A. J. 2000. *Creativity in the Classroom: School in the Curious Delight* ［M］. New Jersey：Laurence Erlbaum Associates.

Trudgill, P. 2009. *The Social Differentiation of English in Norwich* ［M］. Cambridge：Cambridge University Press.

Vachha, B. & Adams, R. 2009. Implications of family environment and language development：Comparing typically developing children to those with spina bifida ［J］. *Child Care Health Development*, (5)：709 - 716.

van Lier, L. 2000. From input to affordance：Social-interactive learning from an ecological perspective ［A］. In J. Lantolf (eds.) *Sociocultural Theory and Second Language Learning* ［C］. Oxford：Oxford University Press.

Wardhaugh, R. 2000. *An Introduction to Sociolinguistics* ［M］. Peiking：Peiking Foreign Language Teaching and Research Press.

Williams, M. & Burden, R. *Psychology for Language Teachers* ［M］. Cambridge：Cambridge University Press, 1997.

Yaeger-Dror, M.L. 1985. *Intonational Prominence on Negatives in English* ［J］. Language and Speech, (3)：197 - 230.

蔡晨. 2016. 城镇化进程中城市居民语言能力的世代差异 ［J］.浙江树人大学学报,(6)：79 - 83.

蔡晨. 2016. 城镇化进程中青年语言选择的社会心理机制 ［J］. 当代青年研究, (1)：71 - 79.

蔡晨. 2018. 新型城镇化进程中的城乡语言生态比较研究 ［M］. 杭州：浙江大学出版社.

蔡崇建,高翠霞. 2005. 智力与创造力：人类心智析论与强化 ［J］.教育资料集刊, (30)：75 - 96.

曹炜. 2004. 现代汉语词汇研究 ［M］. 北京：北京大学出版社.

曹宇,李恒. 2016. 二语水平和二语通道对双语者注意控制能力的影响 ［J］. 现代外语, (3)：390 - 398.

曹志耘. 2001. 关于濒危汉语方言问题 ［J］.语言教学与研究, (1)：8 - 12.

曹志耘. 2012. 汉语方言研究愿景 [J]. 语言教学与研究, (5): 86-92.

曹志耘. 2021. 论浙江方言文化的保护传承 [J]. 浙江社会科学, (2): 118-124.

晁继周. 2005. 语言规范、辞书编纂与社会语言生活 [J]. 辞书研究, (2): 10-18.

车竞. 2005. 现代汉语比较句论略 [J]. 湖北师范学院学报, (3): 60-64.

陈恩全. 1996. 简论双语和双方言 [J]. 语文研究, (2): 33-39.

陈弦章. 2019. 新时代文化自信旗帜下客家文化面临的气质和挑战 [J]. 龙岩学院学报, (3): 14-18.

陈前瑞. 2003. 汉语四层级的体貌系统 [A]. 汉语时体系统国际研讨会论文集 [C].上海: 百家出版社,2003.

陈淑娟. 2006. 语言选择: 聚合和背离——以台湾大牛栏社群为例 [J]. 广西民族学院学报, (2): 6-12.

陈霞鄢,王振德. 2004. 国小资优班教师创造力教学行为之研究 [J].资优教育研究, (1): 29-50.

陈章太. 2009. 语言资源与语言问题 [J]. 云南师范大学学报, (1): 30-34.

程斐婷. 2009. 从社会文化学视角透视家长对幼儿英语学习的期望 [D]. 金华: 浙江师范大学.

戴运财,王同顺. 2012. 基于动态系统理论的二语习得模式研究——环境、学习者与语言的互动 [J]. 山东外语教学, (5): 36-42.

邓伯军. 2017. 精神文明建设中的语言生态问题研究 [J]. 广西民族大学学报, (6): 156-161.

丁延龄. 2010. 新世纪中国语言权研究——现状分析与前景展望 [J]. 政法论丛, (1): 50-59.

董光恒、杨丽珠、邹萍. 2006. 父亲在儿童成长中的家庭角色与作用 [J]. 中国心理卫生杂志, (10): 689-691.

段继扬. 1999. 创造性教学通论 [M]. 长春: 吉林人民出版社.

凡勇昆,邬志辉. 2012. 我国农村教育发展方向的困境与出路——基于文化的视角 [J]. 华东师范大学学报, (4): 26-30.

范俊军. 2006. 少数民族语言危机与语言人权问题 [J]. 贵州民族研究, (2): 51-56.

方松熹. 1998. 浙江吴语词法特点 [J]. 浙江海洋大学学报, (2): 46-55.

傅国通. 1978. 浙江方言语法的一些特点 [J]. 杭州大学学报, (2): 112-126.

顾洁萍. 2021. 幼儿园语言领域教育活动的趣味实施［J］. 当代家庭教育，
　（16）：43－44.

郭龙生. 2008. 中国现代化进程中的语言生活、语言规划与语言保护［J］. 中
　国人民大学学报，（4）：34－38.

何碧燕. 2001. 创意教学［M］. 台北：幼狮文化事业公司.

何莲珍，林晓. 2015. 高等教育环境下外语交际能力的培养——现实困顿和
　解决途径［J］. 现代外语，（1）：83－92.

何兆熊，梅德明. 1999. 现代语言学［M］. 北京：外语教学与研究出版社.

侯奇坤. 2019. 学前儿童第二语言教育的原则与策略［J］. 学前教育研究，
　（11）：85－88.

胡壮麟. 1993. 语言规划［J］. 语言文字应用，（2）：11－20.

黄景，龙娜娜，滕锋. 2018. 给养与外语教育［J］. 外语与外语教学，（1）：
　39－52.

黄晓东. 2018. 浙江省方言文化教育：现状、问题及展望［J］. 文化遗产，
　（3）：127－133.

黄滢. 2014. 英语学习者语用移情能力与语言能力的性别差异化及相关性研
　究［J］. 淮海工学院学报，（11）：128－131.

贾晓真，张亚杰. 2016. 5—6岁幼儿语言能力与创造性思维能力之间的关系
　［J］. 幼儿教育，（5）：31－35.

雷敏. 2005. 论提高高校学生评教质量的方法和策略［J］. 高教探索，（1）：
　50－53.

黎丽. 2004. 家庭文化因素与英语作为外语学习者动机的相关实证研究
　［D］. 长沙：湖南师范大学.

李德. 2018. 中国家庭教养方式与青少年发展［M］. 北京：社会科学文献出
　版社.

李季湄，冯晓霞. 2013.《3—6岁儿童学习与发展指南》解读［M］. 北京：人
　民教育出版社.

李继利.2006. 族群认同及其研究现状［J］. 青海民族研究，（1）：51－53.

李佳. 2017. 也论"方言文化进课堂"［J］. 语言文字应用，（2）：27－35.

李晶晶. 2021. 农村留守幼儿家庭教育指导困境与策略刍议［J］. 成才之路，
　（32）：111－113.

李兰霞. 2011. 动态系统理论与第二语言发展［J］. 外语教学与研究，（3）：
　409－421.

李琳，廖诗意. 2020. 家庭语言规划国内研究述评（2003—2019）［J］. 淮北师

范大学学报：哲学社会科学版，（5）：58－63.

李琳. 2012. 流动儿童在城市入学的语言适应——以关中方言为例［J］. 社会科学家，（2）：151－154.

李荣. 1979. 温岭方言的连续变调［J］. 方言，（1）：1－29.

李荣.1996. 温岭方言语音分析［J］. 中国语文，（1）：1－10.

李荣宝，李光泽，苏炎奎等. 2016. 语言经验对方言儿童元语言意识及其语言能力的影响研究［J］. 语言文字应用，（1）：26－35.

李如龙. 2002. 论汉语方言的语流音变［J］. 厦门大学学报，（6）：43－50.

李如龙. 2017. 现代汉语方言的萎缩和对策研究［J］. 语言战略研究，（4）：25－31.

李霞，李昶颖. 2021. 学校文化对高校英语教师学习影响的实证研究——教师能动性的中介作用［J］. 外语教学，（6）：79－84.

李晓巍. 2015. 父母参与的现状及其对幼儿社会能力的预测［J］. 学前教育研究，（6）：42－49.

李宇明. 1997. 语言生活与精神文明［J］. 语文建设，（1）：39－41.

李宇明. 2016. 语言生活与语言生活研究［J］. 语言战略研究，（3）：15－23.

李宇明. 2017. 关于"语言生活"的研究［J］. 语言规划学研究，（2）：3－4.

李宇明. 2013. 和谐语言生活 减缓语言冲突［J］. 语言文字应用，（1）：10－11.

李宇明. 2012. 科学保护各民族语言文字［J］. 语言文字应用，2012（2）：13－15.

李宇明. 2015. 语言规划学的学科构想［J］. 语言规划学研究，（1）：3－11.

李宇明. 2016. 语言竞争试说［J］. 外语教学与研究，（2）：212－225.

李宇明. 2018. 语言在全球治理中的重要作用［J］. 外语界，（5）：2－10.

联合国教科文组织濒危语言问题专家组. 2006. 语言活力和语言濒危［A］. 联合国教科文组织关于保护语言与文化多样性文件汇编［C］. 北京：民族出版社.

林莉，侯玉波. 2007. 学习不良儿童的家庭环境［M］. 重庆：西南师范大学出版社.

林明东. 2020. 社会文化理论与二语习得研究［M］. 北京：新华出版社.

刘丹青. 1986. 苏州方言重叠式研究［J］. 语言研究，（1）：7－28.

刘丹青. 2001. 吴语的句法类型特点［J］. 方言，（4）：332－343.

刘璐，高一虹. 2010. 方言学习动机与自我认同变化跟踪——综合大学英语专业三年级样本报告［J］. 外语与外语教学，（1）：21－24.

刘群. 2017. 国内家庭语言规划研究评述［J］. 湖北文理学院学报，（6）：61-64.

刘姝利，陈凯文. 2020. 大学生人际交往能力与家庭教养关系研究［J］. 青年与社会，（10）：173-174.

刘伟胜. 2002. 文化霸权概论［M］. 石家庄：河北人民出版社.

刘晓东. 2006. 儿童文化与儿童教育［M］. 北京：教育科学出版社.

罗晓路. 2006. 大学生创造力特点的研究［J］. 心理科学，（1）：168-172.

马立群. 2019. 关于加强乡村文化建设助推乡村振兴战略的建议［Web］. http：//m.people.cn/n4/2019/0116/c1436-12198627.html.

马信行. 1985. 家庭文化背景与学业成绩的关系［J］. 政治大学学报，（1）：19-56.

孟宪宾，鲍传友. 2004. 变革中的教师焦虑与教师专业发展［J］. 外国教育研究，（11）：47-50.

莫雷. 2003. 教育心理学［M］. 北京：高等教育出版社.

潘越，肖金利，戴亦一. 2017. 文化多样性与企业创新：基于方言视角的研究［J］. 金融研究，（10）：146-161.

戚焱，王守仁. 2012. 义务教育阶段英语课程的性质：工具性和人文性的统一［J］. 中小学外语教学，（11）：16-19.

钱民辉. 2004. 教育真的有助于向上社会流动吗——关于教育与社会分层的关系分析［J］. 社会科学战线，（4）：194-200.

邱柏生. 2012. 论文化自觉、文化自信需要对待的若干问题［J］. 思想理论教育，（1）：14-19.

邱华慧. 2012. 儿童中英双语能力与创造力之关系［J］. 弘光人文社会学报，（15）：1-20.

任强，唐启明. 2014. 我国留守儿童的情感健康研究［J］. 北京大学教育评论，（3）：30-49.

阮咏梅. 2012. 浙江温岭方言研究［D］. 苏州：苏州大学.

孙殿凤，衣明纪，刘金兰. 2004. 家庭环境对4—5岁儿童行为问题的影响［J］. 中国学校卫生，（1）：48-49.

孙丽英. 2018. 家庭环境对小学中年段学生英语学习效果的影响分析及对策研究［D］. 沈阳：东北师范大学.

孙强，张军. 2019. 语言教师认知研究：本体论、认识论和方法论视角的启示［J］. 外语学刊，（2）：73-80.

孙玮，周士宏，申莉. 2020. 新编社会语言学教程［M］. 北京：世界知识出版社.

唐智芳. 2013. 从语言矛盾看和谐语言生活的构建［J］. 淄博师专学报, 2013(2)：35－38.

田意民,许俪绢,戴浩一. 2014. 以工作记忆与创造力解析资优生的句法理解历程［J］. 中华心理学刊,(3)：257－276.

汪平. 2003. 普通话与苏州话在苏州的消长研究［J］. 语言教学与研究, (1)：29－36.

王灿明. 2014. 情境教育视域下的儿童创新教育［J］. 中国教育学刊,(2)：53－57.

王辉. 2007. 语言规划的资源观［J］. 北华大学学报：社会科学版,(4)：69－73.

王建勤. 2018. 语言生活视角下的汉语国际教育［J］. 语言战略研究,(06)：19－26.

王玲、刘艳秋. 2013. 城市语言环境变化与城市语言冲突事件［J］. 安徽师范大学学报,(5)：646－653.

王玲. 2017. 语言规划视角下"家庭语言"及其研究［J］. 语言战略研究, (6)：85－85.

王倩,张先亮. 2015. 语言生态在新型城镇化生态建设中的地位和作用［J］. 语言文字应用,(3)：8.

王涛. 2011. 动态系统理论视角下的复杂系统：理论,实践与方法［J］.天津外国语大学学报,(6)：8－15.

王婉萍. 2005. "学生评教"作用及其局限性研究［J］. 黑龙江高教研究,(2)：71－73.

王兴燕. 2012. 课程视野下的方言教育研究［D］. 上海：华东师范大学.

威廉·洪堡特. 1999. 论人类语言结构的差异及其对人类精神发展的影响 (姚小平译)［M］. 北京：商务印书馆.

温红博,梁凯丽,刘先伟. 2016. 家庭环境对中学生阅读能力的影响：阅读投入、阅读兴趣的中介作用［J］. 心理学报,(3)：248－257.

温岭县志编委会. 1992. 温岭县志［C］. 北京：新华出版社.

吴福祥. 2003. 关于语法化的单向性问题［J］. 当代语言学,(4)：307－322.

夏先华. 2019. 方言文化的法律保护：定位、归因与进路［J］. 湖北警官学院学报,(1)：61－70.

肖正德,卢尚建. 2019. 乡村振兴战略中的农村教育变革：文化境遇与文化选择［M］. 上海：华东师范大学出版社.

萧佳纯. 2012. 国小学生内在动机、学科知识与创造力表现之关联研究：教师创造力教学的调节效果 [J]. 特殊教育研究学刊,（3）：89 – 113.

萧佳纯. 2018. 教师创意教学信念量表之发展 [J]. 科学教育学刊,（1）：29 – 50.

谢皓薇, 叶玉珠. 2016. 幼儿英语学习的家庭教育环境、父母效能与学习热情之路径模式 [M]. 教育心理学报,（3）：449 – 472.

谢莹. 2007. 家庭环境与大学生人际交往效能感的关系研究 [D]. 芜湖：安徽师范大学.

谢育伶, 陈若琳. 2008. 母亲教养行为, 幼儿行为调节和幼儿社会能力之相关研究 [J]. 幼儿教育,（1）：5 – 21.

辛儒, 孔旭红, 邵凤芝. 2008. 非物质文化遗产保护背景下的地域文化保护与利用——以方言为例 [J]. 河北学刊,（2）：201 – 203.

邢公畹. 1982. 汉语方言调查 [M]. 武汉：华中工学院出版社, 1982.

邢磊, 邓明茜, 高捷. 2017. 教学行为与学生满意度的关系研究——以某"985 工程"高校本科课程为例 [J]. 复旦教育论坛,（2）：66 – 71.

徐斌. 2016. 后喻文化视域下乡村教育价值取向的异化与回归 [J]. 教育理论与实践,（35）：19 – 21.

徐大明. 2006. 社会语言学实验教程 [M]. 北京：北京大学出版社.

徐大明. 2006. 语言变异与变化 [M]. 上海：上海教育出版社.

徐锦芬. 2020. 论外语教师心理研究 [J]. 外语学刊,（3）：56 – 62.

徐世璇, 廖乔婧. 2003. 濒危语言问题研究综述 [J]. 当代语言学,（2）：133 – 148.

许保芳, 于巧丽, 袁凤识. 2014. 隐喻能力与语言能力关系的理据分析 [J]. 外语研究,（1）：47 – 50.

颜逸明. 1994. 吴语概说 [M]. 上海：华东师范大学出版社.

杨丽珠, 王江洋. 2007. 儿童 4 岁时自我延迟满足能力对其 9 岁时学校社会交往能力预期的追踪 [M]. 心理学报,（4）：668 – 678.

杨明芳. 2022. 农村幼儿家庭教育及教养策略探讨 [J]. 青年教师,（1）：103 – 105.

杨跃, 刘会霞. 2021. 动态系统理论视角下二语发展的理论模型及其应用研究 [J]. 外国语文,（6）：137 – 144.

尹静. 2009. 家长对保姆使用方言的态度与影响认识 [J]. 学前教育研究,（5）：64 – 67.

游汝杰. 1992. 汉语方言学导论 [M]. 上海：上海教育科技出版社.

俞国良. 2006. 社会心理学［M］. 北京：北京师范大学出版社.

俞伟奇，杨璟琰. 2016. 近十五年来上海青少年方言使用与能力的变化态势及影响因素［J］. 语言文字应用，(4)：26－34.

张赪. 2005. 从汉语比较句看历时演变与共时地理分布的关系［J］. 语文研究，(1)：43－48.

张春兴. 1998. 教育心理学［M］. 杭州：浙江教育出版社.

张治国，邵濛濛. 2018. 家庭语言政策调查研究——以山东济宁为例［J］. 语言文字应用，(1)：12－20.

张中载. 2003. 外语教育中的功用主义和人文主义［J］. 外语教学与研究，(6)：453－457.

章登科，喻衍红. 2010. 给养理论与学习环境设计［J］. 中国教育技术装备，(15)：52－52.

赵寄石，楼必生. 1993. 学前儿童语言教育［M］. 北京：人民教育出版社.

赵敏，何云霞. 2010. 从谋生、职业到事业：教师发展与培养的制度策略［J］. 云南教育：中学教师，(7)：4－6.

赵守辉. 2008. 语言规划国际研究新进展——以非主流语言教学为例［J］. 当代语言学，(2)：122－136.

赵秀玲. 2018. 乡村振兴下的人才发展战略构想简［J］. 江汉论坛，(4)：10－14.

赵元任. 1956. 现代吴语的研究［M］. 北京：科学出版社.

赵则玲. 2017. 语言生态背景下方言教育的功能及对策［J］. 宁波大学学报，(1)：56－60.

郑荔. 2014. "语言资源观"与学前儿童语言教育［J］. 学前教育研究，(10)：11－16.

周瑞敏. 优秀教师创意教学结构与技能的研究［D］. 广州：华南师范大学，2015.

周文霞，郭桂萍. 2006. 自我效能感：概念，理论和应用［J］. 中国人民大学学报，(1)：91－98.

周晓宏. 2005. 中国中产阶级调查［M］. 北京：社会科学文献出版社.

周燕. 2021. 传统文化、学前教育与教师使命［J］. 学前教育研究，(9)：5－9.

周振鹤，游汝杰. 2015. 方言与中国文化［M］. 上海：上海人民出版社.

周宗奎. 1995. 儿童社会化［M］. 武汉：湖北少年儿童出版社.

朱静静. 2008. 中介、内化理论与二语习得［J］. 西昌学院学报，(4)：1－4.

祝畹瑾. 1992. 社会语言学概论［M］. 长沙：湖南教育出版社.

附　　录

附录1

方言生活问卷

第一部分　个人信息
性别：男□　　　女□　　　　　父母教育水平：高中及以下□　　大学及以上□
家庭经济状况：差□　　中等□　　好□
第二部分　方言能力
1 表示<u>完全不认可</u>，**2** 表示<u>部分不认可</u>，**3** 表示<u>不确定</u>，**4** 表示<u>部分认可</u>，**5** 表示<u>完全认可</u>
方言习得：
1. 你小时候最先学会哪种语言？　　A. 方言　B. 普通话　C. 其他_____
2. 你的父亲对你最常说哪种语言？　　A. 方言　B. 普通话　C. 其他_____
3. 你的母亲对你最常说哪种话？　　A. 方言　B. 普通话　C. 其他_____
4. 你现在能用哪些语言与人交流？　　A. 方言　B. 普通话　C. 方言和普通话
听力能力：
1. 我听得懂简单的方言日常用语（比如打招呼）。
2. 我听得懂日常方言对话（比如商品买卖）。
3. 我听得懂复杂方言对话（比如吵架）。

说话能力：看图说词（15 分）；回答问题（10 分）；看图说话（10 分）

参考答案：

1. ɦȵiə ^{2} dɤ ^{51}（日头）　　2. ɦlɔʔ ^{2} ʔy ^{31}（落雨）　　3. khu ^{33} ɕin ^{35} dɤ ^{51}（枯星头）

4. ɦiuŋ ^{13} tɕi ^{13} dɤ ^{15}（雄鸡头）　5. die ^{13} ha ^{42}（田蟹）　　6. ɕi ^{51}（蟢）

7. ka ^{33} tɔ ^{33}（斦刀）　　8. ɦmən ^{13} zɔ ^{31}（门床）　9. tən ^{33} dɤ ^{15}（凳头）

10. ɕi ^{33} ʔlɔ ^{42} dɤ ^{15}（细佬头）　11. ʔlɔ ^{42} kuø ^{15}（老倌）　12. du ^{13} ɦȵia ^{31} dɤ ^{15}（大娘头）

13. tɔ̃ ^{13} pin ^{13} ɦȵin ^{51}（当兵人）14. tɕyuŋ ^{33} die ^{31} ɦȵin ^{51}（种田人）

15. thɔ ^{42} he ^{55} ɦȵin ^{51}（讨海人）

1. 最近天气怎么样？
2. 你去过温岭那些地方？
3. 你们家有几口人？都是谁？还有什么亲戚呢？

续表

4. 他们都是做什么工作的?

5. 你们家平时都买什么菜?(素菜,荤菜,海鲜)

6. 你有什么特殊习惯? 要是吃中药,药很苦,你会在其中放什么?

7. 在温岭话里,往往用"弹糊"形容一个人的外貌。这是什么意思?

8. 在温岭话里,形容一个人"空壳田蟹",是什么意思?

9. 你很生气,你会怎么用温岭话骂人?

10. 从你家到最近的菜市场,应该怎么去?

参考答案:

等　级	评　分　标　准
优秀 8—10 分	语篇连贯,句子通顺,语义明确,表达很流利。
中等 5—7 分	语篇缺乏连贯,部分句子不顺,部分语义不明确,表达不太流利,偶尔有较长时间停顿。

差 1—4 分	语篇不连贯,句子很不顺,语义很不明确,表达很不流利,中间出现多次较长时间停顿。

第三部分　方言选择

1. 方言, 2. 方言多于普通话, 3. 一样多, 4. 方言少于普通话, 5. 普通话

1. 你在家中,最常和父亲使用何种语言交谈?
2. 你在家中,最常和母亲使用何种语言交谈?
3. 你在家中,最常和朋友使用何种语言交谈?
4. 你在家中,最常和祖父母使用何种语言交谈?
5. 在日常生活中,你和本地邻居使用何种语言交谈?
6. 在日常生活中,你和外地邻居使用何种语言交谈?
7. 在日常生活中,你和本地朋友使用何种语言交谈?
8. 在日常生活中,你和外地朋友使用何种语言交谈?
9. 在学校时,你碰到本地老师会使用何种语言?
10. 在学校时,你碰到外地老师会使用何种语言?
11. 在学校时,你碰到本地学生会使用何种语言?
12. 在学校时,你碰到外地学生会使用何种语言?

第四部分　方言态度

1 表示<u>完全不认可</u>, **2** 表示<u>部分不认可</u>, **3** 表示<u>不确定</u>, **4** 表示<u>部分认可</u>, **5** 表示<u>完全认可</u>

语言本体态度:

1. 说方言比说普通话**好听**。
2. 说方言比说普通话**亲切**。
3. 说方言比说普通话**友善**。
4. 说方言比说普通话**有文化**。
5. 说方言比说普通话**有地位**。

6. 说方言比说普通话**有教养**。
7. 说方言比说普通话**方便**。
8. 说方言比说普通话**好处多**。
9. 说方言比说普通话**有利交流**。
语言规划态度：
1. 温岭人一定要会说方言
2. 方言以后会不会越来越没人说
3. 小学里是否要开设方言课程
4. 有必要给方言创制文字
第五部分　方言文化认同
1 表示**完全不认可**，**2** 表示<u>部分不认可</u>，**3** 表示<u>不确定</u>，**4** 表示<u>部分认可</u>，**5** 表示<u>完全认可</u>
1. 学好普通话和方言对我很重要。
2. 了解当地文化和主流文化对我很重要。
3. 我既喜欢和说本地化的人交朋友，也喜欢和说普通话的人交朋友。
4. 学好普通话要比学好方言更重要。
5. 了解主流文化要比了解当地文化更重要。
6. 我喜欢和说普通话的人交朋友，不喜欢和说本地话的人交朋友。
7. 学好方言要比学好普通话更重要。
8. 了解本地文化要比了解主流文化更重要。
9. 我喜欢和说本地化的人交朋友，不喜欢和说普通话的人交朋友。
10. 普通话和方言我都不喜欢。
11. 当地文化和主流文化我都不喜欢。
12. 不管是说普通话的还是说本地话的，我都不愿意和他们交朋友。

附录 2

社会交往能力问卷

1 表示**完全不认可**, **2** 表示**部分不认可**, **3** 表示**不确定**, **4** 表示**部分认可**, **5** 表示**完全认可**
第一部分　家庭教养方式
1. 父母亲总是会夸奖我。
2. 在我伤心时,父母亲会安慰我。
3. 父母亲鼓励我和其他人交朋友。
4. 父母亲会满足我的要求。
5. 父母亲总是干涉我的生活。
6. 父母亲批评我时不允许我解释。
7. 父母亲有时会打我。
8. 父母亲对我在家表现很不满意。
第二部分　方言能力
1. 我听得懂简单的方言日常用语(比如打招呼)。
2. 我听得懂日常方言对话(比如商品买卖)。
3. 我听得懂复杂方言对话(比如吵架)。
4. 我会说简单的方言日常用语(比如打招呼)。
5. 我能用方言进行日常对话(比如商品买卖)。
6. 我能用方言进行复杂的对话(比如吵架)。
第三部分　社会交往能力
1. 其他同学喜欢和我一起玩。
2. 课间活动时,我和其他同学有很多话要说。
3. 其他同学犯错时,我不会说他坏话。
4. 我一个人也可以玩得很开心。
5. 其他同学有困难时,我喜欢帮助他们。

附录 3

家庭语言规划问卷

1 表示<u>完全不认可</u>, 2 表示<u>部分不认可</u>, 3 表示<u>不确定</u>, 4 表示<u>部分认可</u>, 5 表示<u>完全认可</u>
1. 我的父亲非常支持我学习普通话。
2. 我的父亲非常支持我学习方言。
3. 我的母亲非常支持我学习普通话。
4. 我的母亲非常支持我学习方言。
5. 我的父亲经常给我买语文阅读读物。
6. 我的父亲经常陪我看方言电视节目。
7. 我的母亲经常给我买语文阅读读物。
8. 我的母亲经常陪我看方言电视节目。
9. 我的父亲经常用普通话和我交流。
10. 我的父亲经常用方言和我交流。
11. 我的母亲经常用普通话和我交流。
12. 我的母亲经常用方言和我交流。

附录 4

家庭教育环境与方言学习动机

第一部分　个人信息
籍贯：农村　　城市　　　方言能力：好　　差
第二部分　家庭教育环境
1 表示<u>完全不认可</u>, 2 表示<u>部分不认可</u>, 3 表示<u>不确定</u>, 4 表示<u>部分认可</u>, 5 表示<u>完全认可</u>
1. 你们家的经济情况怎么样?

A. 很差　B. 较差　C. 一般　　D. 较好　E. 很好
2. 你父亲或母亲的最高学历是什么?
A. 初中　B. 高中　C. 大专　　D. 本科　E. 研究生及以上
3. 父母亲经常用方言和我沟通。
4. 我家的方言学习环境很好。
5. 父母亲会陪我看方言电视节目。
6. 父母亲会给我买方言学习资料。
7. 父母亲鼓励我说方言。
8. 父母亲会满足我学方言的需求。
第三部分　方言学习动机
1. 在日常生活中使用方言别人会夸我。
2. 在日常生活中使用方言容易与人交朋友。
3. 在日常生活中使用方言能提高交际效果。
4. 在日常生活中使用方言让我感到很开心。
5. 作为当地人就该要会说当地话。
6. 通过说当地话我学到了很多当地文化知识。

附录5

教师教学心理访谈题目

1. 您是否认为有必要针对小学生开展方言教学? 如果有,您觉得小学生方言教学的意义在哪里?
2. 您觉得针对小学生的方言教学有哪些科学依据?
3. 您觉得方言教学应该是教语言还是教文化?
4. 您能分享下贵校的方言教学情况?
5. 您觉得,在方言教学中,您碰到的最大问题是什么? 您会怎么应对这些问题?

6. 您觉得方言教学和语文教学有哪些共同点和不同点？

7. 您打算如何提升自己的方言教学水平？

8. 当您在方言教学中,感到困惑或焦虑时,您会怎么样管理您的情绪？

9. 您有哪些好的方言教育经验可以分享呢？

请写出至少 3 种方言教师应该扮演的角色。

1. 在方言教学中,语文老师应该扮演_____的角色。

2. 在方言教学中,语文老师应该扮演_____的角色。

3. 在方言教学中,语文老师应该扮演_____的角色。

附录6

方言创意教学与方言学习结果

1 表示完全不认可, 2 表示部分不认可, 3 表示不确定, 4 表示部分认可, 5 表示完全认可
第一部分　方言创意教学
1. 老师会安排同学之间进行合作学习。
2. 老师会和我们一起合作学习。
3. 老师会鼓励我们个性化学习。
4. 老师会运用多种教学方法。
5. 老师会引导我们发现学习兴趣。
6. 老师会引导我们彼此欣赏。
7. 老师会激发我们的学习动机。
8. 老师会积极回馈并鼓励我们创新学习。
9. 老师会适时引导我们学习而非直接指导。
10. 老师尊重并接受我们的学习想法。
11. 老师会引导我们多角度思考问题。
12. 老师会营造自由开放的课堂氛围。
13. 老师会容忍我们的学习错误。

| 14. 老师会鼓励我们尝试新的学习方法。 |
| 15. 老师会多角度引导我们思考问题。 |
| 第二部分　方言学习结果 |
| 1. 上了方言课,我更喜欢说方言了。 |
| 2. 我对方言课很满意。 |

索　引

B

本体规划　18,19,21,24,176
比较句　66,67,71,75－77,95,177

C

创意教学　18,22,165－175,179

D

地位规划　18,19
动宾句　51,57
多元化评量　170－172,174,179

F

反应调节　162－164,179
方言教育　2,4,6,20,21,23,102,
135,148－151,156,158－161,
164,165,167,176－181
方言能力　18,21,78－80,82－86,
109,110,112,115－121,139,149,
175,177,178,181
方言态度　78－81,94,95,110,111
方言选择　78－80,88,92,110
复杂系统理论　112,114,115,120,
121

G

个性化教学　170－172,174,179
工具型动机　138,140,141,144－
150,178
沟通方式　139－141,144,146－
150,178
古语词　40,77,176
鼓励性教学　170－172,174,179

J

家庭教养方式　18,112,114－122,
178
家庭教育环境　21,136－141,146－
150,178
交际意愿　167－173,179
教学能动性　152,153,161,164,
178,179
教学情绪　161－164,179
教学适应性　161,163
教学心理　18,21,22,151－153,
163,164,178,179
教育投入　139－141,143,144,146－
150,178

K

课程满意度　167－169,171－173,
179

L

詈词　47－49,77,176

R

人力资本　137
融入型动机　138,140,141,145－
150,178

S

社会交往能力　18,21,112－122,
177,178
社会资本　137
身份认同　3,12,16,153,158,164,
178,179
生态给养　17,18,23
双言制　9－12,125
双语现象　109

T

体貌系统　57,65

W

文化传承　21,24,104,154,155,
158,159,161,165,177
文化词　40

X

学习动机　21,136－141,145－150,
169,170,173,178,179

Y

言语适应　125,126
语言管理　123,124,126－133,135,
178
语言规划　18－23,80,81,95,96,
103,110,123－128,132－135,
178,180
语言活力　14－16,20
语言领域　88－91,125,126
语言权　4,6
语言生活　1,2,4,7,8,17,21－23,
78,127,134,177,178,180
语言生态　1,2,13－20,158
语言声望　19,20
语言实践　123,124,126－128,130－
133,135,178
语言演化　14
语言意识　21,91,123,124,126－
130,132,133,135,174,178
语言资源　4,180

Z

自我效能　119,149,153,156,157,
162,163,179